U0563389

科思论丛

本书由中国劳动保障科学研究院资助出版

YOUTH EMPLOYMENT
AND ENTREPRENEURSHIP
IN CHINA

中国青年
就业创业问题研究

鲍春雷 著

社会科学文献出版社
SOCIAL SCIENCES ACADEMIC PRESS (CHINA)

前　言

青年是劳动年龄人口的重要组成部分，是最具活力的群体，通常也被认为是就业弱势群体。国际上青年失业率一般为社会平均失业率的两倍以上，因而青年就业也是世界范围内的难题。近年来，我国青年就业形势日益严峻，面对的问题更加复杂，具体表现在以下几方面。首先，青年人口在总人口中的比重开始下降，但总体规模仍然很大，特别是高校毕业生群体，每年待就业人数呈不断增长之势。其次，受经济社会发展、教育水平提高、就业思想观念变化等方面的影响，青年劳动者对就业质量的诉求日渐增强，权利保护意识也较以往有明显提升，但现实中很多青年人（尤其是青年农民工群体）的劳动条件、工资水平以及权益保护等都与体面劳动有较大差距。再次，我国经济发展进入新常态，青年就业将受到双重影响，经济结构调整和产业转型升级会带来一些新的就业机会，但创新驱动的增长方式也对劳动者素质提出了更高的要求，而当前我国教育体制与社会需求不匹配的问题仍然存在，劳动者素质技能与岗位要求不匹配的问题将会更加突出，“招工难”和“就业难”并存的两难性就业结构性矛盾将进一步凸显。最后，创新创业正在成为拉动我国经济发展的新引擎，青年是创业大军中不可或缺的重要力量。与其他年龄段的劳动力人口相比，青年创业者更有激情、更富活力，但在项目选择、创业融资、创业能力等方面存在普遍性的短板。如何更有效地支持青年创业，也成为新时代各方共同关注的话题。在这种背景下，青年就业创业问题需要予以更多的关注。

自 2010 年进入劳动科学研究所工作以来，我就一直关注就业问题。早期承担了“经济结构战略性调整需更有效促进就业增长研究”、“战略性新兴产业对就业的影响研究”等课题，并参与了《推动实现更高质量的就业——2012～2013 年中国就业形势分析》的写作，对我国就业形势有了初步的认识；后来又承担或参与了“劳动力市场规制对就业的影响”、“最低工资标准上调的就业效应”、“促进就业规划评估”等项目，重点关注了劳动力市场政策及其与就业增长的关系；2014 年受国际劳工组织委托，承担了“中国青年就业政策回顾”和“中国青年公共就业服务发展报告”等课题研究，开始关注青年就业问题，当年承担的“我国大学生职业指导问题研究”也是这一领域的延伸；2015 年参与了青年创业现状调查项目，并执笔完成了《中国青年创业现状报告》，这是国内对青年创业现状比较全面的调查研究，报告发布后在社会上引发了良好的反响。通过以上研究，我对我国青年就业创业现状、影响因素、政策体系、存在问题以及发展趋势等有了比较全面的了解，为此结集成书，希望能为支持青年就业创业做出一点贡献。

本书包括六章。第一章是我国当前的就业形势与变化趋势，主要分析了当前经济社会背景下就业的总体情况，并根据经济增长、产业结构调整以及技术进步与就业的关系，对新常态下就业变化趋势进行了研判；第二章是青年就业的总体状况，主要是对青年人口、劳动力、就业、失业等方面的指标进行了全面分析，并结合我国实际情况，探讨了当前青年就业存在的突出问题及对策建议；第三章是劳动力市场政策与青年就业，介绍了我国工资政策、就业保护立法、消极的劳动力市场政策以及积极的劳动力市场政策，并重点探讨了最低工资和就业保护立法对青年就业的影响；第四章是青年公共就业服务的发展，介绍了我国的公共就业服务体系，着重分析了青年公共就业服务的现状及问题，并提出了一些有针对性的对策建议；第五章是需求导向的大学生职业指导体系，主要是针对当前我国大学生就业难的问题，从职业指导的角度，提出了更有效的职业指导系统模式，并对政府、高校以及社会在系统中的作用进行了定位；第六章是青年创业现状调查与分析，分别对我国当前青年创业现状、创业政策及服务措施、存在的困难与不足以及支持青年创业的对策建议进行了分析，希望能对青年创业有所帮助。

本书出版之际，衷心感谢有关领导、专家对于本书的指导与支持。感谢郑东亮所长、莫荣所长、王俊舫副所长、岳威主任、张丽宾主任、赵立卫研究员、邓宝山老师，很多研究成果都是在他们的悉心指导下完成的；感谢胡小勇副主任、陈云博士、田大洲博士在共同参与课题研究的过程中，给我的帮助和启迪；感谢中国劳动保障科学研究院对本书出版的资助，感谢科研处李艺副处长的协调和帮助；感谢安徽、山东、江西、河南、湖南、四川等地人社部门在调研过程中给予我们的支持与帮助，并提供宝贵的数据和案例；感谢社会科学文献出版社刘荣副编审、韩晓婵编辑、单远举编辑、岳梦夏编辑为本书出版付出的努力。

结集成书是遗憾的艺术，由于国内外对于青年的概念尚不统一，青年就业的相关数据也不够健全，加之个人主观认识上的局限性，书中难免还有一些不足之处，也希望各位领导、专家及同仁能够多提宝贵意见，我将在后面的研究中进一步予以完善。

鲍春雷

2017 年 3 月

目　录

第一章　我国当前的就业形势与变化趋势

一　经济社会背景与就业形势

（一）经济发展

改革开放以来，我国经济保持了持续的高速增长，国民生产总值的年均增长率接近10%。但是我国的经济增长主要依赖“劳动力+资本驱动”，一方面以成本较低的廉价劳动力作为竞争优势，使企业可以低成本扩张以获取盈利；另一方面市场需求巨大，内需强劲，外需旺盛，过去尚未饱和的市场足以吸收和消化投资所形成的产能，但这导致企业迅速扩张、投资高速增长。随着这些驱动因素的潜力逐步耗尽，旧的增长模式无法持续。2008年以后，我国经济增速开始逐步放缓，2012年GDP增长率从2007年的14.2%下降至7.7%（见表1-1）。

表1-1　我国主要宏观经济指标（2002~2012）

年份	2002	2003	2004	2005	2006	2007	2008	2009	2010	2011	2012
GDP增长率（%）	9.1	10.0	10.1	11.3	12.7	14.2	9.6	9.2	10.4	9.3	7.7
固定资产投资（%GDP）	36.3	39.4	40.7	40.1	40.7	39.1	40.8	46.0	45.7	45.6	46.5
对外收支平衡（%GDP）	2.6	2.2	2.6	5.5	7.7	8.8	7.7	4.4	3.8	2.5	2.8
FDI净流入（%GDP）	3.4	3.0	3.2	4.9	4.9	4.8	4.1	3.3	4.6	4.5	3.6

续表

年份	2002	2003	2004	2005	2006	2007	2008	2009	2010	2011	2012
政府消费（%GDP）	15.6	14.8	14.0	14.3	14.1	13.5	13.3	13.4	13.3	13.3	13.7
家庭消费（%GDP）	44.0	41.9	40.1	38.1	35.2	35.9	34.9	33.9	34.7	35.9	34.8
出口（%GDP）	25.1	29.6	34.1	37.1	39.1	38.4	35.0	26.7	29.4	28.5	27.3
进口（%GDP）	22.6	27.4	31.4	31.6	31.4	29.6	27.3	22.3	25.6	26.1	24.5
经常账目平衡（%GDP）	—	—	—	5.9	8.5	10.1	9.3	4.9	4.0	1.9	2.3
通货膨胀（同比变化）（%）	0.6	2.6	6.9	3.9	3.8	7.6	7.8	-0.6	6.6	7.8	2.0

资料来源：http://data.worldbank.org/indicator。

从消费、投资和出口三大需求对经济增长的拉动作用来看，如图1-1所示，2010年之前，投资（资本形成）对国内生产总值增长的贡献率大于消费与货物和服务净出口的贡献率，这说明投资是我国经济增长的主要动力。尽管2008年以后对基础设施的大规模投资维持了我国高速的经济增长，但投资导向的经济增长不可持续，因为对基础设施的投资扭曲了产业结构，造成钢铁、水泥等行业巨大的产能过剩。与此同时，产业结构的扭曲引起就业结构性矛盾，一方面对以农民工为代表的低端劳动力需求巨大，另一方面对以大学

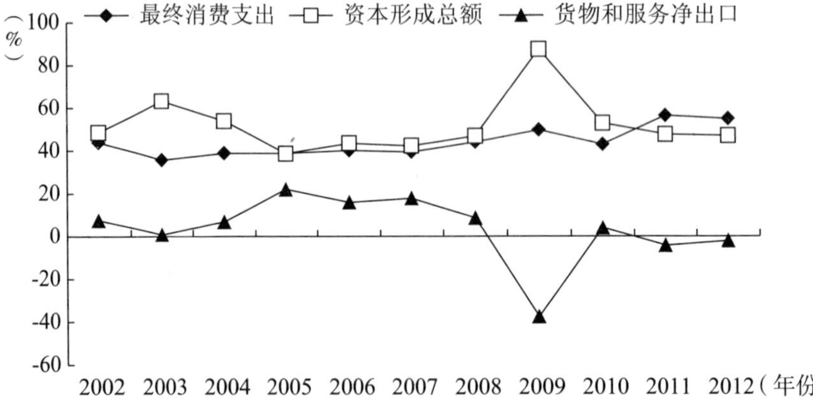

图1-1　三大需求对国内生产总值增长的贡献率（2002~2012）

资料来源：《中国统计年鉴（2014）》。

毕业生为代表的城镇劳动力则需求疲软。2011 年以后，消费对经济增长的贡献率超越投资，是 2000 年以来的第二次，也是最明显的一次，说明我国需求结构及其对经济增长的贡献更趋合理。与此同时，货物和服务净出口对经济增长的贡献和拉动作用也逐步转好。

一般而言，经济高速增长都伴随着充分就业，世界银行 2005 年度报告显示，发展中国家的平均就业弹性为 0.3 ~ 0.4，经济增长对就业具有较强的带动作用。但我国快速的经济增长并未带来就业的大幅增加，如图 1 – 2 所示，2002 ~ 2007 年，我国 GDP 年均增长率高达 11.23%，但就业年均增长率仅为 0.06%，远低于经济增长速度。2008 年金融危机对我国就业产生了较大冲击，人力资源和社会保障部对部分省区的抽样调查显示，2008 年 10 月至 2009 年 1 月，平均有 40% 的企业出现过岗位净减[①]，减幅达到 8.1%（莫荣，2015）。我国政府采取了许多应对措施，包括税收减免、社会保险补贴、特别培训计划等，保持了就业局势的稳定。2008 年以后，经济增速逐步放缓，对就业的拉动能力也出现了小幅的下降，但总体而言就业仍保持着稳定的增长态势。

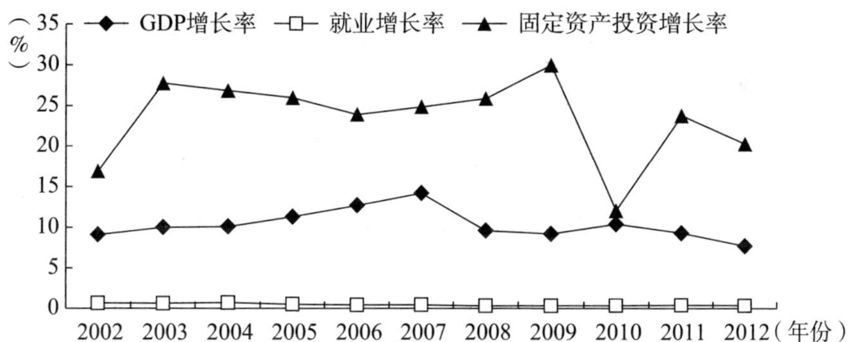

图 1 – 2　GDP、固定资产投资与就业增长率（2002 ~ 2012）

资料来源：根据《中国统计年鉴（2014）》中相关数据计算整理。

① 全部监测企业的岗位减少数减去增加数为净减。

（二）宏观经济政策

在我国经济增长放缓和经济结构调整的大背景下，确保就业局势的总体稳定成为政府宏观经济调控的优先目标。为此，我国政府继续实施就业优先的发展战略，在继续关注就业总量矛盾的同时，着力解决就业结构性矛盾，力争把经济增长的预期控制在合理的区间内，最根本的出发点也是确保就业局势的稳定。

1. 实施积极的财政政策和稳健的货币政策

增加公共产品和服务的供给，加大政府对教育、卫生等的投入。同时，重点扶持小微企业的发展，解决融资难、融资贵的问题，鼓励大众创业。对创业者和企业实行税收减免政策，对符合条件的创业人员实行小额担保贷款政府贴息政策。继续加大财政资金对就业的投入，中央财政就业补助资金逐年增加（见图 1－3）。

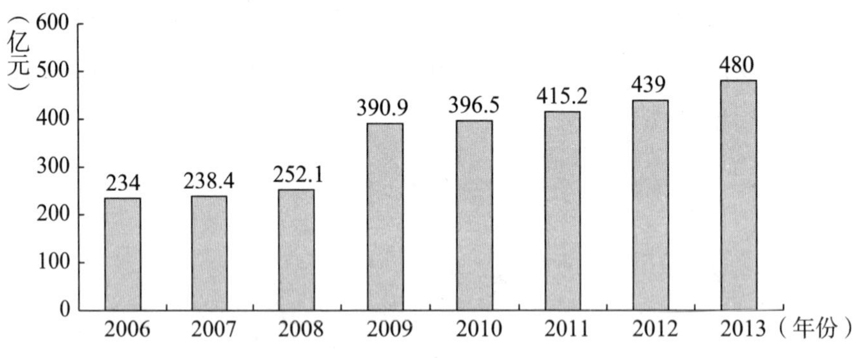

图 1－3 中央财政就业补助资金（2006～2013）

资料来源：财政部。

2. 大力发展就业容量大的服务业

发展旅游、健康、养老、创意设计等生活和生产服务业，深化流通体制改革，努力大幅降低流动成本，通过发展服务业促进就业。近年来，我国服务业（第三产业）获得了迅速的发展，并且对于经济增长具有较强的拉动作用，如图 1－4 所示。在服务业产值快速增长的情况下，服务业就业人数呈现平稳小幅上涨的趋势。从服务业产值和就业人数的增长率来看，两者基本上呈现相同的波动幅度，但服务业产值的波动幅度要大于就业人数的变动，如图1－5所示。

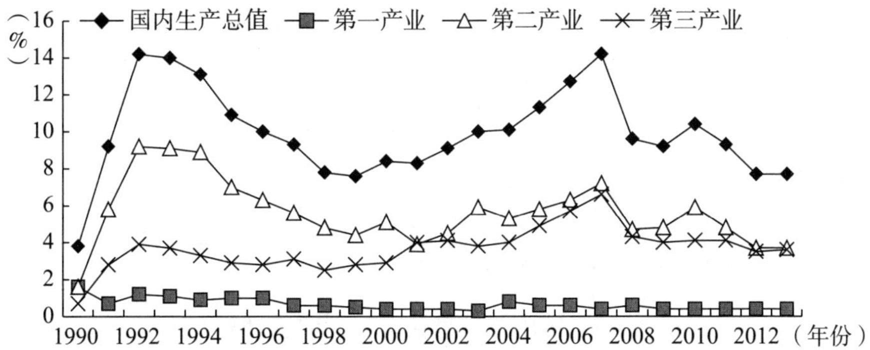

图1－4　三次产业对国内生产总值增长的拉动（1990～2012）

资料来源：《中国统计年鉴（2014）》。

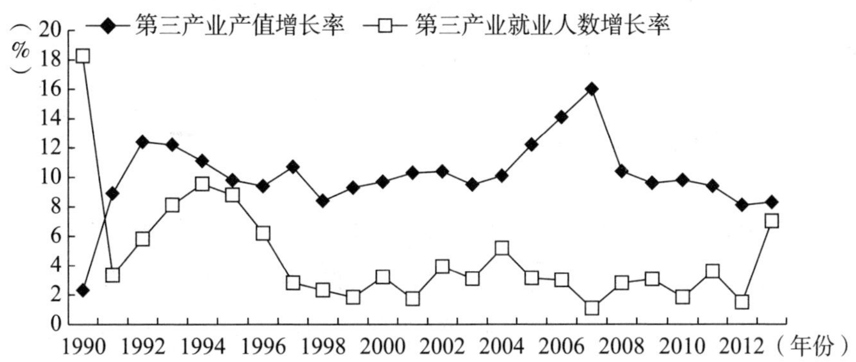

图1－5　第三产业产值以及就业人数增长率（1990～2012）

资料来源：根据《中国统计年鉴（2014）》中相关数据计算整理。

3. 推动外贸转型升级

促进加工贸易转型，发展外贸综合服务平台，提高服务贸易比重，扩大先进技术、关键设备等的进口。我国出口贸易主要集中在一些劳动密集型企业，外贸形势对就业影响比较显著。从图1－6可以看出，2004～2013年，除2009年外，我国进出口总额逐年提高，进出口贸易的稳定增长促进了就业机会的增加。

因此，未来一段时间我国在保持经济增长整体增速的前提下，

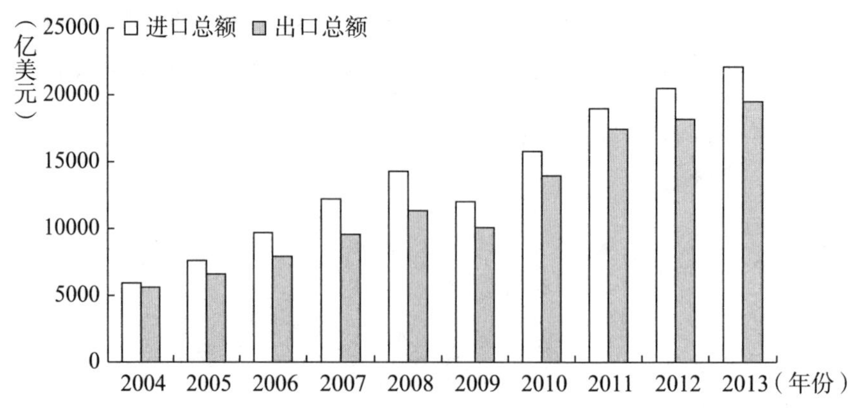

图 1－6　进出口贸易情况（2004～2013）

资料来源：《中国统计年鉴（2014）》。

政府会继续加大转方式、调结构的力度，推进服务业发展，促进制造业向高端升级；同时，民生领域改善被特别强调，对保障人民生活、提高就业质量都将有着积极的影响。

（三）贫困与收入分配

我国正在经历经济和社会的双重转变，一个转变是经济体制由计划经济体制向市场经济体制转轨，另一个转变是发展阶段由农业社会向工业社会过渡。经济和社会的双重转变对居民收入差距的变化产生了深远影响。从图 1－7 可以看出，2003～2008 年我国总体基尼系数处于上升趋势。2003 年我国总体基尼系数为 0.479，到 2008 年上升到 0.491，这反映了我国总体居民收入差距不断扩大。然而，2009 年我国总体基尼系数开始下降，由 2008 年的 0.491 下降到 0.49。从 2009 年开始，我国总体基尼系数由上升转为下降，居民收入差距由扩大转为缩小。截止到 2013 年，我国总体基尼系数已经下降到 0.473。与 2008 年最高值相比，基尼系数已经下降了 0.018。尽管如此，总体基尼系数的下降速度越来越慢。2009～2013 年总体基尼系数的下降速度分别为 0.2%、1.84%、0.83%、0.63% 和 0.21%，说明居民收入差距缩减速度放缓。

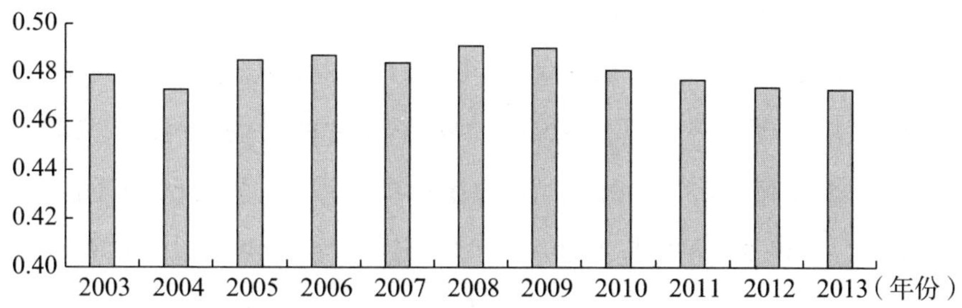

图 1－7　总体基尼系数变化（2003～2013）

资料来源：国家统计局。

我国属于典型的二元经济体制，城乡差距巨大，农村居民收入要显著低于城镇居民，如图 1－8 所示，城镇居民家庭人均可支配收入是农村居民家庭人均纯收入的 3 倍以上。但是 2009 年以后城镇居民家庭人均可支配收入①的增速要低于农村居民家庭人均纯收入②的增速。

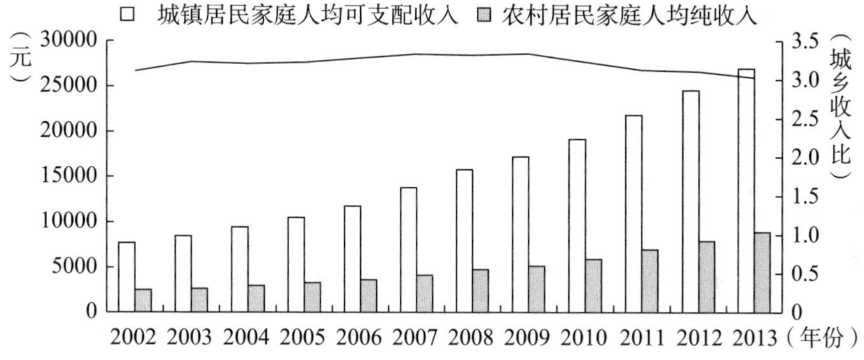

图 1－8　城镇居民和农村居民收入的变化（2002～2013）

资料来源：根据国家统计局数据库中相关数据计算整理。

---

① 城镇居民家庭人均可支配收入是指反映居民家庭全部现金收入能用于安排家庭日常生活的那部分收入。它是家庭总收入扣除交纳的所得税、个人交纳的社会保障费以及调查户的记账补贴后的收入。

② 农村居民家庭人均纯收入是农村常住居民家庭总收入中，扣除从事生产和非生产经营费用支出、交纳税款、上交承包集体任务金额、集体提留和摊派、生产性固定资产折旧以后，剩余的、可直接用于农村居民生产和非生产性建设投资、生活消费和积蓄的那部分收入。

分别从城乡来看，以高收入户（收入最高的20%城镇/农村居民家庭）家庭人均纯收入与低收入户（收入最低的20%城镇/农村居民家庭）家庭人均纯收入比来反映城镇/农村居民收入差距的变化。从图1-9可以看出，城镇居民的收入差距从2009年以后开始逐步缩小，由2008年的5.71下降到了2012年的4.97。从表1-2中可以看出，2009~2012年低收入户和中等偏下户城镇居民家庭人均纯收入增长速度大大超过高收入户城镇居民家庭人均纯收入增长速度。而农村高收入户与低收入户家庭人均收入比总体上呈现逐渐上升的趋势。2002年农村高收入户与低收入户居民家庭人均收入比为6.89，2011年上升到了8.39。尽管2011、2012年该比值有所下降，但仍在8.20以上。再从农村居民家庭不同收入组的人均纯收入增长速度来看，低收入户居民家庭人均纯收入平均增长速度为9.57%，而中等偏上户和高收入户居民家庭人均纯收入平均增长速度为11.57%和11.52%，所以低收入户与中等偏上户和高收入户的收入差距越来越大，导致农村居民收入差距逐渐扩大，具体如表1-3所示。

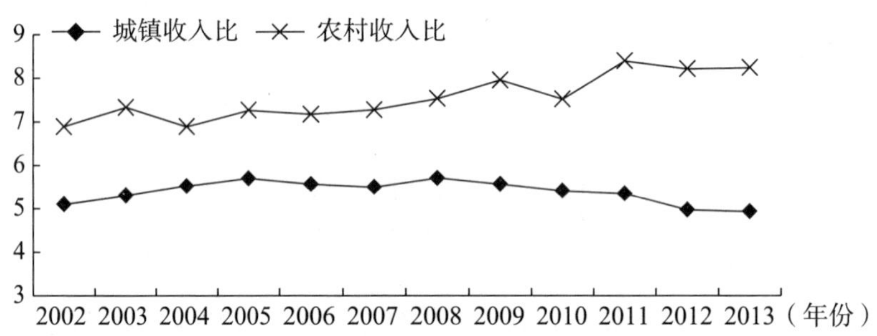

图1-9 城镇收入比与农村收入比（2002~2013）

资料来源：根据《中国统计年鉴（2014）》中相关数据计算整理。

表 1-2　按收入五等分城镇居民家庭人均纯收入增长率（2002~2013）

单位：%

年份	低收入户（20%）	中等偏下户（20%）	中等收入户（20%）	中等偏上户（20%）	高收入户（20%）
2002	-8.7	-0.3	4.6	8.6	22.1
2003	8.7	9.0	9.3	10.1	13.0
2004	10.5	12.0	12.2	13.2	15.1
2005	10.3	11.4	12.5	14.0	13.9
2006	13.7	12.6	11.7	11.5	11.0
2007	17.5	17.8	17.3	16.6	16.0
2008	13.2	14.6	16.1	17.5	17.6
2009	10.7	10.3	10.1	9.2	8.0
2010	13.1	13.0	11.8	10.3	9.9
2011	15.6	14.1	13.5	13.9	14.2
2012	17.8	15.6	14.7	12.8	9.4
2013	10.4	10.3	9.4	8.7	9.6

资料来源：根据《中国统计年鉴（2014）》中相关数据计算整理。

表 1-3　按收入五等分农村居民家庭人均纯收入增长率（2002~2013）

单位：%

年份	低收入户（20%）	中等偏下户（20%）	中等收入户（20%）	中等偏上户（20%）	高收入户（20%）
2002	4.77	3.82	3.99	4.84	6.67
2003	1.04	3.78	5.04	5.80	7.52
2004	16.29	14.67	13.44	12.51	9.20
2005	5.98	9.56	10.56	10.96	11.78
2006	10.80	10.09	10.44	11.07	9.39
2007	13.91	16.19	16.21	15.36	15.53
2008	11.35	13.68	14.88	15.57	15.32
2009	3.30	5.97	7.11	9.09	9.11

续表

年份	低收入户（20%）	中等偏下户（20%）	中等收入户（20%）	中等偏上户（20%）	高收入户（20%）
2010	20.69	16.43	15.98	15.04	14.05
2011	6.99	17.52	18.88	19.53	19.46
2012	15.78	12.96	13.42	14.04	13.26
2013	11.53	14.75	12.80	12.14	11.91

资料来源：根据《中国统计年鉴（2014）》中相关数据计算整理。

按照世界银行的标准，我国2011年日均收入不足1.25美元的贫困人口比重为1.32%，较2002年下降了7.25个百分点，并且低于东亚及太平洋地区发展中国家的平均水平，日均收入不足2美元的贫困人口比重也呈现相同的变化趋势（见表1-4），说明我国贫困人口的比重有所下降，我国扶贫工作的成果显著。我国城乡收入差距巨大，贫困人口主要集中在农村。按照我国当前的农村贫困线标准，我国的贫困发生率为8.5%（见表1-5）。

表1-4　贫困人口比重（2002~2011）

单位：%

年份	日均收入不足1.25美元的贫困人口比重		日均收入不足2美元的贫困人口比重	
	中国	东亚及太平洋地区（发展中国家）	中国	东亚及太平洋地区（发展中国家）
2002	8.57	7.87	20.4	20.0
2005	3.91	4.05	12.1	12.9
2008	3.07	3.23	9.53	10.6
2010	2.03	2.16	7.34	8.24
2011	1.32	1.56	5.46	6.71

资料来源：http://data.worldbank.org/indicator。

表 1-5　我国贫困人口和贫困发生率（2002~2013）

单位：万人，%

年份	1978 年标准		2008 年标准		2010 年标准	
	贫困人口	贫困发生率	贫困人口	贫困发生率	贫困人口	贫困发生率
2002	2820	3.0	8645	9.2		
2003	2900	3.1	8517	9.1		
2004	2610	2.8	7587	8.1		
2005	2365	2.5	6432	6.8		
2006	2148	2.3	5698	6.0		
2007	1479	1.6	4320	4.6		
2008			4007	4.2		
2009			3597	3.8		
2010			2668	2.8	16567	17.2
2011					12238	12.7
2012					9899	10.2
2013					8249	8.5

注：1. 1978 年标准：1978~1999 年称为农村贫困标准，2000~2007 年称为农村绝对贫困标准。
2. 2008 年标准：2000~2007 年称为农村低收入标准，2008~2010 年称为农村贫困标准。
3. 2010 年标准：新确定的农村扶贫标准。
资料来源：《中国统计年鉴（2014）》。

为解决贫困人口的生活问题，我国在城市和农村分别实行了城市居民最低生活保障制度和农村最低生活保障制度，对家庭人均收入低于当地政府公告的最低生活标准的人口给予一定的资助，以保障家庭成员的基本生活。低保制度以家庭为单位申报，由当地政府进行审核。对困难群体实行的社会救助制度是我国社会保障体系的重要组成部分。

从图 1-10 可以看出，享受城市居民最低生活保障人数从 2009 年开始呈下降趋势，但享受农村最低生活保障人数仍然在逐年上升，这也反映出我国人口的贫困状况，说明解决我国农村贫困人口问题这一任务仍然十分艰巨。

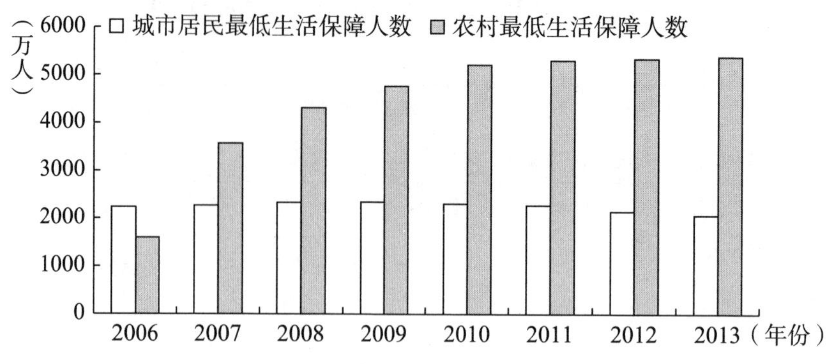

图 1－10　我国社会救助人数（2006～2013）

资料来源：《2013 年社会服务发展统计公报》。

我国政府对城市居民和农村最低生活保障制度的财政资金投入也在不断加大，呈逐年上升趋势，2013 年分别达到 756.7 亿元和 866.9 亿元（见图 1－11）。

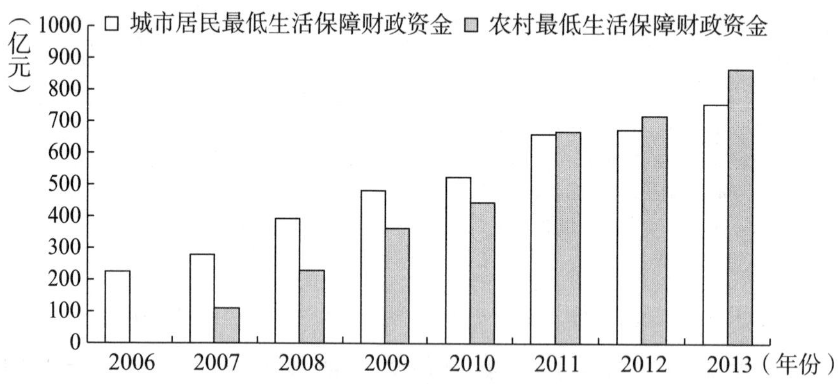

图 1－11　我国社会救助财政资金投入情况（2006～2013）

注：我国农村最低生活保障制度建立于 2007 年，故图中没有 2006 年数据。

资料来源：《2013 年社会服务发展统计公报》。

（四）就业形势

根据我国近年来人口、劳动力、就业与失业等方面的变化情况，可以对我国当前的就业形势进行判断，具体表现为以下几个主要特点。

1. 劳动年龄人口呈下降趋势，总量压力仍然较大

我国是世界上人口最多的国家，劳动力资源丰富，就业需求巨大。新中国成立以来，我国人口的数量不断增长，截至 2014 年末，人口总量已达 13.68 亿。由于我国在 20 世纪 80 年代初期采取了积极的人口控制政策，人口增速不断放缓，人口自然增长率已由 20 世纪 80 年代初的 14‰左右降至 2013 年的 5.21‰。人口总量增速放缓的同时，我国劳动年龄人口也进入负增长的历史拐点。根据国家统计局数据，由于生育持续保持较低水平和老龄化速度加快，2011 年 15～64 岁劳动年龄人口的比重为 74.4%，自 2002 年以来首次出现下降，2014 年该比重降为 73.4%。

尽管我国劳动年龄人口绝对数量开始下降，但是降低的幅度并不大，劳动力供给数量仍然不可小觑。另外，我国劳动参与率虽然有所下降，但是与世界同等收入水平国家相比，仍处于高位，经济活动人口的数量同样不会大幅减少。由此可以判断，我国劳动力供给的总量压力仍然很大。

2. 就业形势总体稳定，就业结构不断优化

从就业总量的变化情况来看，我国就业形势总体稳定，并未因经济增速放缓而出现较大的波动。2010～2014 年，全国就业人员从 76105 万人增加到 77253 万人，年均增加 287 万人。2011～2014 年，全国城镇新增就业分别为 1221 万、1266 万、1310 万、1322 万人，说明城镇就业保持增长态势。2014 年年末，全国农民工总量达到 27395 万人，较 2010 年增加 3172 万人，其中外出农民工 16821 万人，比 2010 年增加 1486 万人。近年来，高校毕业生离校时的就业率稳定在 70% 左右，年底总体就业率达到了 90% 以上。与此同时，我国城镇登记失业率有效控制在 5% 以下，2011～2014 年分别为 4.1%、4.1%、4.05% 和 4.09%，但长期失业人员比例较往年小幅上升。

与此同时，就业结构也更加优化。城镇就业比重逐步提高，从

2010 年的 45.6% 上升到了 2014 年的 50.9%；三次产业中非农就业比重也不断提升，2014 年三次产业就业人员占比为 29.5∶29.9∶40.6，第二、三产业就业比重较 2010 年分别上升了 2.9 和 8.9 个百分点。

3. 劳动者权益保护显著加强，就业质量仍需提升

随着我国《劳动合同法》等法律法规的颁布实施，劳动者权益保护力度显著加强，具体表现为三个方面。一是劳动合同签订率有所提高。2011 ~ 2014 年，全国企业劳动合同签订率分别为 86.4%、88.4%、88.2% 和 88%，较“十一五”时期显著上升。二是职工平均工资水平保持较快增长。2010 ~ 2014 年，全国城镇非私营单位就业人员年平均工资和城镇私营单位就业人员年平均工资的年均增长率分别为 9.04% 和 11.88%。三是最低工资标准持续提高。2011 ~ 2014 年，全国月均最低工资标准年均增长率为 13.2%。

尽管就业质量较以往有所提升，但就业领域存在一些影响就业质量的困难和问题，具体体现在三个方面。一是劳动者就业稳定性较低。怡安翰威特咨询公司调查结果显示，中国员工平均流动率为 15.9%，在全球处于高位。流动率较高的，大多为劳动密集型企业，并且基层员工流动性较大。在劳动者就业稳定性较低的同时，就业短期化现象突出。农民工就业呈现“短工化”趋势，工作持续时间短，工作流动性高，同时新毕业大学生的就业稳定性有所下降（吴江等，2013）。二是企业劳动合同签订率有待进一步提高。特别是农民工群体，劳动合同签订率更低，调查显示，2014 年外出受雇农民工与雇主或单位签订劳动合同率仅为 38%。① 三是劳动时间过长。数据显示，2013 年我国城镇调查周平均工作时间为 46.6 小时，较 2011 年和 2012 年均有所上升。其中制造业，建筑业，批发和零售业，住宿和餐饮业，交通运输，仓储和邮政业，居民服务、修理和其他服务业的周平均工作时间分别为 48.9 小时、49.7 小时、50.5 小时、

① 国家统计局：《2014 年全国农民工监测调查报告》。

51.4 小时、49.0 小时和 49.9 小时[①]，超时工作现象严重。另外，根据国家人口计生委的调查，流动人口的工作时间普遍较长，平均每周工作 54.6 小时。[②]

4. 就业结构性矛盾日益突出

就业结构性矛盾是由于劳动者的特征与岗位要求不匹配而产生的，这种不匹配包括技能、工作经验和地理位置等。受经济下行、产业结构调整、劳动力结构变化等多种因素的影响，我国就业结构性矛盾日益突出，具体包括以下几个方面。①高等教育水平和经济社会发展水平不适应，表现为高校毕业生就业难。北京大学教育经济研究所调查显示，2013 年中国高校毕业生就业落实率[③]为 71.9%，而待就业或不就业的比重达到了 29.1%，反映出当前中国大学生就业形势十分严峻。②大量大龄劳动者技能素质与现代产业发展要求不适应，表现为低技能劳动者就业难。调查显示，中国城镇失业率的年龄分布特征呈现明显的 U 形。21～25 岁的劳动者失业率高达 9.6%，26～40 岁的劳动者失业率在 5.5% 左右，而 46～50 岁的劳动者的失业率又上升到 9.3%，较 26～40 岁劳动者的失业率高出 3.8 个百分点。[④] ③技能人才培养不足与产业升级用工需求增长不适应，主要表现为招技工难。近年来，中国技能劳动者总量严重不足，不到劳动者总量的 1/5，高技能人才只占 5%。技能劳动者的求人倍率一直在 1.5∶1 以上，高级技工的求人倍率更是达到 2∶1 以上。[⑤] ④部分企业用工条件与劳动者不断提升的就业预期不适应，表现为招普工难。⑤区域产业布局和当地人力资源状况不适应，强化了招工难现象。⑥劳动者横向流动过大和企业稳定用工需求不适应，放大了

① 国家统计局：《中国劳动统计年鉴（2014）》。

② 国家人口计生委：《中国流动人口发展报告 2012》。

③ 包括落实工作、创业、灵活就业以及已确定升学或出国人员所占全部毕业生的比重。

④ 西南财经大学中国家庭金融调查与研究中心：《中国城镇失业报告（2012）》。

⑤ 中国人力资源市场信息监测中心：《2014 年部分城市公共就业服务机构市场供求状况分析》。

招工难现象。

二 经济增长对就业的拉动作用

（一）就业弹性

劳动力需求是经济增长的派生需求。在正常情况下，经济增长与就业增长具有同向和同步的变动趋势。1962 年，美国经济学家阿瑟·奥肯提出了著名的“奥肯定律”，论证了失业率与经济增长率之间反方向的变化关系：经济增长速度快，对劳动力的需求量相对较大，就业水平高，失业率低；经济增长速度慢，对劳动力的需求量相对较少，就业水平低，失业率高。劳动经济学中常用就业弹性衡量经济增长与就业之间的关系。所谓就业弹性，就是 GDP 增长 1 个百分点带动就业增长的百分点。就业弹性通常有弧弹性法和双对数法两种计算方法。弧弹性法是指依据弹性的定义，采用中点公式直接计算的方法。双对数法是利用计量分析的回归方法，根据公式计算弹性。比较而言，第一种方法简便易行，所需数据简单，但其经济学意义有限，因为该方法将就业增长全部归为经济增长，无形中放大了经济增长对就业的作用；第二种方法相对复杂，且经济学意义显著，但是对时间序列数据的拆分及样本量要求较高，如果无法合理使用，则会造成结果的偏差。由于本研究主要是做历年弹性趋势变化的比较，故更适合用第一种方法。弧弹性法的计算公式如下所示：

$$K_{it} = \frac{(L_{it} - L_{it-1})\ /L_{it-1}}{(Y_{it} - Y_{it-1})\ /Y_{it-1}}$$

其中，K_{it}为第 i 产业的就业弹性，L_{it}、L_{it-1}分别代表 t 期和 $t-1$ 期的就业量，Y_{it}、Y_{it-1}则分别代表 t 期和 $t-1$ 期的 GDP。通常情况

下，就业弹性系数越大，该经济体系吸收劳动力的能力越强；反之，该经济体系吸收劳动力的能力越弱。

（二）我国就业弹性的变化

我们利用《中国统计年鉴（2015）》的数据，以1978年为基期的商品零售价格总指数调整的真实国内生产总值作为衡量我国GDP增长的指标，以全社会的就业人数作为衡量我国劳动就业的指标。正如前面提到的，我国1989年以前的就业数量与1990年以后的口径不一，因此，我们分别计算1979~1989年和1991~2014年总体及三次产业的GDP增长率、就业增长率以及就业弹性，并绘制就业弹性的变动趋势图，结果如图1-12及图1-13所示。

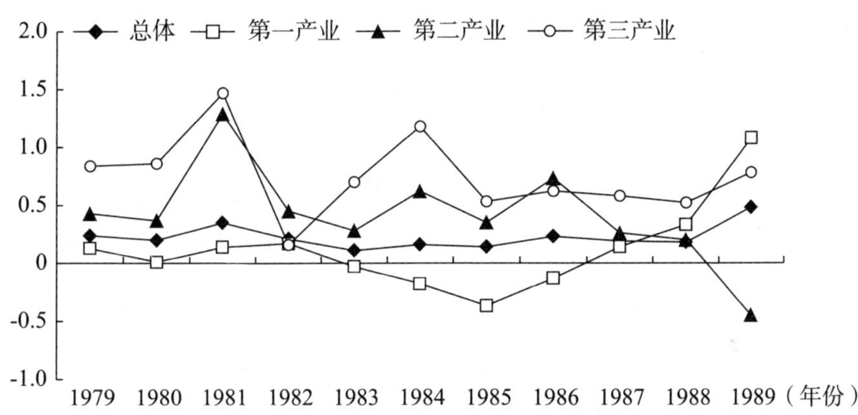

图1-12　我国就业弹性变动趋势图（1979~1989）

资料来源：根据《中国统计年鉴（2015）》中相关数据计算整理。

第一，从总体上来看，根据国外经济高速发展阶段的一般经验，经济高速增长一般都伴随着充分就业。像日本及亚洲其他一些国家和地区经济高速发展时期，都在20年甚至更长时间内维持了充分就业。世界银行2005年度报告显示，低收入国家的就业弹性为0.37，中等收入国家的就业弹性为0.78，高收入国家的就业弹性为0.24。发展中国家的平均就业弹性是0.3~0.4。我国属于中低收入的发展

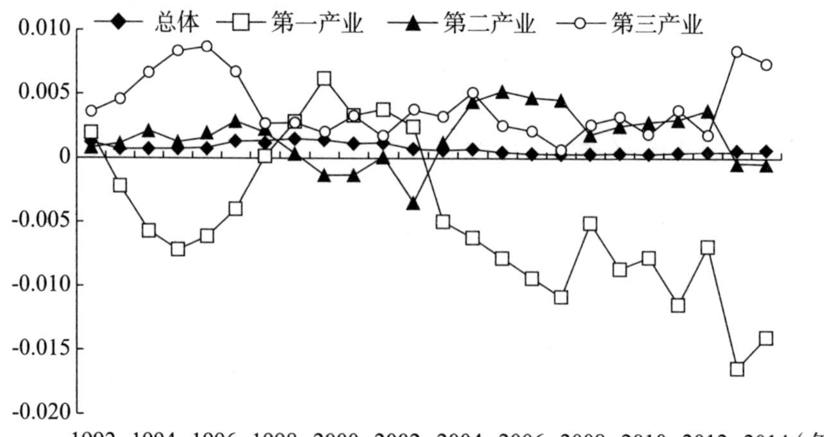

图 1－13 我国就业弹性变动趋势（1991～2014）

资料来源：根据《中国统计年鉴（2015）》中相关数据计算整理。

中国家，经济增长应当能带动较多的就业增长。但我国的发展实际与上述经验明显背离。改革开放以来，我国经济社会的发展出现了比较突出的矛盾。一方面，经济总体呈现持续高速增长的势头，30年的平均 GDP 增长率高达近 10%，形成了被世人关注的“中国经济奇迹”；另一方面，就业压力却越来越大，特别是在 20 世纪 90 年代以后，经济增长的就业带动能力明显下降，就业弹性急剧减小，我国经济发展似乎进入了“高增长、低就业”的陷阱，经济增长和产业结构调整越来越表现出不利于就业的态势。

第二，从第一产业来看，该产业的就业弹性总体水平较低，而且波动较大。我国是典型的二元经济国家，长期以来城乡就业体制性分割，限制了农村劳动力的有序流动，使农村积累了大量的剩余劳动力，存在严重的隐性失业或就业不足问题。因此，第一产业的就业弹性很难反映该产业就业的变化，其波动程度很大程度上折射出了第二、三产业就业的变化。当第二、三产业吸纳就业能力下降时，第一产业的就业弹性就会升高；而第二、三产业吸纳就业的能力增强时，第一产业的就业弹性就会下降。从这个角度来看，第一产业实际上起到了就业“蓄水池”的作用。[①]

第三，就第二产业而言，其就业弹性呈现由高至低再逐渐升高的发展趋势。按照我国现有统计口径对产业的划分，第二产业包括工业和建筑业，工业又细分为采掘业，制造业，电力、煤气、水的生产和供应业。由于制造业的发展对其他产业的带动作用极强，它既直接对劳动力产生大量需求，又间接拉动其他产业劳动需求的增加。改革开放初期，我国工业发展的重心由着力发展重工业转移到发展轻工业上，由此极大地带动了就业的提升，加之计划经济时代就业乏力，第二产业的就业弹性在改革开放的头几年呈现较高水平。然而，市场经济体制改革以来，由于制造业的生产能力过剩，一方面企业大量缩减产量导致对劳动力的需求减少，另一方面企业纷纷采用技术革新，改变生产要素组合，向资本、技术密集型发展，对劳动力的需求也逐渐减少。虽然建筑业就业人口一直不断增加，但由于所占比重相对较小，对第二产业就业吸纳能力的影响还不足以抵消制造业对第二产业就业吸纳能力的影响，第二产业就业弹性呈现不断下降趋势。与此同时，国有企业改革、企业兼并重组等使工业部门的隐性失业人员显性化，使企业中大量的职工成为失业人员，进一步导致了就业弹性的下降。就业弹性的再次回升是在2002年国家提出走新型工业化道路后。当时，经济结构有所改善，高新技术产业也得到了较快发展，从而使第二产业的就业吸纳能力得到了一定程度的恢复。

第四，就第三产业而言，其弹性系数始终保持在较高水平。这主要在于第三产业具有规模小和灵活多样的特点，吸引了大量的劳动力。随着经济的发展，人们对第三产业的需求越来越大，加之进入第三产业的门槛较低，越来越多的劳动力投入其中，其就业增长率不断攀升，体现出吸纳就业的巨大实力。在第三产业不断拉动就业的同时，第三

---

① 在统计上，由于农业起到的是“蓄水池”的作用，凡是非农产业未能吸纳的就业都被计入农业，所以农业中的就业量在一定程度上被高估了。

产业的就业弹性呈现一定幅度的下滑，这一方面与第三产业近些年劳动生产率逐渐提高、边际收益率逐步降低有关；另一方面受第三产业内部结构变化的影响，因为第三产业内部各行业的发展水平和吸纳就业的能力都存在较大差异，在第三产业内部，与批发和零售业、住宿和餐饮等劳动密集型的传统服务业相比，新兴的金融、保险、高科技、房地产开发等资本、技术、知识密集程度高的服务部门就业机会较少，从而拉动就业的作用也较弱。

三　产业结构调整对就业的影响

（一）产业结构与就业结构演进的一般规律

三大产业是伴随着人类社会生产力的发展和社会分工的日益深化、精细而逐渐形成和发展起来的。从产业结构演进的一般规律来看，它是一个由低级向高级不断转变和发展的过程。各国发展经验表明，随着经济的进步，三次产业的产值结构将发生巨大改变，由第一产业产值比重下降、第二产业产值比重上升、第三产业产值比重变化缓慢，到第一产业产值比重下降、第二产业和第三产业产值比重都上升，再到第一产业产值比重变化缓慢、第二产业产值比重下降、第三产业产值比重上升。产业结构变化的过程，必然伴随着就业结构的变化，但是就业结构的变化一般滞后于产业结构的变化。

根据学者们的研究成果（见表1－6），在经济发展初期阶段，第一产业产值比重较高，第二产业产值比重较低。随着经济的不断发展，第一产业产值比重持续下降，第二和第三产业产值比重都有所提高，且第二产业产值比重上升幅度大于第三产业，第一产业优势地位被第二产业取代，当第一产业产值比重在降低到10%左右时，第二产业产值比重上升到最高水平，此后第二产业的产值比重转为相对稳定或有所下降。就业结构的变化趋势与产业结构的变化趋势大体相符。在经济发展初期，第一产业的就业比重占据绝对优势，且远远高于其产值比重，大量的劳动力被滞留在农业部门；随着第二、第三产业的迅速发展，农业的剩余劳动力逐步向第二产业及第三产业转移；而后，第三产业吸纳了绝大多数劳动力，消除了第一产业大量过剩劳动力滞留的现象。

表1-6 产值结构和就业结构变动的标准模式

研究者	人均GDP（美元）		产值比重（%）			就业比重（%）		
			第一产业	第二产业	第三产业	第一产业	第二产业	第三产业
库兹涅茨	1958年	70	45.8	21.0	33.2	80.3	9.2	10.5
		150	36.1	28.4	35.5	63.7	17.0	19.3
		300	26.5	36.9	36.6	46.0	26.9	27.1
		500	19.4	42.5	38.1	31.4	36.2	32.4
		1000	10.9	48.4	40.7	17.7	45.3	37.0
钱纳里、艾金同、西姆斯	1964年	100	46.3	13.5	40.1	68.1	9.6	22.3
		200	36.0	19.6	44.4	58.7	16.6	24.7
		300	30.4	23.1	46.5	49.9	20.5	29.6
		400	26.7	25.5	47.8	43.6	23.4	33.0
		600	21.8	29.0	49.2	34.8	27.6	37.6
		1000	18.6	31.4	50.0	28.6	30.7	40.7
		2000	16.3	33.2	49.5	23.7	33.2	43.1
		3000	9.8	38.9	48.7	8.3	40.1	51.6
钱纳里、鲁宾逊、赛尔奎因	1970年	140~280	48.0	21.0	31.0	81.0	7.0	12.0
		280~560	39.4	28.2	32.4	74.9	9.2	15.9
		560~1120	31.7	33.4	34.6	65.1	13.2	21.7
		1120~2100	22.8	39.2	37.8	51.7	19.2	29.1
		2100~3360	15.4	43.4	41.2	38.1	25.6	36.3
		3360~5040	9.7	45.6	44.7	24.2	32.6	43.2

资料来源：参见郭克莎（1999：73-83）。

（二）我国产业结构与就业结构的演进趋势比较

改革开放以来，随着我国市场化进程的不断推进以及经济的持续增长，我国的产业结构与就业结构都发生了巨大变化，具体如表1－7所示。从中可以看出，我国的产业结构由“二、一、三”格局转变为“三、二、一”格局，而就业结构由“一、二、三”格局转变为“三、二、一”格局。1985年，产业结构中第三产业占GDP比重首次超过第一产业，实现了结构升级的关键性突破；2012年，第三产业超越第二产业，成为三次产业中产值比重最高的产业。就业结构的变化首先出现在1994年，第三产业就业比重首次超过第二产业，成为吸纳就业的主要部门；2014年，第二产业就业比重超越第一产业，说明农业劳动力持续转移到第二、三产业。总体来看，我国产业结构与就业结构的演变规律与各国的发展趋势一致。

表1－7　我国三次产业的产值结构和就业结构（1978～2014）

年份	产值比重（%）			就业比重（%）		
	第一产业	第二产业	第三产业	第一产业	第二产业	第三产业
1978	27.9	47.6	24.5	70.5	17.3	12.2
1979	30.9	46.8	22.3	69.8	17.6	12.6
1980	29.9	47.9	22.2	68.7	18.2	13.1
1981	31.6	45.8	22.6	68.1	18.3	13.6
1982	33.0	44.5	22.5	68.1	18.4	13.5
1983	32.8	44.1	23.1	67.1	18.7	14.2
1984	31.8	42.8	25.5	64.0	19.9	16.1
1985	28.1	42.6	29.3	62.4	20.8	16.8
1986	26.8	43.4	29.8	60.9	21.9	17.2
1987	26.5	43.2	30.3	60.0	22.2	17.8
1988	25.4	43.4	31.2	59.3	22.4	18.3
1989	24.7	42.4	32.9	60.1	21.6	18.3

续表

年份	产值比重（%）			就业比重（%）		
	第一产业	第二产业	第三产业	第一产业	第二产业	第三产业
1990	26.7	40.9	32.4	60.1	21.4	18.5
1991	24.2	41.4	34.5	59.7	21.4	18.9
1992	21.4	43.0	35.6	58.5	21.7	19.8
1993	19.4	46.1	34.5	56.4	22.4	21.2
1994	19.5	46.1	34.4	54.3	22.7	23.0
1995	19.7	46.7	33.7	52.2	23.0	24.8
1996	19.4	47.0	33.6	50.5	23.5	26.0
1997	18.0	47.0	35.0	49.9	23.7	26.4
1998	17.2	45.7	37.1	49.8	23.5	26.7
1999	16.1	45.3	38.6	50.1	23.0	26.9
2000	14.7	45.4	39.8	50.0	22.5	27.5
2001	14.1	44.7	41.3	50.0	22.3	27.7
2002	13.4	44.3	42.3	50.0	21.4	28.6
2003	12.4	45.5	42.1	49.1	21.6	29.3
2004	13.0	45.8	41.2	46.9	22.5	30.6
2005	11.7	46.9	41.4	44.8	23.8	31.4
2006	10.7	47.4	41.9	42.6	25.2	32.2
2007	10.4	46.7	42.9	40.8	26.8	32.4
2008	10.3	46.8	42.9	39.6	27.2	33.2
2009	9.9	45.7	44.4	38.1	27.8	34.1
2010	9.6	46.2	44.2	36.7	28.7	34.6
2011	9.5	46.1	44.3	34.8	29.5	35.7
2012	9.5	45.0	45.5	33.6	30.3	36.1
2013	9.4	43.7	46.9	31.4	30.1	38.5
2014	9.2	42.7	48.1	29.5	29.9	40.6

资料来源：《中国统计年鉴（2015）》。

为了更好地反映产业结构与就业结构的变动趋势，笔者分别绘制了二者的变动趋势图，具体如图 1 – 14、图 1 – 15 所示。从图中可以看出，我国三次产业的产值结构和就业结构受几次重大产业调整的影响，表现出明显的阶段性特征。

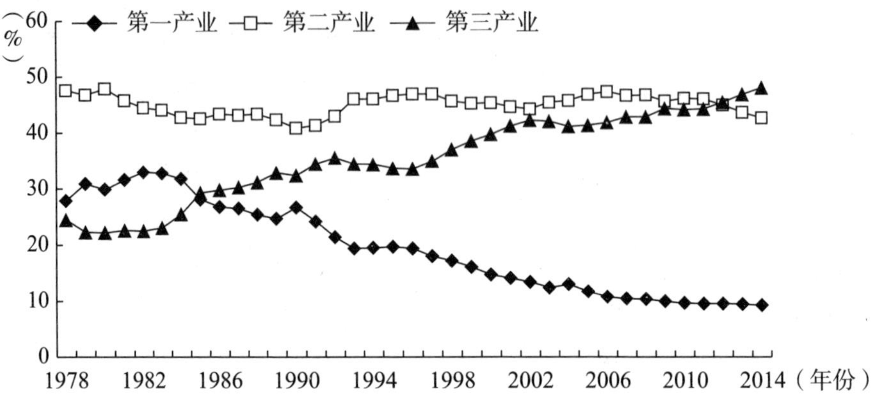

图 1 – 14　我国三次产业产值结构的变动趋势（1978 ~ 2014）

资料来源：《中国统计年鉴（2015）》。

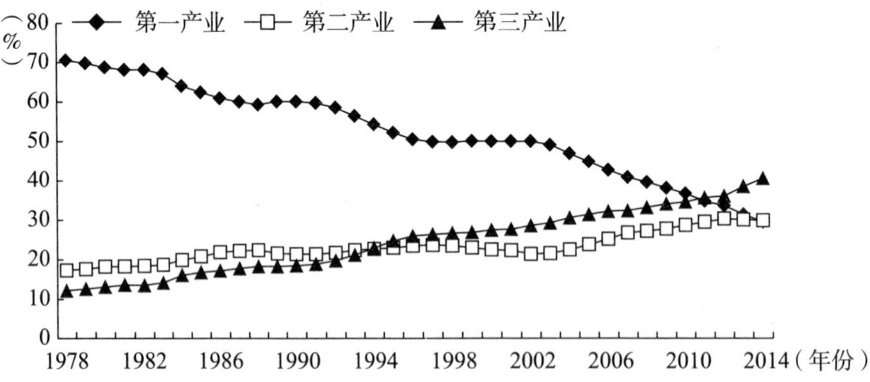

图 1 – 15　我国三次产业就业结构的变动趋势（1978 ~ 2014）

资料来源：《中国统计年鉴（2015）》。

第一阶段：改革开放到社会主义市场经济体制确立之前（1978 ~ 1991 年）。20 世纪 50 年代，优先发展重工业的战略使轻工业和重工业比例严重失调。而自 1978 年召开十一届三中全会后，我国对产业结构进行了调整，从优先发展重工业转变为农业、轻工业、重工业并举的发展战略，这一转变也使就业结构发生了显著变化。从第一产业来看，由于80年代初期农村家庭联产承包责任制的确立，农业的活力得以激发，第一产业产值比重在这一阶段先升后降，而就业比重持续下降了10.8个百分点，大量富余劳动力开始转移。第二产业受轻工业和重工业比例调整的影响，尽管产值比重下降了6.2个百分点，但以劳动密集型产业为主体的轻工业的发展表现出对农村剩余劳动力巨大的吸纳效应，就业比重反而上升了4.1个百分点。由于我国在1978年后允许个体工商户经营，商业、餐饮业等服务业迅速发展，第三产业产值比重和就业比重分别上升了10.0和6.7个百分点。总体来看，产业结构呈现有利于就业的局面。

第二阶段：社会主义市场经济体制确立时期（1992～2001年）。改革开放以后，在经历了以农村家庭联产承包责任制为主要内容的农村改革，以及20世纪80年代中期的城市经济体制改革后，我国市场经济体制改革全面启动，宏观经济形势逐步由短缺经济向过剩经济转变。国家大力压缩采掘工业、原材料工业以及纺织、皮革等劳动密集型工业的过剩产能，加上1997年开始的“减员增效”国企改革，这些因素使第二产业的就业比重在这一时期仅上升了0.6个百分点。而这一时期中央出台了《关于加快发展服务业的决定》等一系列扶持第三产业发展的政策措施，同时随着居民收入水平的提高，居民对生活性消费的需求获得极大的释放。这些因素给第三产业提供了广阔的发展空间。这一时期第三产业比重提高了5.7个百分点，而就业比重更是提高了7.9个百分点。自1994年就业比重超过第二产业开始，第三产业成长为我国吸纳就业的主要产业。

第三阶段：科学发展观指导下的时期（2002～2011年）。2002年，党的十六大报告提出了新型工业化的战略，即坚持以信息化带动工业化，以工业化促进信息化，走出一条科技含量高、经济效益好、资源消耗低、环境污染少、人力资源优势得到充分发挥的新型工业化道路。在这种背景下，以重化工业为目标的发展战略使第二产业特别是制造业得到极大发展，这一时期第二产业产值比重先升后降，总体提高了1.8个百分点，就业比重也相应上升了8.1个百分点。这反映了我国新型工业化道路具有巨大的就业效应。第三产业产值比重在这一时期只上升了0.5个百分点，说明制造业并未带动第三产业特别是生产性服务业快速发展，但由于第三产业就业吸纳能力较强，就业比重仍然上升了7.1个百分点。

第四阶段：全面建设小康社会关键时期和深化改革开放、加快转变经济发展方式攻坚时期（2012年至今）。党的十八大报告指出，要推进经济结构战略性调整，这是加快转变经济发展方式的主攻方向。必须以改善需求结构、优化产业结构、促进区域协调发展、推进城镇化为重点，着力解决制约经济持续健康发展的重大结构性问题。2012年以来，我国第三产业获得了长足的发展，无论是产值结构还是就业结构，占比都跃居三次产业的首位，经济结构和就业结构都得以进一步优化，符合经济结构战略性调整的大方向。

（三）我国产业结构与就业结构的结构偏离度分析

在经济发展变化的过程中，产业的产值结构和就业结构逐步趋于一致。当产业结构和就业结构不协调时，产业结构和就业结构就会出现一定的偏离，通常我们用结构偏离度来反映二者之间的不对称状态。结构偏离度越大，说明劳动力结构与产业结构越不对称，说明产业结构的效益越低。显然，结构偏离度的绝对值越小，就业结构与产业结构就越平衡。结构偏离度为正，表明该产业中产值比重大于就业比重；反之，当结构偏离度为0时，表明结构处于均衡状态。学者们在研究基于多国模型的三大产业结构偏离度演变规律时发现：当人均GDP从低到高演进时，第一产业的结构偏离度从较高的正偏离逐步向零偏离靠拢，第二产业和第三产业的结构偏离度从较高的负偏离逐步向零偏离靠拢。

笔者通过计算我国产业结构与就业结构的偏离度（见表 1－8）发现，改革开放以来，我国三次产业结构的总偏离数趋于下降，说明结构正逐步趋向合理化。但是在此过程中也出现了一些波动，这些波动与经济增长及就业增长密切相关。1978～1984 年，三次产业的结构偏离度均呈下降趋势，这一时期正是改革开放后的第一个高增长期，合理的结构促进了经济增长。1984～1992 年，三次产业结构的偏离度在波动中上升，这一时期的经济增长也剧烈波动。1992 年的高增长主要是受投资拉动及通货膨胀的影响，对就业没有拉动，因此结构作用不大。1992～1996 年，经济开始“软着陆”，经济结构开始调整，并逐步向合理化推进。但是 1997 年国有企业改革，大量职工下岗，劳动力资源没有充分利用，导致结构偏离度增加。结构偏离度的逐步加大，使经济增长率处于下滑状态，严重地影响了我国的经济增长。2002 年我国提出走新型工业化道路以后，结构偏离度逐渐下降，经济增长率也开始上升，我国经济结构调整和经济增长都进入了良好状态。

表 1－8　我国历年结构偏离度（1978～2014）

年份	第一产业	第二产业	第三产业	年份	第一产业	第二产业	第三产业
1978	－0. 60	1. 75	1. 01	1985	－0. 55	1. 05	0. 74
1979	－0. 56	1. 66	0. 77	1986	－0. 56	0. 98	0. 73
1980	－0. 56	1. 63	0. 69	1987	－0. 56	0. 95	0. 70
1981	－0. 54	1. 50	0. 66	1988	－0. 57	0. 94	0. 70
1982	－0. 52	1. 42	0. 67	1989	－0. 59	0. 96	0. 80
1983	－0. 51	1. 36	0. 63	1990	－0. 56	0. 91	0. 75
1984	－0. 50	1. 15	0. 58	1991	－0. 59	0. 93	0. 83

续表

年份	第一产业	第二产业	第三产业	年份	第一产业	第二产业	第三产业
1992	-0.63	0.98	0.80	2004	-0.72	1.04	0.35
1993	-0.66	1.06	0.63	2005	-0.74	0.97	0.32
1994	-0.64	1.03	0.50	2006	-0.75	0.88	0.30
1995	-0.62	1.03	0.36	2007	-0.75	0.74	0.32
1996	-0.62	1.00	0.29	2008	-0.74	0.72	0.29
1997	-0.64	0.98	0.33	2009	-0.74	0.64	0.30
1998	-0.65	0.94	0.39	2010	-0.74	0.61	0.28
1999	-0.68	0.97	0.43	2011	-0.73	0.56	0.24
2000	-0.71	1.02	0.45	2012	-0.72	0.49	0.26
2001	-0.72	1.00	0.49	2013	-0.70	0.45	0.22
2002	-0.73	1.07	0.48	2014	-0.69	0.43	0.18
2003	-0.75	1.11	0.44				

资料来源：根据《中国统计年鉴（2015）》中相关数据计算整理。

（四）我国产业结构与就业结构的国际比较

为了更深入地了解我国产业结构与就业结构的总体发展状况，笔者利用《国际统计年鉴（2011）》，选取了部分代表性国家的产业结构和就业结构①，以便通过国际比较来了解我国产业及就业结构的发展状况、不足之处以及演进方向，具体如表1-9所示。首先从产业结构来看，总体而言，越是高收入国家②，第一产业的产值比重越是较低，基本在3%以下，而第三产业的产值比重比较高，大都在60%、70%以上，远高于其他两个产业的比重；其次从就业

① 本研究选取的是《国际统计年鉴（2011）》中的最新数据。

② 根据2006年世界银行国家分类标准的数据，人均国民收入≤875美元为低收入国家，人均国民收入在876至3465美元区间为中低收入国家，人均国民收入在3466至10725美元区间为中高收入国家，人均国民收入>10726美元为高收入国家。

结构来看，其也表现为与产业结构相匹配的状况，与低收入、中低收入和中高收入国家相比，高收入国家中第一产业的就业比重非常低，而第三产业的就业比重则较高；最后从结构偏离度上来看，总体上高收入国家三次产业的结构偏离度都在0左右，说明二者的匹配度较好，而在中低收入国家，第一、第二产业的结构偏离度都呈现较高的水平，说明就业结构明显滞后于产业结构的发展，大量劳动力滞留于第一产业，未能实现向第二产业乃至第三产业的有效转移。

从人均GDP水平来看，我国属于中低收入国家的典型，但是产业结构和就业结构不仅与高收入国家存在明显差距，甚至滞后于其他一些中低收入国家。按照2007年的数据，我国三次产业的产值比重分别为10.4%、46.7%和42.9%，第一产业的国内生产总值比重大致与泰国相当，稍高于其他中低收入国家；同样，第二产业占国内生产总值比重明显高于其他国家，甚至高于美国、日本等发达国家；而第三产业的比重与其他国家相比明显偏低。再分析我国的就业结构，我国2007年三次产业的就业比重分别为40.8%、26.8%和32.49%，截至2010年比重总体变化不大。虽然从整体上而言，我国的就业结构变动与产业结构变动的趋势和方向一致，但是就业结构的变动速度明显慢于产业结构。第一产业的就业比重过高，第三产业的就业比重偏低。最后从结构偏离度来看，我国产值比重较大的部门就业比重较低，而产值比重较小的部门就业比重则较高，就业结构与产业结构不匹配的问题十分突出。

表1-9　产业结构与就业结构的国际比较

国家	年份	人均GDP（美元）	产值比重（%）			就业比重（%）			结构偏离度		
			第一产业	第二产业	第三产业	第一产业	第二产业	第三产业	第一产业	第二产业	第三产业
孟加拉国	2005	440	18.9	28.5	52.6	48.1	14.5	37.4	-0.61	0.97	0.41

续表

国家	年份	人均GDP（美元）	产值比重（%）			就业比重（%）			结构偏离度		
			第一产业	第二产业	第三产业	第一产业	第二产业	第三产业	第一产业	第二产业	第三产业
巴基斯坦	2007	860	19.6	26.8	53.7	43.6	21.0	35.4	-0.55	0.28	0.52
埃及	2006	1290	13.0	35.5	51.5	31.2	22.0	46.6	-0.58	0.61	0.11
菲律宾	2007	1460	13.5	31.3	55.2	36.1	15.1	48.8	-0.63	1.07	0.13
斯里兰卡	2007	1540	11.7	29.9	58.4	31.3	26.6	38.7	-0.63	0.12	0.51
印度尼西亚	2007	1660	13.8	46.7	39.4	41.2	18.8	39.9	-0.67	1.48	-0.01
乌克兰	2007	2570	7.4	32.1	60.5	16.7	23.9	59.4	-0.56	0.34	0.02
泰国	2007	3240	10.8	43.8	45.3	41.7	20.7	37.4	-0.74	1.12	0.21
伊朗	2007	3540	9.0	41.5	49.0	22.8	32.0	45.1	-0.61	0.30	0.09
南非	2007	5760	2.7	30.9	66.4	8.8	26.0	64.9	-0.69	0.19	0.02
马来西亚	2007	6400	8.5	50.6	40.9	14.8	28.5	56.7	-0.43	0.78	-0.28
俄罗斯联邦	2007	7520	4.8	38.6	56.7	9.0	29.2	61.8	-0.47	0.32	-0.08
墨西哥	2007	9400	3.6	25.3	71.1	13.5	25.9	59.9	-0.73	-0.02	0.19
波兰	2007	9800	4.3	29.9	65.9	14.7	30.7	54.5	-0.71	-0.03	0.21
韩国	2007	21210	3.0	39.4	57.6	7.4	25.9	66.6	-0.59	0.52	-0.14
意大利	2005	30010	2.3	26.9	70.9	4.2	30.7	65.1	-0.45	-0.12	0.09
德国	2005	34580	0.9	29.7	69.4	2.4	29.7	67.8	-0.63	0.00	0.02
新加坡	2007	34640	0.1	31.1	68.8	1.1	22.6	76.2	-0.91	0.38	-0.10
日本	2004	37050	1.7	30.2	68.1	4.5	28.4	67.1	-0.62	0.06	0.01
英国	2005	37600	1.0	26.2	72.8	1.4	22.3	76.3	-0.29	0.17	-0.05
美国	2004	41440	1.3	22.0	76.7	1.6	20.8	77.6	-0.19	0.06	-0.01

资料来源：根据《国际统计年鉴（2011）》中相关数据计算整理。

通过对我国产业结构和就业结构的演进分析，以及与其他国家的比较可以看出，我国产业结构与就业结构演进基本遵循工业化进程的一般规律，但我国产业结构与就业结构存在不匹配的状况。第一产业结构偏差较大，成为劳动力流出的主要部门，但是农业生产水平提高缓慢以及城乡间政策性和体制性壁垒的存在阻碍了农村劳动力向城镇和非农产业转移。因此，大量剩余劳动力滞留在农村和第一产业，这是劳动力资源的浪费，也对城乡就业构成了巨大压力。产业结构变迁并未使我国就业结构峰值在第二产业出现，而是直接由第一产业转移到第三产业。这是因为我国工业化战略是由优先发展重工业开始的，虽然经历过几次调整，但仍未表现出由劳动密集型向资本、技术密集型渐进发展的一般路径。劳动密集型产业的发展“真空”和过早出现资本排挤劳动现象使第二产业形成高增长、低就业格局。但走新型工业化道路以来，第二产业就业状况持续改善，制造业和建筑业近年来表现出巨大的就业需求，这也说明目前我国经济结构对生产性劳动的需求相对旺盛。第三产业是吸收就业的主要部门。但从当前的形势看，我国第三产业就业存在后劲不足的问题。与国外相比，近年来第二产业重新重化工业化带动第三产业发展的作用尚不明显，第三产业增长放缓阻碍了就业水平的进一步提高。

（五）产业结构与就业结构的变动速率分析

测试产业结构及就业变动的指标一般有结构变动值指标和 Moore 结构变化值指标两种。其中，前者仅将各产业份额变动值的绝对值简单相加，并不反映某个具体产业变动的情况，也不区分结构演变中各产业此消彼长的方向变化；而 Moore 结构变化值指标运用空间向量测定法，以空间向量中夹角为基础，将产业共分为 n 个部门，构成一组 n 维向量，把两时期间两组向量间的夹角 θ 作为结构变化的指标，更细致、灵敏地揭示了结构变化的过程与程度，计算公式如下：

$$M_i^+ = \frac{\sum_{i=1}^{3} W_{it1} \times W_{it2}}{\left(\sum_{i=1}^{3} W_{it1}^2\right)^{1/2} \times \left(\sum_{i=1}^{3} W_{it2}^2\right)^{1/2}};\theta = \arccos M_i^+$$

其中 M_i^+ 表示 Moore 结构变化值；W_{it1} 表示 $t1$ 期第 i 产业所占比重，W_{it2} 表示 $t2$ 期第 i 产业所占比重；W_{it1} 和 W_{it2} 的夹角 θ 可以看作时间区间［$t1$，$t2$］内结构变动值，θ 越大，表明结构变化的速率也越大，其最大值为 90 度。

笔者利用《中国统计年鉴（2015）》的数据，分别计算 1979 ~ 2014 年产业结构及就业结构的变动速率，结果如图 1 - 16 所示。从图中可以看出，我国产业结构调整变动速率呈周期性变化，就业结构的变动速率由于受产业结构变动的影响，与产业结构变动速率表现出十分类似的变动规律。但是，就业结构的变动与产业结构的变动并非完全同步，而是呈现一定的滞后性。之所以出现这种情形，是因为产业结构决定着就业结构的分布，产业结构的调整必然带动就业结构的变化，但是由于受产业壁垒、人员素质等条件的限制，劳动力转移需要一定的时间，从而使就业结构的变化落后于产业结构的调整。此外还可以看出，改革开放以来，我国就业结构变动与产业结构变动的滞后期还表现出增长的趋势。这可能是因为近年来技术水平的提升使产业的进入壁垒逐步升高，而教育培训的滞后使劳动力素质无法及时调整以满足新的就业需求，从而延长了劳动力的产业转移时限。

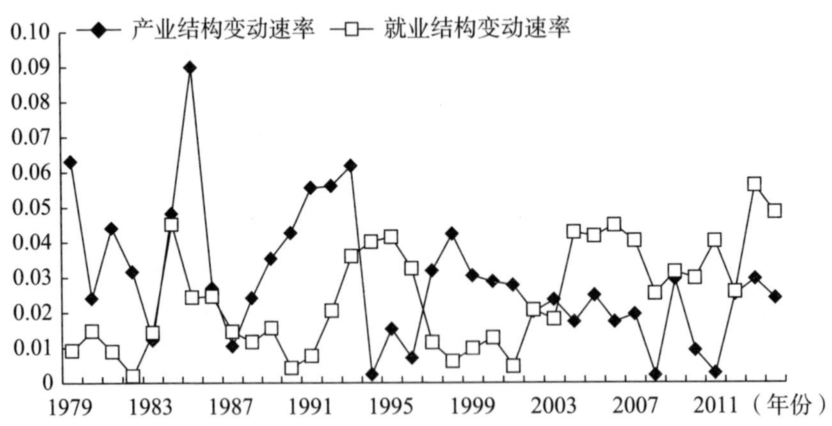

图 1 - 16　我国历年产业结构及就业结构变动速率（1979 ~ 2014）

资料来源：根据《中国统计年鉴（2015）》中相关数据计算整理。

（六）产业结构调整对就业的影响分析

通过前面的论述可知，我国产业结构调整无论是从结构分布上还是从变动速率上都对就业具有明显的影响。虽然很多学者都认为产业结构调整对就业应该有积极的促进作用，但是由于就业弹性持续下降、“奥肯定律”在我国失效等研究成果的出现，就业形势又变得令人担忧。为了更好地了解产业结构调整与就业之间的关系，本研究以产业结构调整方向和产业结构调整速率为自变量，以就业量为因变量，探讨二者对就业的影响。考虑到自变量与因变量间的非线性关系，本研究将模型设定为：

$$L = F(STRE, STRK) = a(STRE)^{\alpha}(STRK)^{\beta}$$

其中，L、$STRE$、$STRK$ 分别表示劳动就业人数、产业结构调整方向、产业结构调整速率，α、β 表示系数，a 为常数。由于产业结构调整与就业之间的非线性关系为指数形式，因此本研究对上式两边取对数，得到产业结构调整与就业之间的对数方程：

$$\ln L = \ln a + \alpha \ln(STRE) + \beta \ln(STRK)$$

据此构建回归方程为：

$$\ln L = C_1 + C_2 \ln(STRE) + C_3 \ln(STRK) + \varepsilon$$

按照国际上通行的做法，*STRE* 用第三产业产值占 GDP 的比重进行衡量；*STRK* 利用产业的 Moore 结构变化值衡量；就业人数使用《中国统计年鉴（2015）》的数据。需要注意的是，我国国家统计局有两类就业人口统计，一是经常性劳动统计，二是人口普查就业人口统计。在 1990 年以前，我国对就业人数的统计都是使用第一种方法，这种方法的统计口径相对较窄，不可避免地低估了我国的就业总人数。为了解决这一问题，国家统计局从 1990 年起，采用了国际上通行的做法，也就是利用人口普查的资料来推算全国就业人数。

由于数据衔接的问题，这样 1990 年的数据就多出了一块，但国家统计局并未对此进行调整，这也正是统计年鉴中 1990 年全国就业人口比 1989 年净增 9420 万、增速高达 17% 的原因所在。由于 1989 年和 1990 年的就业差距太大，如果不对数据加以调整，在进行相关时间序列分析时就会造成数据的严重跳跃，而这种奇异值对进行实证分析的影响将是灾难性的，因此必须对年鉴中的就业人口数据进行合理调整。笔者根据人口普查就业人口统计方法，利用 1990 ~ 2014 年数据对总人口数与就业人口数进行回归分析，结果表明二者之间具有显著的线性关系（$F = 808.48$，$P < 0.001$），结果如下所示：

$$L = -5600.031 + 0.612 * Y$$

根据该公式，笔者利用 1978 ~ 1989 年总人口数据及各产业就业比重，估算出历年各产业的就业人数，然后运用 SPSS 软件进行回归分析，结果如下所示：

$$\ln L = 9.495 + 0.952 STRE - 0.089 \ln STRK$$

研究结果表明，产业结构调整方向对就业具有显著的正向影响（$\beta = 0.952$，$P < 0.001$），而产业结构调整速率对就业的影响为负（$\beta = -0.089$，$P < 0.05$）。这说明：①随着我国产业结构调整的不断深入，第三产业迅速发展，有效地拉动了就业增长，我国产业结构调整的方向对就业具有积极的促进作用；②在产业结构调整期间，就业结构调整与产业结构调整速度不匹配，人员素质等无法及时满足产业结构调整的需求，造成了一定的结构性失业，过快的产业结构调整速度对就业产生了抑制作用；③比较而言，产业结构调整方向对就业正向影响的显著程度要高于产业结构调整速率的负向影响，表明产业结构调整对就业的吸纳作用要高于抑制作用，因此总体而言产业结构调整有效带动了就业增长。

四　技术进步对就业的影响

技术进步不但会影响到产业的生产效率、产品质量和市场发展空间等因素，也对产业的就业总量、就业质量和就业结构产生深远的影响（冯泰文、孙林岩、何哲，2008）。关于技术进步与就业之间的关系，长期以来不同经济学派提出了不同的观点，实证研究也得出了不同的结论。有研究认为技术进步会替代劳动力，对就业产生抑制作用（Aghion & Howitt，1994；Karolina & Midelfart，2005；姚战琪、夏杰长，2005）；也有研究认为通过技术创新可获得更多的利润用于再投资，生产规模的扩大同样可以带来就业机会的增加（Pissarides，1990；Carnoy，1997）；还有研究则认为技术进步对就业的抑制效应和补偿效应同时存在，短期是以抑制为主，但是长期来看有助于就业增长（龚玉泉、袁志刚，2002；赵利，2009）。无论如何，技术进步对就业的影响不容忽视，需要不断地进行深入分析与评估，尽量规避技术进步对就业的负面影响，发挥技术进步的就业拉动效应。

制造业是最容易受技术进步影响的行业，近年来关于机器替代劳动力的争议不断。基于此，本部分将以制造业为研究对象，分别从高技术产业发展与行业技术进步两个角度对技术进步的就业效应进行研究。前者重点关注高技术部门产值比重上升和结构变化速度两个方面的影响；后者则是利用数据包络分析方法估算出制造业全要素生产率，以此来衡量制造业的技术进步，并将其分解为技术变化和技术效率的提升。在此基础上，利用回归分析法，比较不同类型技术进步对制造业不同技术部门就业的影响与作用。

（一）高技术产业发展对就业的影响

1. 资料来源及处理

本部分依据 OECD 的分类方法，利用 R&D 总费用占总产值比重、直接R&D经费占产值比重和直接R&D占增加值比重3个指标，按照技术含量由低到高将制造业分为四类：低技术产业、中低技术产业、中高技术产业和高技术产业（Schaaper, 2005）。以此为标准，对我国制造业各细分行业进行了归并，由于工艺品及其他制造业、废弃资源和废旧材料回收加工业两个行业的数据不连续，故不列为本研究的研究对象，具体分类如表1－10所示。

表1－10　我国制造业不同技术产业分类

低技术产业	中低技术产业	中高技术产业	高技术产业
·农副食品加工业、食品制造业 ·饮料制造业 ·烟草制品业 ·纺织业 ·纺织服装、鞋、帽制造业 ·皮革、毛皮、羽毛（绒）及其制品业 ·木材加工及木、竹、藤、棕、草制品业 ·家具制造业 ·造纸及纸制品业 ·印刷业和记录媒介的复制 ·文教体育用品制造业	·石油加工、炼焦及核燃料加工业 ·橡胶制品业 ·塑料制品业 ·非金属矿物制品业 ·黑色金属冶炼及压延加工业 ·有色金属冶炼及压延加工业 ·金属制品业	·化学原料及化学制品制造业 ·化学纤维制造业 ·通用设备制造业 ·专用设备制造业 ·交通运输设备制造业 ·电气机械及器材制造业	·医药制造业 ·通信设备、计算机及其他电子设备制造业 ·仪器仪表及文化、办公用机械制造业

工业增加值指标和就业指标分别利用分行业国有及规模以上非国有企业的数据进行衡量，研究数据主要来自《中国工业经济统计年鉴》，但由于该年鉴1999年和2005年两个年份没有发布，为了确保数据的连续性，本研究2004年的数据选自《中国经济普查年鉴（2004）》，而1998年的数据根据中经网统计数据库中“工业总产值”指标和《中国统计年鉴》中的“工业增加值率”与“人均劳动生产率”等指标整理计算得出。另外，由于1995年以前的行业数据不连

续，按照数据连续性原则，将研究起止时间界定为 1996 ~ 2010 年，然后利用 SPSS 等统计软件对数据进行分析。

2. 高技术产业发展与就业结构的变化

结构主义思想是研究制造业结构升级的理论基础，结构分析则是在立足于结构整体性的基础上，厘清结构内部各部分之间以及部分与整体间的各种比例关系。本部分采用一般结构分析的方法，分别从产出结构和劳动力结构的角度对制造业内部产业结构的变化进行描述，具体结果如表 1 - 11 所示。

表 1 - 11　我国制造业不同技术部门的产值比重和就业比重（1996 ~ 2010）

单位：%

年份	产值比重				就业比重			
	Ⅰ	Ⅱ	Ⅲ	Ⅳ	Ⅰ	Ⅱ	Ⅲ	Ⅳ
1996	32.83	27.56	30.90	8.71	34.30	27.99	31.65	6.06
1997	32.40	27.24	30.53	9.83	33.84	28.02	31.97	6.17
1998	31.39	26.38	30.36	11.87	33.97	26.41	32.47	7.14
1999	30.14	26.43	30.64	12.79	33.60	26.83	32.12	7.45
2000	28.42	27.44	30.34	13.80	33.86	26.50	31.75	7.89
2001	28.18	27.16	30.25	14.40	34.96	26.29	30.48	8.28
2002	27.78	26.10	30.88	15.24	35.86	25.74	29.64	8.77
2003	25.85	26.74	31.24	16.16	35.87	24.96	29.53	9.64
2004	24.06	29.11	30.86	15.97	35.84	24.50	29.23	10.43
2005	24.02	29.90	30.29	15.79	35.82	24.06	28.89	11.23
2006	23.28	30.50	30.89	15.33	35.62	23.66	28.90	11.83
2007	23.00	30.95	31.78	14.27	34.93	23.46	29.21	12.40
2008	22.93	31.73	32.32	13.01	34.18	23.28	30.07	12.47
2009	23.76	29.87	33.88	12.48	33.69	23.41	30.53	12.38
2010	23.10	30.11	34.64	12.15	32.68	23.13	31.20	13.00

注：Ⅰ、Ⅱ、Ⅲ、Ⅳ分别代表低技术产业、中低技术产业、中高技术产业和高技术产业。

资料来源：根据 1997 ~ 2011 年《中国工业经济统计年鉴》、《中国经济普查年鉴（2004）》、《中国统计年鉴（1999）》中相关数据计算整理。

从表 1 - 11 中可以看出，我国制造业低技术产业的产值比重持续走低，由 1996 年的 32.83% 降至 2010 年的 23.10%，而中低技术产业、中高技术产业和高技术产业的比重都有所上升，1996 ~ 2010 年分别上升了 2.55、3.74 和 3.44 个百分点。而从就业结构变动趋势中可以看出，产值比重的变化并没有对就业结构产生明显的影响，低技术部门的就业比重并没有随着其产值比重下降而明显降低，一直保持在 33% 左右，是制造业中吸纳就业的主要部门；中低技术产业的就业比重持续下降，15 年间下降了 4.86 个百分点；中高技术产业的就业比重从 2000 年开始先降后升，2010 年比重与 1996 年基本持平，但是从发展趋势来看，预计今后几年将有望超过低技术产业，成为制造业中就业比重最高的部门；最后从高技术产业来看，其就业比重没有明显受产值比重变化的影响，由 1996 年的 6.06% 稳步上升到 2010 年的 13.00%。综合来看，高技术产业在制造业中的产值比重先升后降，就业比重则表现出持续上升的趋势。

3. 高技术产业发展的就业弹性及比较

由于 1997、1998 年国有企业进行减员增效改革，大量富余劳动力被排除，使隐性失业显性化，制造业各个行业受到的影响尤为明显。通过计算发现，这几年间的就业弹性出现明显异常值，难以有效反映经济增长对就业的拉动作用，更多的是体现了政策性因素对就业数量的影响，因此笔者从 2000 年开始分析，具体结果如图 1 - 17 所示。

从就业弹性的变动趋势来看，无论是从总体上还是分部门来看，制造业各行业都呈现比较类似的变动规律。21 世纪初期，盲目投资导致生产能力过剩，一方面企业大量缩减产量导致对劳动力的需求减少，另一方面企业纷纷采用技术革新，改变生产要素组合，向资本技术密集型发展，慢慢导致对劳动力的需求也逐渐减少。与此同时，国有企业改革、企业兼并重组等使隐性失业人员显性化，大量

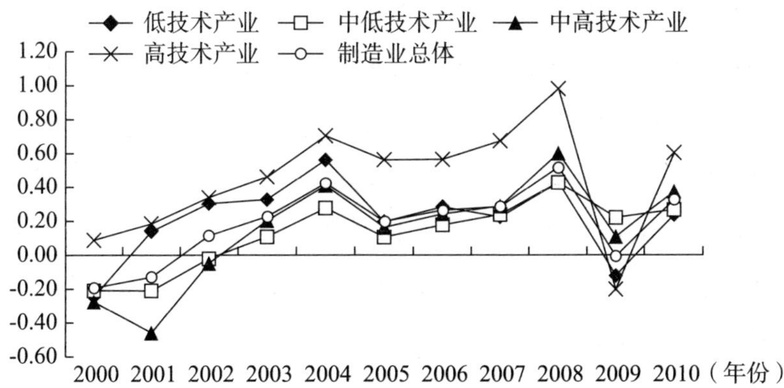

图 1－17　制造业就业弹性变动趋势（2000～2010）

资料来源：根据 1997～2011 年《中国工业经济统计年鉴》、《中国经济普查年鉴（2004）》、《中国统计年鉴（1999）》中相关数据计算整理。

企业职工成为失业人员，致使就业弹性不高，除了高技术产业外，其他产业的就业弹性基本为负值，制造业产值增长并没有带来就业的显著增加。在 2002 年国家提出走新型工业化道路以后，经济结构有所改善，高技术产业也得到了较快发展，从而使制造业的就业吸纳能力得到了一定程度的恢复。2004 年，国内外市场变化、国家投资政策和金融环境等都不同程度地影响着制造业的发展。这一阶段，国际上受到美国“9·11”恐怖袭击事件造成的全球经济下滑的影响，国内“非典”疫情蔓延也导致很多外商投资项目延迟，投资经历高速增长之后自然回落，都是造成制造业吸纳就业的脚步放缓的重要因素。2005 年以后，随着外商直接投资的急剧膨胀，制造业的发展得到恢复，吸纳就业的能力也开始平稳上升。但是 2008 年由美国次贷危机引发的全球性金融风暴，导致世界市场需求的急剧萎缩，从而使我国外向型发展的制造业又一次经受了严峻的考验，就业吸纳能力也受到严重伤害。而随着金融危机的逐渐平息，我国制造业就业弹性又恢复到较高水平，经济增长进一步拉动了就业的增长。

另外，从图 1－17 中可以看出，高技术产业的就业弹性在制造业中最高，中高技术产业次之，说明技术密集型产业对就业拉动能力很强，故发展技术密集型产业会降低就业吸纳能力的说法并不成立。但是，从就业弹性的变化中还可以看出，高技术产业发展对就业而言也具有一定的风险性，受2008年世界金融危机的影响，高技术产业的就业弹性迅速由最高变为最低，就业吸纳能力受到重创。主要有如下几个原因。一是我国高技术产业国际化程度高、出口导向明显，2008年我国高技术产业增加值仅占全部工业增加值的10.2%，但是高技术产品出口却占到全部商品出口总额的29.1%，对出口的依赖度很高（丁守海，2009）；二是高技术产业本身就属于高风险的产业，受外部环境的影响非常明显，在经济上行时期发展迅猛，而一旦遇到危机马上会受到冲击。因此，技术密集型产业发展对就业具有双重影响，一方面产生了较高的就业吸纳效应，另一方面也会为就业稳定性带来一定的风险。

4. 高技术产业发展对就业数量的影响

通过前面的分析可知，高技术产业发展会增加其在制造业中的比重，使制造业的技术结构发生变化，而由于不同技术部门对就业的容纳度不同，故会对就业产生影响。另外，结构变化的过程也是产业升级的过程，如果产业升级的速度过快，劳动力职业转换需要一定的时间，那么必然会带来一定的摩擦性失业，也会影响就业数量。基于此，笔者以高技术产业产值比重和制造业产业结构变动速度为自变量，以就业数量为因变量，利用回归分析法分析高技术产业的发展对就业数量的影响效应。考虑到自变量与因变量间的非线性关系，笔者将模型设定为：

$$L = F(BZ,SL) = a(BZ)^{\alpha}(SL)^{\beta}$$

其中，L、BZ、SL分别表示劳动就业人数、高技术产业产值比重和制造业技术产业结构变动速度[①]，α、β表示系数，a为常数。由

① 用Moore结构变化值计算。

于三者之间的非线性关系为指数形式，因此笔者对上式两边取对数得到方程：

$$\ln L = \ln a + \alpha \ln(BZ) + \beta \ln(SL)$$

据此构建回归方程为：

$$\ln L = C_1 + C_2 \ln(BZ) + C_3 \ln(SL) + e$$

其中，*BZ* 用高技术产业总产值占制造业总产值的比重进行衡量；*SL* 利用制造业的Moore结构变化值衡量；就业人数使用笔者整理的数据进行衡量。由于 1998 年前后国有企业改革使就业数量的真实值受到干扰，故笔者使用 1999 ~ 2010 年的数据，利用 SPSS 软件进行分析。

研究结果表明，制造业产业升级方向对就业没有显著影响（$\beta = 0.041$，$P > 0.05$），制造业产业升级速度则对就业数量具有显著的负向影响（$\beta = -0.652$，$P < 0.05$）。这说明：①高技术产业比重的变化对就业数量造成影响，尽管高技术产业的就业容纳度可能会相对较低，但是它对于就业也有一定的拉动作用：一方面，制造业结构升级使产值增长率更高，从而保证了就业增长；另一方面，制造业结构升级增强了内部产业之间的关联性，使产业分工更加细化，从而衍生出更多的工业行业和就业岗位；②制造业产业结构变动速度会对就业数量产生负面影响，正如前面所分析的，制造业内部的技术升级使产业结构出现了更替，但是劳动力供给不可能马上满足产业结构变动的需求，产生结构性失业，加之职业转换需要一定的时间，造成了摩擦性失业，在一定程度上对就业数量产生了抑制作用。

（二）技术进步对就业的影响

1. 技术进步的测度

对于技术进步常用全要素生产率（Total Factor Productivity,

TFP）进行衡量，全要素生产率的增长，通常被称作技术进步率，是新古典学派经济增长理论中用来衡量纯技术进步在生产中的作用的指标的又一名称，反映了除去所有资本、劳动等有形生产要素以外的纯技术进步的生产率的增长（沈能，2006）。关于全要素生产率有多种计算方法，其中最受认可的是数据包络分析（DEA）方法。这种方法采用线性规划方法，把观察值到前沿面的偏差都当作无效率的结果，完全忽略了测度的误差，并且不需要任何具体函数形式或分布假设。基于此，本书主要使用基于数据包络分析的 Malmquist 生产率指数，计算 TFP 的增长。

从 t 时期到 $t+1$ 时期，TFP 增长率测度的 Malmquist 指数可以表示成：

$$M_{i,t+1}(x_i^t,y_i^t,x_i^{t+1},y_i^{t+1}) = \left[\frac{D_i^t(x_i^{t+1},y_i^{t+1})}{D_i^t(x_i^t,y_i^t)}\frac{D_i^{t+1}(x_i^{t+1},y_i^{t+1})}{D_i^{t+1}(x_i^t,y_i^t)}\right]^{1/2}$$

上式中，$x_i^t = (K_{it},L_{it})'$，表示第 i 个地区在时期 t 包括资本 K 和劳动 L 的投入向量；产出 Y 表示成 $y_i^t = (Y_{it})$；$D_i^t(x_i^t,y_i^t)$ 和 $D_i^t(x_i^{t+1},y_i^{t+1})$ 分别表示以 t 时期的技术 Tt 为参照的、时期 t 和时期 $t+1$ 生产点的距离函数。另外，它可以分解成两个部分的乘积，如下所示：

$$M_{i,t+1}(x_i^t,y_i^t,x_i^{t+1},y_i^{t+1}) = \underbrace{\frac{D_i^t(x_i^{t+1},y_i^{t+1})}{D_i^t(x_i^t,y_i^t)}}_{EFF_i^{t+1}}\underbrace{\left[\frac{D_i^t(x_i^{t+1},y_i^{t+1})}{D_i^t(x_i^t,y_i^t)}\frac{D_i^t(x_i^t,y_i^t)}{D_i^{t+1}(x_i^t,y_i^t)}\right]^{1/2}}_{TECH_i^{t+1}}$$

第一部分技术效率指数（EFF），就是从 t 到 $t+1$ 期技术效率的变化，测算的是技术操作的有效性的变化对 TFP 的影响；而第二部分是技术创新指数（TECH），就是从 t 到 $t+1$ 期技术的变化率，反映的是技术变化对 TFP 变动的影响。

计算全要素生产率需要的总产值、资本投入和劳动投入等指标的数据来自《中国统计年鉴》、《中国工业经济统计年鉴》、《中国经济普查年鉴（2004）》和中经网统计数据库，选择按行业分布的国有及规模以上非国有工业企业年度数据作为样本，分别用工业总产值、固定资产净值和年平均从业人员数代表上述指标，同样使用 1996 ~ 2010 年的数据进行研究，利用 DEAP 2.1 软件对 Malmquist 指数进行运算。

首先从制造业总体的技术进步情况来看，全要素生产率在1997 ~ 2010 年的数值均大于 1，说明制造业技术进步效应显著。而从技术进步的分解情况来看，2000 年以前制造业的技术进步主要是技术创新的作用，技术效率改进的贡献不大；而 2000 年以后，技术效率和技术创新都对技术进步起到了促进作用（见图 1 – 18）。

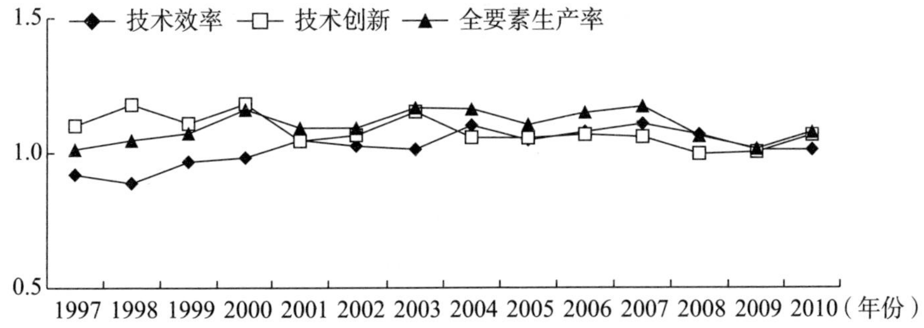

图 1 – 18　制造业技术进步趋势（1997 ~ 2010）

资料来源：根据 1997 ~ 2011 年《中国工业经济统计年鉴》、《中国经济普查年鉴（2004）》、《中国统计年鉴（1999）》、中经网统计数据库中相关数据计算整理。

再从不同技术部门的技术进步情况来看，如图 1 – 19 所示，低技术产业 2000 年以前的技术进步并不明显，而 2000 年以后，技术水平有所提高。再从技术进步的分解指数来看，低技术产业 2006 年以前的技术进步主要是技术创新的贡献，而 2006 年以后的技术进步则主要得益于技术效率的提高，说明技术效率的提高对技术进步起到了主导作用。总体上看中低技术产业技术进步比较明显，而从技术贡献来看，2000 年以前的技术进步主要是基于技术的创新效应，而后的技术进步则是技术效率和技术创新共同作用的结果，但是从 2008 年开始，技术效率提高的作用又有所降低。中高技术产业与制造业总体的技术进步趋势基本一致，2000 年以前，技术创新主导了技术进步，而 2000 年以后，技术效率和技术创新共同促进了技术水平的提高。高技术产业与其他行业表现出明显不同的规律，可以看出，其技术进步基本是由技术创新因素引起的，说明这些行业的技术进步是以技术创新为主，而技术效率基本没有发生变化，说明高技术产业的技术进步对技术创新的依赖性较强。

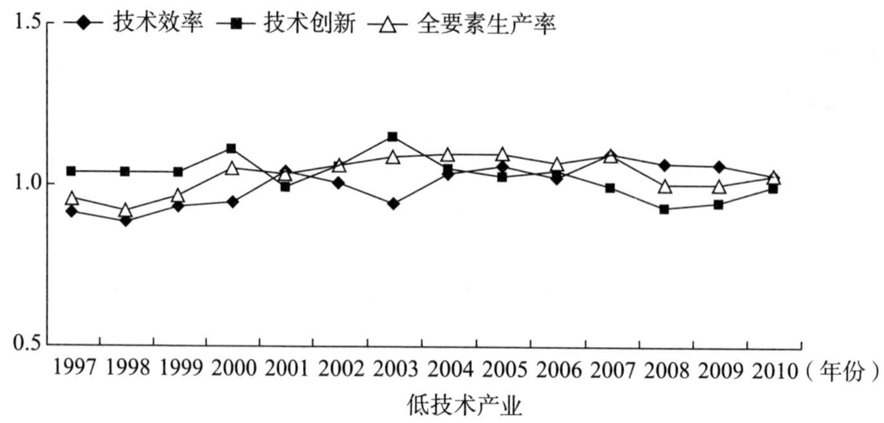

低技术产业

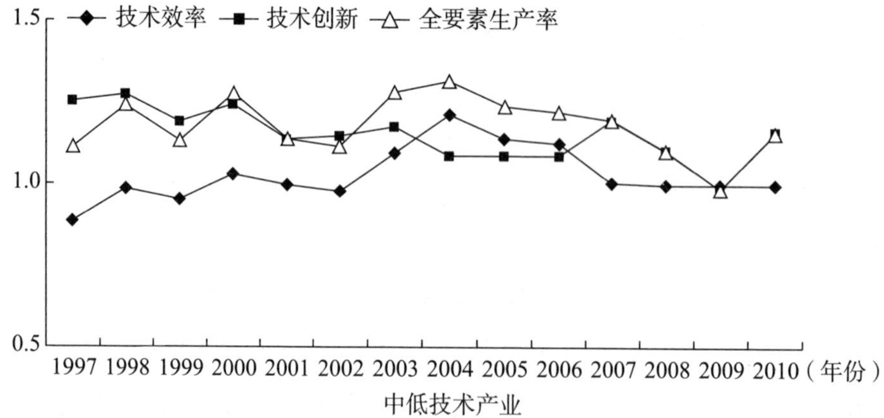

中低技术产业

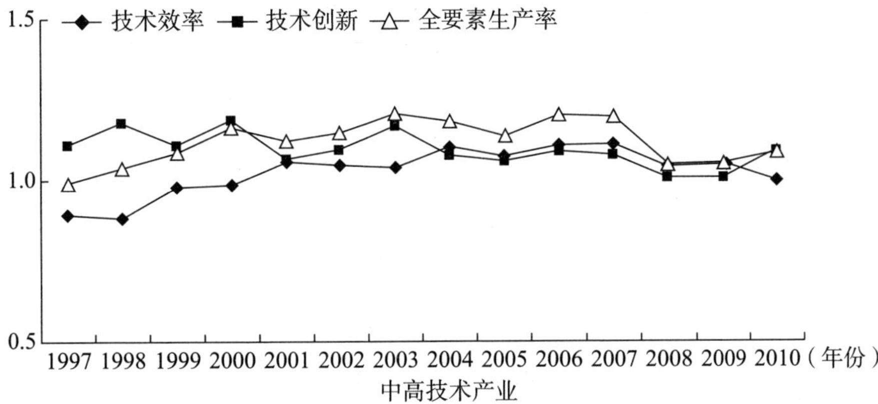

中高技术产业

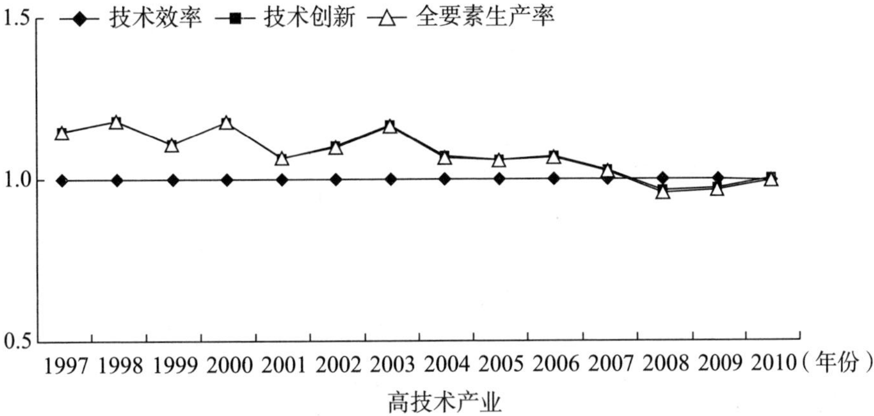

高技术产业

图 1－19 制造业不同技术部门技术进步趋势（1997～2010）

资料来源：根据 1997～2011 年《中国工业经济统计年鉴》、《中国经济普查年鉴（2004）》、《中国统计年鉴（1999）》、中经网统计数据库中相关数据计算整理。

2. 技术进步对就业的影响

为了测试技术进步对就业的影响效果，笔者使用 SPSS 软件，以全要素生产率及其分解得出的技术效率和技术创新作为自变量，以就业人数为因变量，利用回归分析法进行检验。具体操作步骤为：首先计算全要素生产率对就业数量的影响，然后分析技术效率和技术创新的影响效果。详细结果如表 1－12 所示。

表 1－12 技术进步对就业数量的影响

产业类型	回归模型	自变量	标准回归系数	T 值	P 值
制造业	模型 1a	*TFP*	－0.320	－1.170	0.265
	模型 2a	*EFF*	－0.238	－0.755	0.455
		TECH	－0.747*	－2.436	0.033
低技术	模型 1b	*TFP*	0.030	0.106	0.918
	模型 2b	*EFF*	0.295	1.097	0.296
		TECH	－0.480	－1.784	0.102
中低技术	模型 1c	*TFP*	－0.493	－1.960	0.074
	模型 2c	*EFF*	－0.477	－1.588	0.141
		TECH	－0.458	－1.527	0.155
中高技术	模型 1d	*TFP*	－0.460	－1.795	0.098
	模型 2d	*EFF*	－0.418	－1.565	0.146
		TECH	－0.751*	－2.812	0.017
高技术	模型 1e	*TFP*	－0.872***	－6.163	0.000
	模型 2e	*EFF*	－0.279	－2.102	0.059
		TECH	－0.782***	－5.881	0.000

注：*、** 和 *** 分别代表在 0.05、0.01 和 0.001 的显著性水平下显著；*TFP*、*EFF*、*TECH* 分别代表全要素生产率、技术效率和技术创新；模型 1 代表全要素生产率与就业人数的模型，模型 2 代表技术效率、技术创新与就业人数的模型。

从表 1－12 可以看出，总体上制造业技术进步对就业没有显著影响，但是分解来看，技术创新显著影响了就业的数量，说明制造业存在技术排挤劳动力的情况。而分行业来看，低技术产业和中低技术产业的就业数量受技术进步的影响不大，无论是总体技术进步，还是技术效率和技术创新都没有对这些部门的劳动力产生排挤，显示出这些低技术依赖部门的就业受技术进步影响较小；而反观比较依赖技术要素投入的高技术部门，其就业受技术进步的影响较为明显，中高技术产业虽然整体上看技术进步对就业没有显著影响，但是进行指标分解后发现技术创新对就业产生了显著的负向影响，高技术产业中技术进步对就业的影响更加明显，无论是从总体技术进步还是分解指标来看，其都对就业产生了消极的影响。

五　经济新常态对就业的影响

劳动力需求是一种派生性需求，与经济形势变化息息相关。目前我国正处于经济增速换挡期、结构调整阵痛期、前期刺激政策消化期三期叠加的时期，经济发展速度开始放缓，经济发展进入“新常态”，其显著特点表现为以下三个方面。一是从高速增长转为中高速增长；二是经济结构不断优化升级，第三产业消费需求逐步成为主体，城乡区域差距逐步缩小，居民收入占比上升，发展成果惠及更广大民众；三是从要素驱动、投资驱动转向创新驱动。在经济新常态的大背景下，青年就业的调整与机遇并存。一方面，我国经济由高速增长进入中高速增长阶段，未来随着经济下行压力进一步加大，消费需求与经济高速增长阶段相比，也会在一定程度上受到抑制，因此经济增长对就业的拉动作用会有所弱化。另一方面，尽管经济增速有所放缓，但经济长期向好的基本面并没有改变，国民收入分配格局向有利于劳动要素方向倾斜，因此经济增长对就业增长仍具有较强的拉动作用。另外，经济结构调整和产业转型升级会带来一些新的就业机会，随着信息技术的发展和专业化分工的深化，以及互联网+、平台经济、机器人技术的发展，电子商务、物流、业务外包等新兴行业和新兴业态快速发展，企业用工方式和分配方式发生新变化，对就业同样是机遇与挑战并存，劳动者素质技能与岗位要求不匹配的问题将会更加凸显，“招工难”和“就业难”的两难性就业结构性矛盾将进一步突出。

第二章　青年就业的总体状况

一　青年群体的界定及现状

（一）青年的界定

青年在世界范围内的定义不尽相同，并且随着社会经济的发展，其年龄段的划分也在不断变化。联合国将青年界定为 15 ~ 24 岁的群体；联合国世界卫生组织于 2013 年确定 44 岁以下的人为青年人；联合国教科文组织将 16 ~ 45 周岁的人界定为青年；中国国家统计局将青年界定为 15 ~ 34 岁的人；共青团的划分标准是 14 ~ 28 岁；青年联合会将 18 ~ 40 岁的人定义为青年。在劳动就业领域，国际上分析青年就业一般采用 15 ~ 24 岁的标准，鉴于我国法定就业年龄为 16 岁，故本章将青年群体的年龄界定为 16 ~ 24 岁。

（二）青年的规模及结构

受经济社会发展和人口政策的影响，我国人口结构不断变化，劳动力供给格局开始发生转变，如表 2 - 1 所示。2010 年我国 0 ~ 14 岁人口、15 ~ 24 岁人口、25 ~ 64 岁人口和 65 岁以上人口的占比分别为 16.6%、17.1%、57.4% 和 8.9%。与 21 世纪初相比，我国儿童人口比重逐步下降，2012 年，我国 0 ~ 14 岁人口占全国人口的比例降至16.5%，较2001年下降了5.9个百分点。老年人口比例则总体上呈现为上升趋势，65岁以上人口比重由2001年的7.6%上升至2012年的9.4%，说明我国人口老龄化趋势进一步加剧，老年抚养比处于较高的水平。而从劳动年龄人口的比重来看，2012年我国有15~59岁劳动年龄人口93727万人，比上年减少345万人，占总人口的比重为69.2%，比2011年末下降0.6个百分点，这是劳动年龄人口在相当长时期里第一次出现了绝对下降，劳动年龄人口进入负增长的历史拐点。

表2－1　我国人口结构变化和老年抚养比（2001~2050）

单位：%

类别＼年份	2001	2005	2010	2012	2030	2050
0~14岁	22.4	19.6	16.6	16.5	16.0	13.7
15~24岁	14.8	14.6	17.1	15.6	10.1	7.8
25~64岁	55.2	56.8	57.4	58.5	55.1	49.7
65岁以上	7.6	9.1	8.9	9.4	18.8	28.8
老年抚养比	12.6	14.4	13.3	13.9	31.2	53.1

注：老年抚养比是65岁以上人口与20~64岁人口的比值。

资料来源：2001年、2005年、2010年及2012年的数据来自2002年、2006年、2011年、2013年《中国人口与就业统计年鉴》；2030年及2050年的数据基于人力资源和社会保障部劳动科学研究所课题组的预测。

青年人口比重在2010年达到峰值后开始下降，2012年青年人口占总人口的比重为15.6%，较2010年下降了1.5个百分点。预计在我国人口政策基本不变的前提下，这种变化将会持续。综合生育模式、出生性别比、未来人口死亡模式[①]等因素的变化，我们对未来人口规模和结构进行预测，如表2－1中所示，青年人口的比重将持续走低，2030年下降至10.1%，2050年继续降至7.8%，对劳动力供

① 包括预期寿命和死亡率等。

给将造成影响，与此同时，人口老龄化问题将更加严重。

从青年的性别特征来看，男性占青年总数的大多数。2013 年我国青年中，男性占青年总数的大多数，其比重为 52.45%，比女性多出 4.9 个百分点。按“女性 = 100”计算男女性别比，2013 年我国青年的性别比为 110.32 : 100，仍处于较高水平。

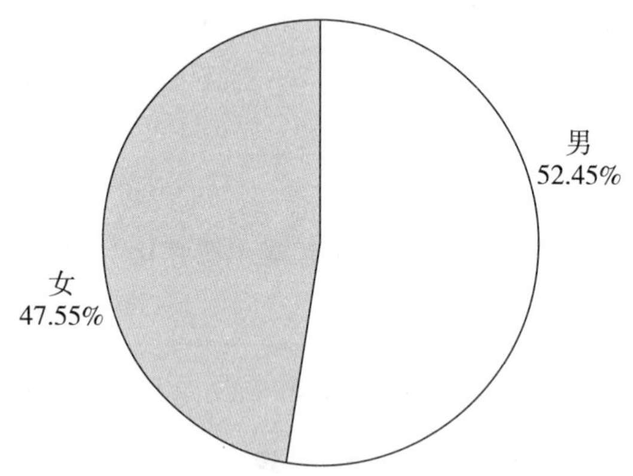

图 2-1　我国青年性别比（2013）

资料来源：《中国统计年鉴（2014）》。

（三）青年受教育情况

为实现建设现代化强国的目的，我国实行教育优先的发展战略，国民教育体系不断完善，人口教育水平持续提高。2010 年第六次全国人口普查资料显示，我国国民整体受教育水平进一步提高。一是人口文盲率不断下降，2010 年文盲人口减少到 5466 万人，人口文盲率降至 4.08%，如表 2-2 所示；二是人均受教育年限逐步提高，2010 年我国 15 岁及以上人口的人均受教育年限（平均在学校接受教育的年数）已达 9.05 年，比 2000 年的 7.85 年提高了 1.20 年，同时毛入学率也不断提高，如表 2-3 所示；三是人口受教育结构正在向更高水平发展，2000～2010 年我国具有大专及以上受教育程度的人口保持快速增长态势，10 年年均增长率高达

9.63%。同2000年第五次全国人口普查相比，每10万人中具有大学文化程度的由3611人上升为8930人；具有高中文化程度的由11146人上升为14032人；具有初中文化程度的由33961人上升为38788人，如表2-4所示。

表2-2　我国文盲人口及文盲率（1982~2010）

类别＼年份	1982	1990	2000	2010
文盲人口（万人）	22996	18003	8507	5466
文盲率（%）	22.81	15.88	6.72	4.08

资料来源：第三、四、五、六次人口普查数据。

表2-3　我国各级教育的毛入学率（2000~2014）

单位：%

年份	小学 按各地相应学龄计算	初中阶段 12~14周岁	高中阶段 15~17周岁	高等教育 18~22周岁
2000	104.6	88.6	42.8	12.5
2001	104.5	88.7	42.8	13.3
2002	107.5	90.0	42.8	15.0
2003	107.2	92.7	43.8	17.0
2004	106.6	94.1	48.1	19.0
2005	106.4	95.0	52.7	21.0
2006	106.3	97.0	59.8	22.0
2007	106.2	98.0	66.0	23.0
2008	105.7	98.5	74.0	23.3
2009	104.8	99.0	79.2	24.2
2010	104.6	100.1	82.5	26.5
2011	104.2	100.1	84.0	26.9
2012	104.3	102.1	85.0	30.0
2013	104.4	104.1	86.0	34.5
2014	103.8	103.5	86.5	37.5

资料来源：《中国教育统计年鉴（2015）》。

表 2 -4 每 10 万人拥有的各种受教育程度人口（1982 ~ 2010）

单位：人

类别＼年份	1982	1990	2000	2010
大专及以上	615	1422	3611	8930
高中	6779	8039	11146	14032
初中	17892	23344	33961	38788
小学	35237	37057	35701	26779

资料来源：第三、四、五、六次人口普查数据。

比较而言，青年人口的教育水平提升尤其显著。与 2000 年相比，2010 年 16 ~ 24 岁青年人口中，初中及以下文化程度的比例从 69. 71% 下降到 51. 51%，高中及以上各层次教育水平的比例从 30. 28% 上升到 48. 49%，其中大学专科比例从 3. 81% 上升到 10. 62%，大学本科比例从 2. 62% 上升到 8. 28%（见图 2 -2）。随着我国高等教育的不断发展，这一比例将继续上升，增长趋势还将持续下去。

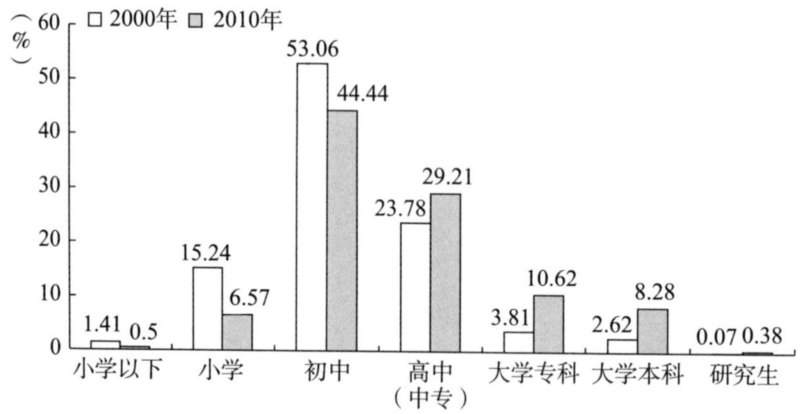

图 2 -2 16 ~ 24 岁青年受教育情况比较（2000 ~ 2010）

资料来源：第五、六次人口普查数据。

另外，比较而言，青年女性的受教育程度要高于青年男性，大学专科、大学本科以及研究生学历的人员比例分别高出 1. 1、0. 3 和

0.1 个百分点，这与 6 岁以上人口的教育结构呈现不同的特征，如表 2 –5 所示。这说明青年女性更倾向于获得更高水平的教育。

表 2 –5　分性别、年龄受教育情况比较（2010）

单位：%

受教育程度	6 岁以上			青年（16 ~ 24 岁）		
	总体	男性	女性	总体	男性	女性
未上过小学	5.0	2.8	7.3	0.5	0.5	0.6
小学	28.7	26.6	31.0	6.7	6.3	7.1
初中	41.7	44.1	39.3	46.0	46.3	45.7
高中	15.0	16.4	13.6	29.0	30.0	28.1
大学专科	5.5	5.8	5.2	9.8	9.3	10.4
大学本科	3.7	4.0	3.3	7.6	7.5	7.8
研究生	0.3	0.4	0.3	0.3	0.3	0.4

资料来源：根据第六次人口普查数据计算整理。

1997 年高等教育并轨和之后的高校扩招以来，接受高等教育的人口数量在短期内迅速增加，高等教育逐步由精英化迈向大众化。2015 年全国各类高等教育在学总规模达 3647 万人。每年应届高校毕业生人数从 2004 年的 280 万增加到 2015 年的 749 万，高校毕业生已经占到新进入市场劳动力总数的将近一半，如图 2 –3 所示。毕业生的供给在短时间内快速、大规模增加，使得人力资源市场难以迅速消化，形成某种程度上的结构性供需不平衡。

教育水平的提高并不意味着其能够降低失业率。根据“六普”数据计算不同受教育程度劳动力的失业率，大学专科失业率最高（5.70%），其次为高中（5.68%），然后为大学本科（4.01%），未上过学和小学水平的失业率分别为 0.79% 和 1.12%，低于其他各组。未来几年，我国高校在校学生规模较大，加上历年积淀下来的未就业毕业生，其就业形势将更加严峻（见图 2 –4）。

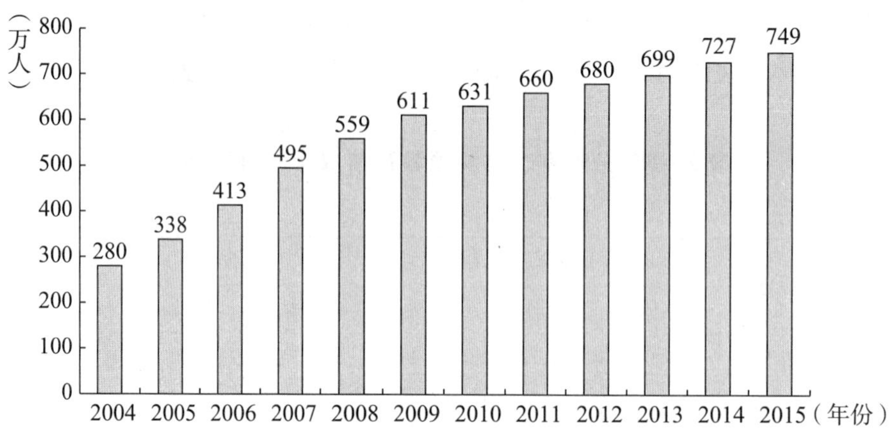

图 2-3 我国高校毕业生人数（2004～2015）

资料来源：教育部。

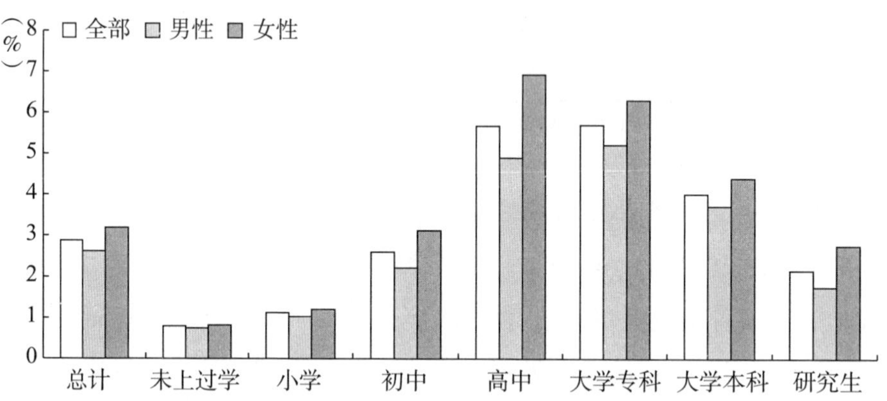

图 2-4 不同学历劳动力的失业率比较（2010）

资料来源：第六次人口普查数据。

二 青年就业状况分析

受益于长期以来快速的经济增长，我国劳动力市场也呈现健康发展的态势，青年及总体的劳动参与率和就业率在世界上均处于较高水平。由第六次人口普查的数据（见表 2-6）可以看出，2010 年我国青年劳动参与率为 57.4%，其中青年男性的劳动参与率为

59.6%，青年女性的劳动参与率为55.1%；青年总体失业率为6.4%，青年男性失业率为6.3%，青年女性失业率为6.5%；青年就业人口在16岁以上人口中的占比为53.7%，而男性和女性的占比分别为55.9%和51.5%。比较而言，青年男性的劳动参与和就业情况要好于青年女性。

表2-6　青年劳动力市场状况（2010）

单位：%

年龄组	劳动参与率	失业率	就业人口比例
全部			
16~24岁	57.4	6.4	53.7
25岁以上	74.0	2.3	72.3
16岁以上	71.0	2.9	68.9
男性			
16~24岁	59.6	6.3	55.9
25岁以上	82.4	2.0	80.7
16岁以上	78.2	2.6	76.1
女性			
16~24岁	55.1	6.5	51.5
25岁以上	69.4	2.6	64.0
16岁以上	66.6	3.2	61.7

资料来源：根据第六次人口普查数据计算整理。

（一）青年劳动参与

2010年16~24岁青年人口的劳动参与率为57.4%，比2000年的73.3%下降了近16个百分点。分性别看，男性青年的劳动参与率为59.6%，高于女性青年的劳动参与率55.1%。与2000年比较，男性平均劳动参与率下降14.3个百分点，女性平均劳动参与率下降了17.7个百分点（见图2-5）。总体劳动参与率的下降与接受教育年限的延长密切相关。

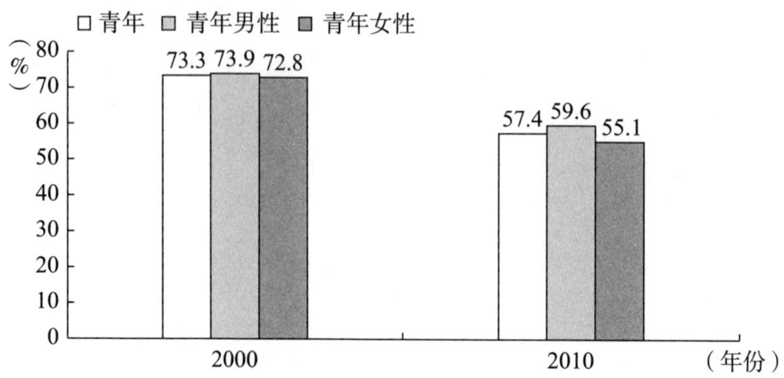

图 2－5 青年劳动参与率

资料来源：根据第五、六次人口普查数据计算整理。

比较而言，年龄越小，劳动参与率下降幅度越大（见图 2－6）。其中，16～19 岁男性和女性青年劳动参与率分别下降 22 个百分点和 24 个百分点，20～24 岁男性和女性青年劳动参与率分别下降 14 个百分点和 18 个百分点。

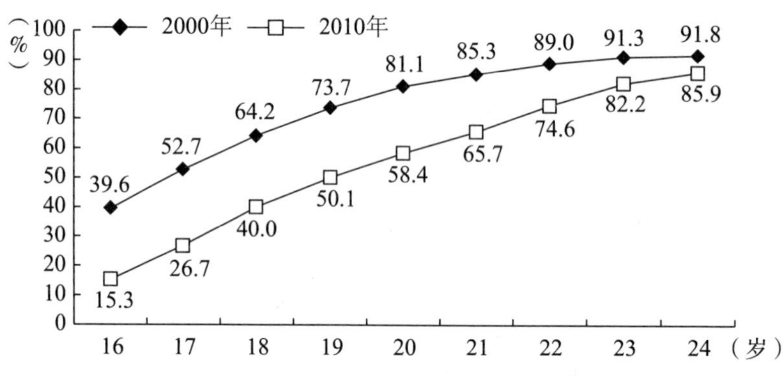

图 2－6 青年人口劳动参与率比较

资料来源：根据第五、六次人口普查数据计算整理。

青年劳动参与率的大幅下降，受到了诸多原因的综合影响，其中教育方面的因素不容忽视。随着我国九年义务教育的全面普及以及高等教育的大力发展，青年受教育年限增加，高中以上在校人数比例大幅增长，进入劳动力市场的年龄有所延迟，导致低龄青年劳动参与率大幅下降。另外，之所以女性劳动参与率下降更快，一方面由于我国收入水平的提高和社会保障的完善，很多女性将更多的精力放在家庭中，主动选择退出劳动力市场；另一方面则可能由于劳动力市场中性别歧视在一定程度上存在，女性就业困难，被动退出了劳动力市场。

分城乡看，从城市到镇再到乡村，青年劳动力的劳动参与率逐级上升，乡村劳动力参与率为66.9%，比城市高出18.3个百分点，要略大于25~64岁年龄组劳动参与率的差异。分性别来看，青年男性和青年女性劳动参与率的城乡差距较为接近，差值均为8~9个百分点；而25~64岁人口中男性和女性劳动参与率在城乡之间差异较大，乡村男性劳动参与率比城市男性高出9.7个百分点，而乡村女性劳动参与率比城市女性劳动参与率高了21.8个百分点。之所以劳动参与率存在城乡差异，一是由于城乡收入差距的存在，有经济基础作为支撑，城市的劳动者更具备不参与或延迟就业的条件；二是由于教育发展不平衡，城市教育水平远高于农村，并且差距在不断拉大，因此在城市更多的人由于进入学校学习而没有就业；三是农村就业的特点决定了尽管其劳动参与率很高，但不充分就业或隐性失业并没有被统计出来（见表2-7）。

表2-7　分城乡、年龄和性别的劳动参与率（2010）

单位：%

	16~24岁			25~64岁		
	总体	男性	女性	总体	男性	女性
总体	57.4	59.6	55.1	82.6	90.8	74.3
城市	48.6	50.3	46.9	73.8	85.1	62.3
镇	50.5	53.0	48.0	79.6	90.0	69.2

续表

	16~24岁			25~64岁		
	总体	男性	女性	总体	男性	女性
乡村	66.9	69.3	64.3	89.5	94.8	84.1

资料来源：根据第六次人口普查数据计算整理。

（二）青年就业

受社会经济、教育以及人口结构等方面的影响，我国青年就业数量和结构都较以往发生了显著变化。从青年总体就业的情况来看，2010年青年人口就业率为53.7%，与2000年相比，各年龄就业率均有所下降，如图2－7所示。

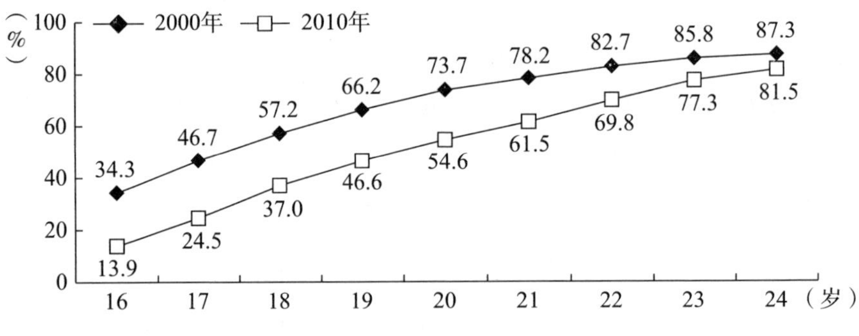

图2－7　青年就业率比较

资料来源：根据第五、六次人口普查数据计算整理。

分性别和城乡来看，各组别间就业率也有差异，如表2－8所示。在性别方面，青年男性就业率要高于女性，2010年青年男性就业率为55.9%，高出青年女性就业率4.4个百分点；在城乡方面，乡村青年就业率要高于城镇，2010年乡村青年就业率为64.1%，城市和镇一级的就业率则分别为44.2%和46.0%，城乡差距明显。在各个组别中，乡村青年男性的就业率最高，达到了66.6%，而城市女性的就业率最低，仅为42.7%。同城乡劳动参与率存在差别的原因一样，城乡就业者在收入预期、教育程度等方面的差异，是城市就业率低于乡村就业率的重要原因。

表 2－8 分性别和城乡的青年就业率（2010）

单位：%

	总体	男性	女性
总体	53.7	55.9	51.5
城市	44.2	45.7	42.7
镇	46.0	48.3	43.7
乡村	64.1	66.6	61.5

资料来源：根据第六次人口普查数据计算整理。

从青年就业身份来看，如表 2－9 所示，近些年青年就业人员的就业身份结构发生了显著变化，在 16～19 岁以及 20～24 岁的青年人口中，就业身份为雇员的青年就业人员的比重显著增加，2012 年该比重分别达到了 61.4% 和 67.1%；而自营劳动者的比重显著降低，2007～2012 年，16～19 岁以及 20～24 岁的青年人口中自营劳动者的比重分别下降了 25.3 和 25.9 个百分点；就业身份为雇主和家庭帮工的青年就业人员比重均略有增加，但在总体就业中的比重仍然较低。这种变化表明，越来越多的青年进入单位工作，而选择自我雇用或自谋职业的青年变少。这在一定程度上反映出当前我国青年劳动者的择业观，他们更倾向于选择在单位中就业，很多青年劳动者及其父母甚至认为，如果不是在单位（特别是国有企业或大型企业）中就业，就不算是真正的就业。

表 2－9 青年就业人员的就业身份构成

单位：%

就业身份	16～19 岁			20～24 岁		
	2007 年	2009 年	2012 年	2007 年	2009 年	2012 年
雇员	38.4	42.7	61.4	43.7	45.9	67.1

续表

就业身份	16~19岁			20~24岁		
	2007年	2009年	2012年	2007年	2009年	2012年
雇主	0.3	0.4	1.1	0.9	1.2	2.0
自营劳动者	59.4	54.2	34.1	53.4	50.2	27.5
家庭帮工	1.9	2.7	3.4	2.0	2.7	3.4

资料来源：2008年、2010年、2013年《中国人口与就业统计年鉴》。

在分行业青年就业方面，如图2－8所示，与总体情况类似，农、林、牧、渔业，制造业，批发和零售业，住宿和餐饮业以及建筑业等劳动密集型行业吸纳了更多的就业人员。但是不同的是，青年就

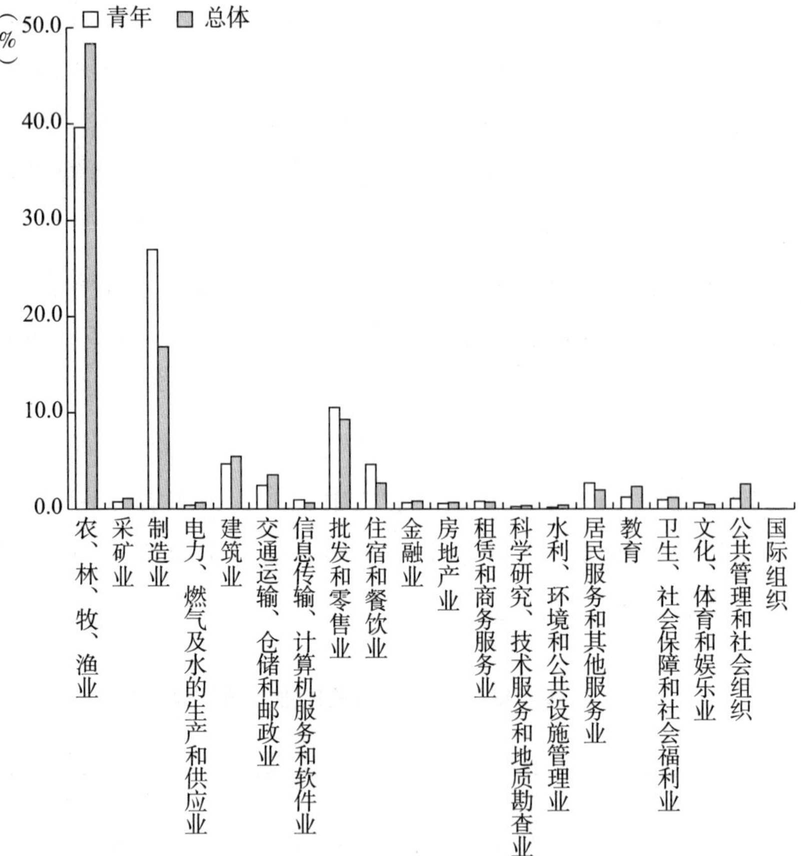

图2－8　青年就业人员的分行业构成（2010）

资料来源：根据第六次人口普查数据计算整理。

业人口在农、林、牧、渔业就业的比重（39.6%）明显要低于总体从业人员在该行业就业的比重（48.3%），二者相差了8.7个百分点；而青年人口中从事制造业的比重（26.9%）明显要高于总体从业人员在该行业就业的比重（16.9%），高出了10个百分点。这一方面是因为我国近些年第二产业的快速发展，吸纳了越来越多的农村劳动力；另一方面是因为青年劳动力的择业观也发生了很大变化，越来越多的人脱离了土地，进入工厂，期望从事更加体面的工作。

同样，在职业分布（如图2－9所示）方面也显示出类似特征。与总体就业情况相比，青年就业人员中职业为农、林、牧、渔、水利业生产人员的比重较低，而职业为生产、运输设备操作人员及有关人员和商业、服务业人员的比重较高。

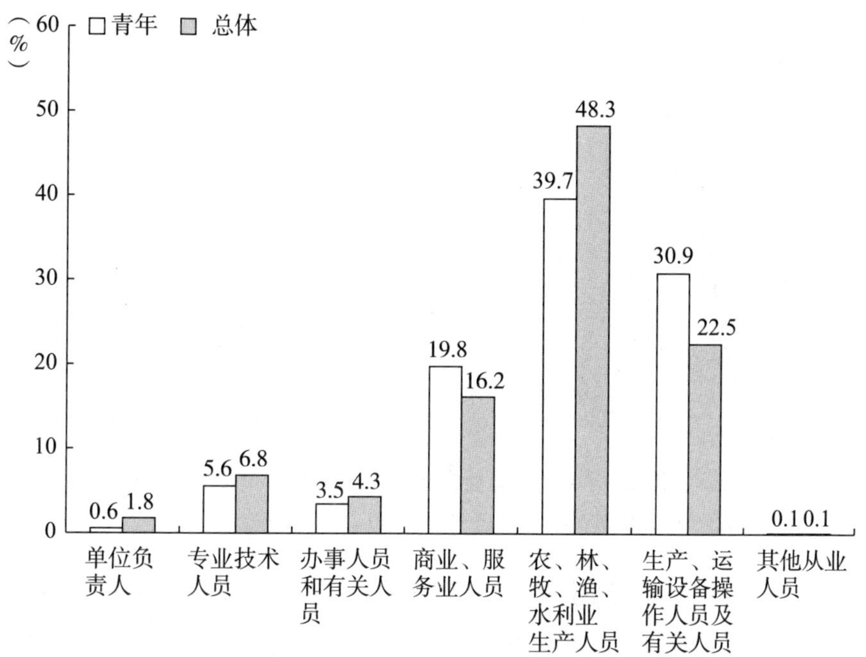

图2－9　青年就业人员的分职业构成（2010）

资料来源：根据第六次人口普查数据计算整理。

（三）青年工资和工作条件

我国目前没有针对青年劳动者工资收入的统计，但我们可以通过一些关于毕业生起点薪酬调查的数据，大体观察出青年工资收入的变化情况。人力资源和社会保障部劳动工资研究所发布的《中国薪酬发展报告（2013～2014 年）》显示，我国 2012 年各学历层次毕业生起点薪酬平均值为 2708.06 元/月，毕业生起点薪酬整体呈正偏态分布，多数毕业生的起点薪酬位于平均值以下，起点薪酬低于 3000 元/月的毕业生累计占 78.6%，具体如图 2－10 所示。

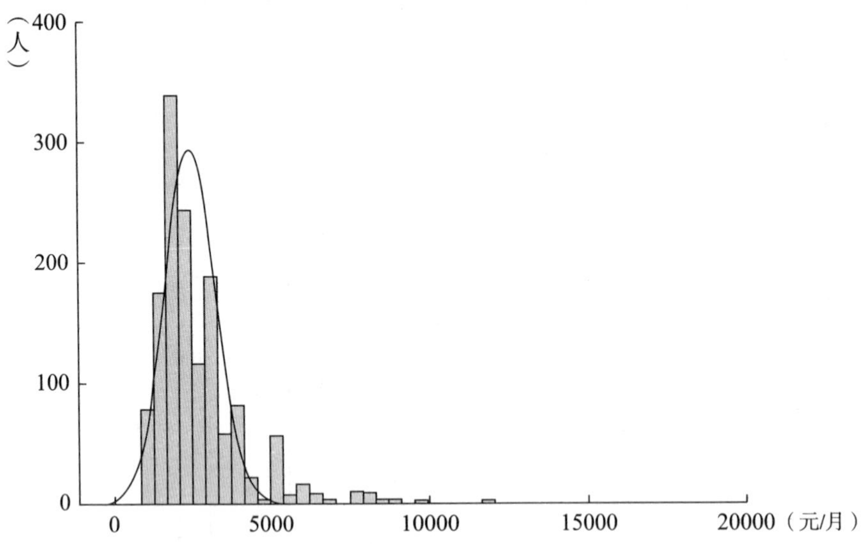

图 2－10　毕业生起点薪酬分布（2012）

资料来源：《中国薪酬发展报告（2013～2014 年）》。

分学历来看，研究生的起薪水平明显高于其他学历群体，初中、高中、大专、本科的起点薪酬水平虽然呈递增变化，但总体上比较接近，如图 2－11 所示。而另外两项关于毕业生薪酬调查的结果①显示，

① 分别为北京大学教育经济研究所开展的全国高校毕业生就业状况问卷调查和麦可思研究院发布的《2014 年中国大学生就业报告》。

大专和本科起点薪酬的差距较大，分别如表 2－10 和图 2－12 所示。

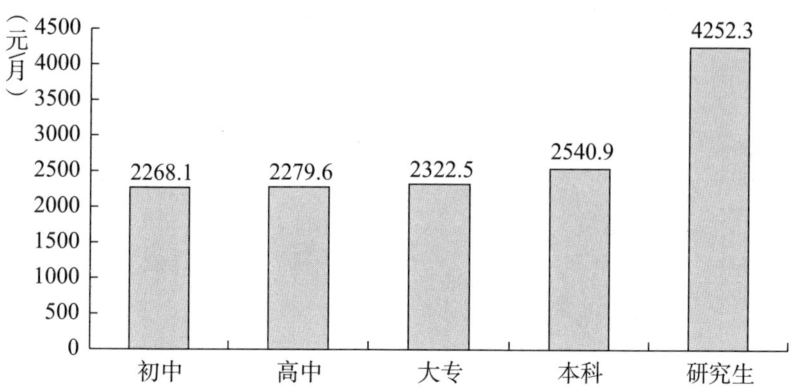

图 2－11　我国各学历毕业生起点薪酬水平比较（2012）

资料来源：《中国薪酬发展报告（2013～2014 年）》。

表 2－10　高校毕业生起薪调查结果（2003～2011）

单位：元/月，%

	2003 年	2005 年	2007 年	2009 年	2011 年	年均增长率
专科生	1356	1413	1410	1510	1856	4.0
本科生	1502	1618	1788	2276	3743	7.8
硕士生	3009	2790	3469	3637	4003	3.6
博士生	3021	3035	3252	3757	5118	6.8
全体	1569	1659	1798	2331	2394	5.4

资料来源：全国高校毕业生就业状况问卷调查。

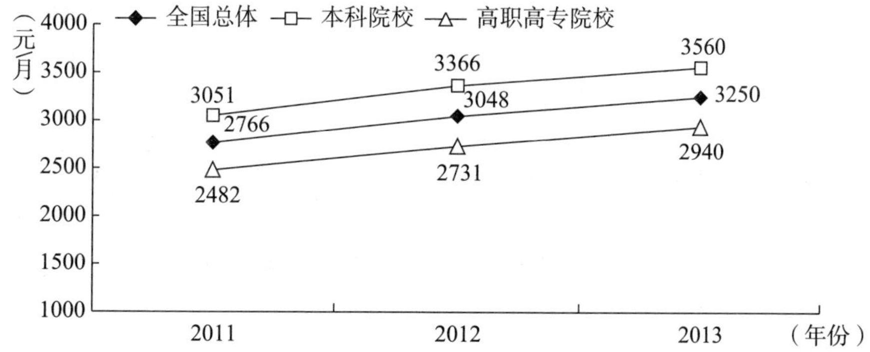

图 2－12　高校毕业生毕业半年后月收入情况（2011～2013）

资料来源：《2014 年中国大学生就业报告》。

再与我国城镇单位就业人员的平均工资相比较，如图 2-13 所示，青年毕业生的起点薪酬要低于城镇单位就业人员平均工资，并且年均增长速度要低于城镇单位就业人员工资的增长。

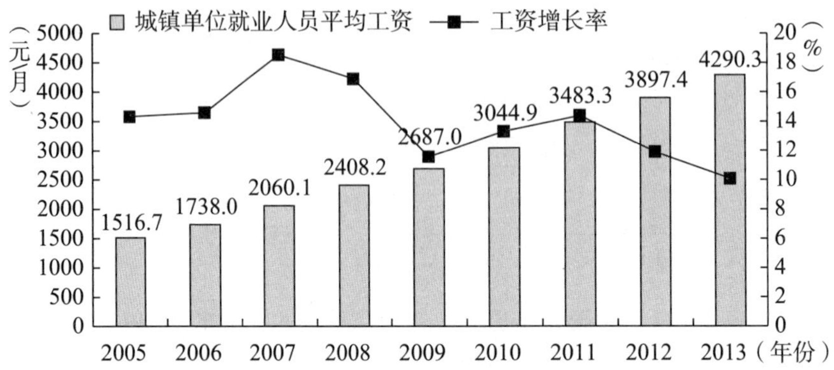

图 2-13 我国城镇单位就业人员平均工资及增长率（2005~2013）

资料来源：根据《中国统计年鉴（2014）》中相关数据计算整理。

再从工作时间来看，青年群体与其他年龄组相比，超时工作的情况更为严重，周平均工作时间在 41~48 小时和 48 小时以上的比重分别达到了 17.0% 和 39.1%，如图 2-14 所示。

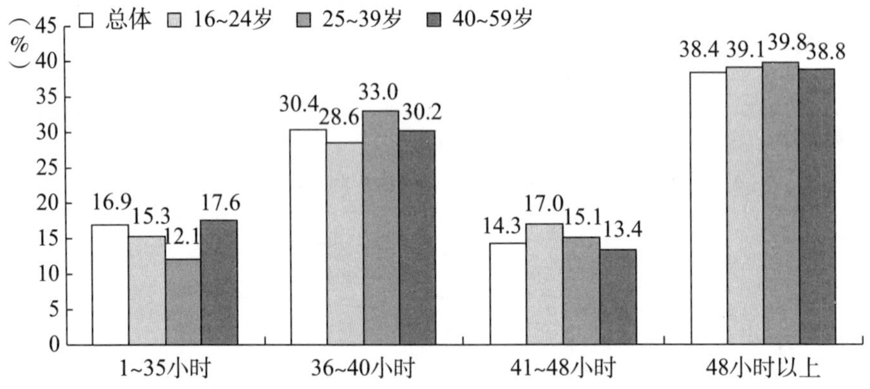

图 2-14 分年龄周平均工作时间比重（2010）

资料来源：根据第六次人口普查数据计算整理。

16~19 岁年龄组和 20~24 岁年龄组的周平均工作时间分别为 45.36 小时和 45.83 小时，进一步说明了青年就业人员超时工作的现

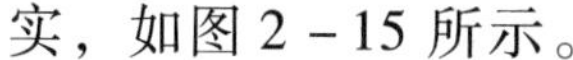
实，如图 2－15 所示。

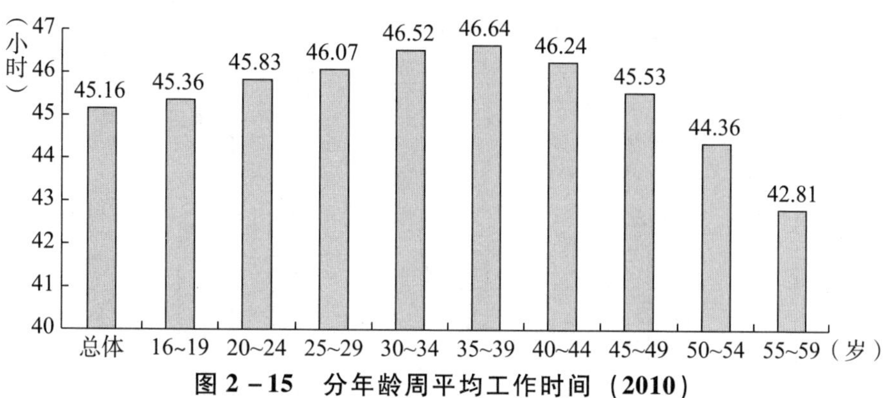

图 2－15　分年龄周平均工作时间（2010）

资料来源：第六次人口普查数据。

（四）青年失业

国际上青年失业率一般为社会平均失业率的 2 倍以上，我国青年失业问题同样比较突出。“六普”数据显示，2010 年我国为 16～24 岁青年失业率为 6.4%，其中 16～19 岁青年失业率为 7.6%，20～24 岁青年失业率为 6.1%。16～24 岁青年劳动力的失业率要明显高于其他年龄组，如图 2－16 所示。

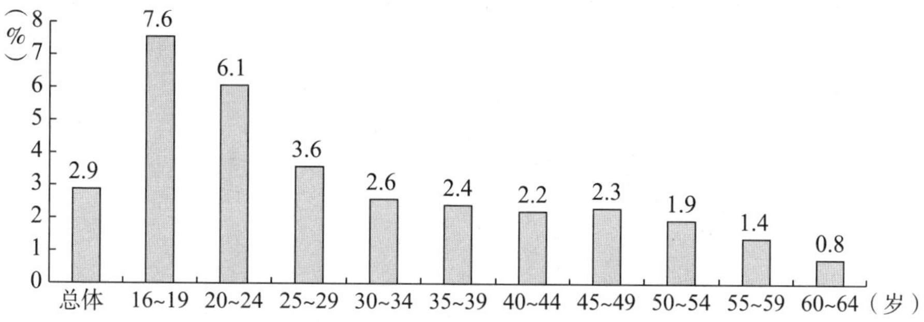

图 2－16　分年龄失业率（2010）

资料来源：根据第六次人口普查数据计算整理。

另外，从失业人口中青年人口的占比来看，近年来总体来看该比重呈现上升趋势，部分年份占到了 1/4 以上。当然这与整个人口结构中青年人口比重的增加有一定的关系，青年人口数量的增加也不可避免地带来失业人口数量的上升，如图 2－17 所示。

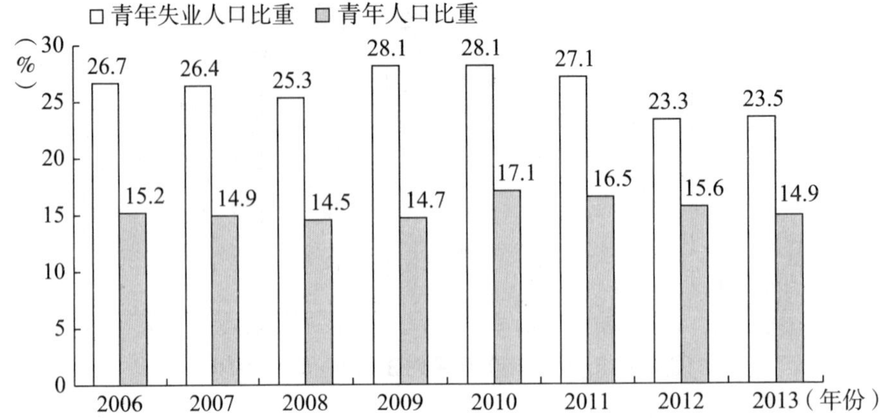

图 2－17　青年失业人口比重与青年人口比重（2006～2013）

资料来源：根据《中国人口和就业统计年鉴（2014）》中相关数据计算整理。

尽管我国青年失业率在各年龄组中最高，但是平均失业时间较短，如图 2－18 所示。2010 年 16～19 岁失业人口的平均失业时间为 8.7 个月，而 20～24 岁失业人口的平均失业时间为 9.7 个月，明显低于其他各年龄组。另外，青年失业人口中长期失业人员的比重也相对较低，16～19 岁和 20～24 岁失业人口中长期失业人员的比重分

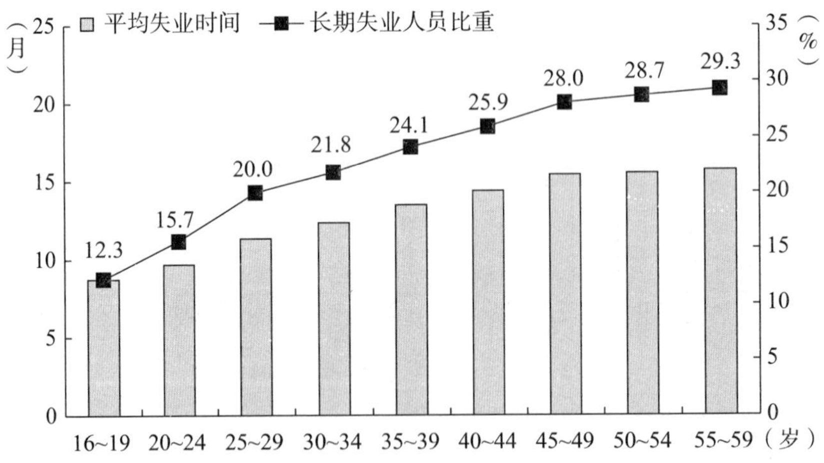

图 2－18　各年龄组失业人员平均失业时间和长期失业人员占比（2010）

资料来源：根据第六次人口普查数据计算整理。

别为12.3%和15.7%，而其他各年龄组长期失业人员比重都在20%以上，并且随着年龄的增长呈递增的变化趋势。

从失业原因来看，如图2－19所示，绝大部分青年失业的原因是毕业后就进入了失业状态，其比重高达58.6%，而总体失业中只有24.3%是基于该原因。这说明，我国青年失业问题主要是发生在从校园向工作岗位的过渡阶段，如何帮助毕业生顺利进入工作岗位，将是解决青年失业问题的关键。另外，从就业再进入失业状态的情况来看，青年失业者更多的是因本人原因失去工作，占比达12.3%，很少是因单位原因失去工作，占比为3.2%。而在总体失业人员中，更多的则是因单位原因失去工作。这说明青年失业更多的是主动性失业，这种失业很多情况下是在变换工作的过程中产生的。这也在一定程度上能够解释上述青年平均失业时间和长期失业人员比重较低的原因。分性别来看，女性因为料理家务失业的比重更高一些，而男性在另外几方面失业原因中的比重要更高一些。

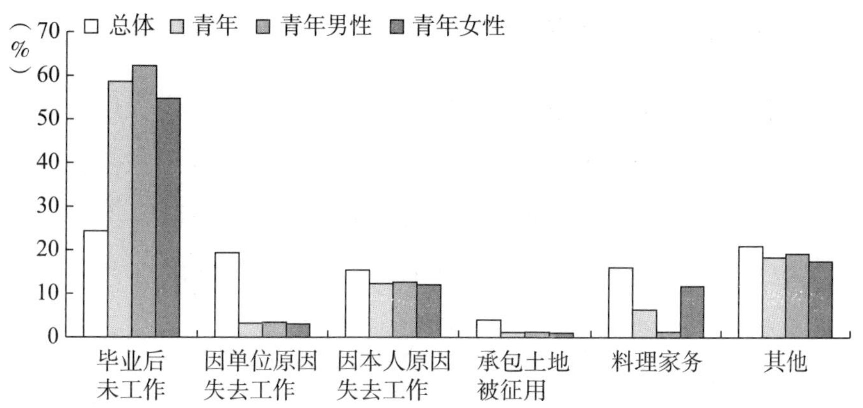

图2－19 青年失业人员的失业原因分布（2010）

资料来源：根据第六次人口普查数据计算整理。

从青年失业人员的学历构成来看，如图2－20所示，16～19岁青年失业者的学历主要为初中（56.2%）和高中（33.9%）。由于义务教育的普及，适龄青少年基本都接受了初中程度的教育，而在我国，一般要 18 岁左右才能进入大学学习，因此，该年龄段的学历主要集中在初、高中。而 20～24 岁的青年失业人员的学历要更高，初中（25.8%）、高中（30.1%）、大学专科（25.3%）和大学本科（17.0%）的占比都比较高。

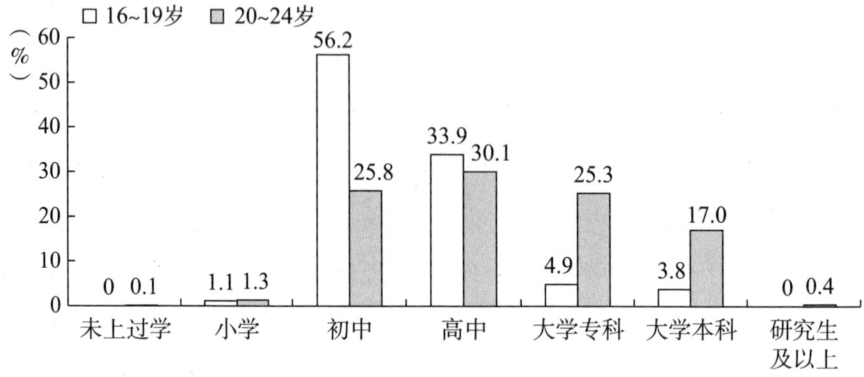

图 2－20 青年失业人员的学历构成（2012）

资料来源：《中国人口和就业统计年鉴（2013）》。

（五）青年非经济活动人口

根据 2010 年第六次人口普查数据，如表 2－11 所示，我国青年人员非经济活动人口占到青年人口总数的 42.6%，其中青年男性非经济活动人口比重为 40.4%，青年女性非经济活动人口比重为 44.9%。分城乡来看，城市青年非经济活动人口的比重要高于农村，达到了 51.4%。

表 2－11 非经济活动人口比重（2010）

单位：%

	16～24 岁			25～64 岁		
	总体	男性	女性	总体	男性	女性
总体	42.6	40.4	44.9	17.4	9.2	25.7
城市	51.4	49.7	53.1	26.2	14.9	37.7
镇	49.5	47.0	52.0	20.4	10.0	30.8

续表

	16～24 岁			25～64 岁		
	总体	男性	女性	总体	男性	女性
乡村	33.1	30.7	35.7	10.5	5.2	15.9

资料来源：根据第六次人口普查数据计算整理。

再从未工作原因来看，如图 2－21 所示，有 84.5% 的青年人员是由于在校学习；而在其他方面的原因中，毕业后未工作的比重相对较高，为 3.8%；另外，有 11.3% 的青年女性是因为料理家务而选择不进入劳动力市场。在未来，随着我国计划生育政策的逐步放开，预计会有更多的女性需要全职照顾家庭，因而这一比重可能会进一步提高。

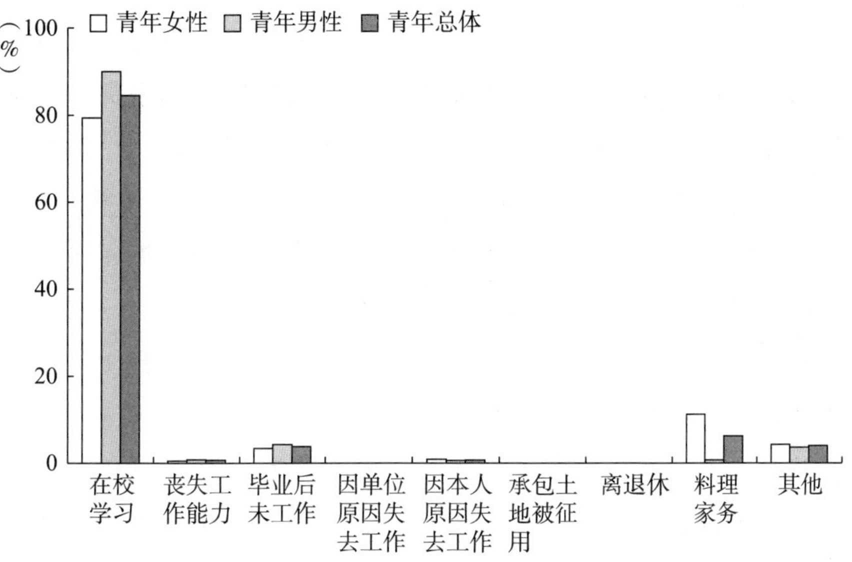

图 2－21　青年非经济活动人员未工作原因构成（2010）

资料来源：根据第六次人口普查数据计算整理。

三　青年就业的主要问题及应对措施

（一）青年就业的主要问题

青年是社会的未来和希望，是经济发展过程中最具增值潜力的人力资源。青年的就业能力和就业水平将直接关系到社会的稳定和经济的发展，世界各国在就业研究中都普遍将青年作为重点的关注对象。通过前面的分析可知，近年来我国青年劳动年龄人口开始出现拐点，青年人口在总人口中的比重开始下降，并且在未来一段时间内，这种趋势仍将持续。但总体来看，青年劳动力总量压力仍然很大，给青年就业带来了较大的挑战。从就业、失业等方面的情况来看，青年就业形势总体比较稳定，但失业问题也十分突出。进入劳动力市场中的青年人员的就业率较高，说明我国近年来促进就业工作取得了显著的成效。但同时，青年的失业问题也需要引起重视。一是当前青年人员的失业率较高，是其他年龄组平均失业率的3倍左右；二是青年失业人员在总失业人口中的占比较高，近年来基本都在25%以上，而青年人口在总人口中的占比不到20%；三是青年失业时间较短，无论是平均失业时间还是长期失业人员比重，都低于其他年龄组，说明青年失业在一定程度上属于摩擦性失业。

当前，我国的青年劳动力市场有两个比较重要的群体引起了较大关注，即高校毕业生和青年农民工。解决高校毕业生和青年农民工的就业问题，已经成为在新形势下我国政府保持社会稳定、促进经济发展的重要目标。中国高等教育扩招以后，高校毕业生的规模不断扩大，并且这一趋势在一段时间内仍将持续，加上之前未就业转结的人员规模已经十分庞大，给就业带来了较大的压力。而青年农民工群体目前仍有较大比重在非正规经济中就业，待遇较低、保障不足、就业环境恶劣等问题仍比较突出，与老一代农民工相比，他们希望能够从事更加体面的工作，因而其就业质量需要予以关注。

1. 高校毕业生总量压力较大

总体而言，青年人口的规模仍然较大，青年就业问题仍需关注。另外，与过去相比，青年劳动参与率明显下降，其中最主要的原因是教育的发展。随着经济发展水平的提高以及物质生活的改善，人们对教育也越来越重视，加之高等教育的飞速发展，越来越多的年轻人倾向于接受更高水平的教育，青年人的教育程度有了很大程度的提升。

近年来，我国的高校毕业生数量不断增加，到 2014 年，全国高校毕业生人数为 727 万人。2013 年底，全国共有 195.9 万名离校未就业高校毕业生到各地人力资源和社会保障部门登记。其中，179.9 万名本地生源就业人员中，实现就业 150.5 万人，应征入伍、升学、出国等其他流向 7.2 万人，分别占登记人数的 83.7% 和 4.0%；期末实有未就业 22.2 万人，占登记人数的 12.3%。16 万非本地生源登记人员中，实现就业 11.8 万人，应征入伍、升学、出国 0.1 万人，未就业 4.1 万人（中国就业促进会，2014）。

尽管教育程度的变化在一定程度上缓解了青年人进入劳动力市场的压力，但也带来了另一些问题，如青年人口的人力资本投资的提升，会改变劳动者对劳动报酬的预期，择业观念、就业观念、择业方式、职业期望、权利意识等都会受到影响。同时，中国的教育专业设置不合理，难以满足当前社会经济的发展需求，会加剧青年就业的结构性矛盾。

2. 青年农民工权益保护亟待加强

随着技术进步和经济发展，我国广大农村出现了大量的剩余劳动力，其中绝大多数成为进城农民工。农民工，是指在城市从事非农业工作的农业户籍人员。由于户籍制度的存在，农村劳动力进入城市工作会受到很多限制，因而农民工群体在劳动权益保护方面也存在很多不足。国家统计局发布的《2013年全国农民工监测调查报告》显示，农民工群体劳动权益保障存在较大的问题，具体表现为：①劳动合同签订率偏低，与雇主或单位签订了劳动合同的农民工比重为41.4%，其中签订无固定期限劳动合同的农民工仅占14.3%，如图2-22所示；②超时工作问题突出，外出农民工年从业时间平均为9.9个月，月从业时间平均为25.2天，日从业时间平均为8.8个小时，高于标准工时，如表2-12所示；③社会保险参保率较低，尽管表2-13中显示农民工各类保险参保率均呈现上升趋势，但总体而言仍然很低。

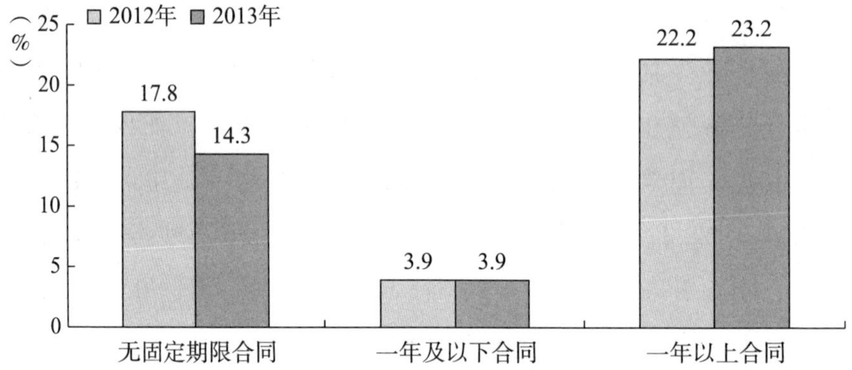

图2-22 外出农民工签订合同的比例（2012~2013）

资料来源：《2013年全国农民工监测调查报告》。

表2-12 外出农民工从业时间和强度（2012~2013）

指标	2012年	2013年
全年外出从业时间（月）	9.9	9.9
平均每月工作时间（天）	25.3	25.2
平均每天工作时间（小时）	8.7	8.8
日工作超过8小时的农民工比重（%）	39.6	41.0
周工作超过44小时的农民工比重（%）	84.4	84.7

资料来源：《2013年全国农民工监测调查报告》。

表 2－13　外出农民工参加社会保险的比例（2008～2013）

单位：%

年份	2008	2009	2010	2011	2012	2013
养老保险	9.8	7.6	9.5	13.9	14.3	15.7
工伤保险	24.1	21.8	24.1	23.6	24	28.5
医疗保险	13.1	12.2	14.3	16.7	16.9	17.6
失业保险	3.7	3.9	4.9	8.0	8.4	9.1
生育保险	2	2.4	2.9	5.6	6.1	6.6

资料来源：《2013 年全国农民工监测调查报告》。

根据国家统计局抽样调查结果（见表 2－14），2013 年全国农民工总量达 26894 万人，比上年增加 633 万人，增长 2.4%。其中，1980 年及以后出生的新生代农民工 12528 万人，占农民工总量的 46.6%，占 1980 年及以后出生的农村从业劳动力的比重为 65.5%。根据人口的分年龄分布情况进行估计，16～24 岁的青年农民工人数在 4000 万左右。

表 2－14　新生代农民工规模（2013）

单位：万人

指标	合计	外出农民工	本地农民工
新生代农民工	12528	10061	2467
老一代农民工	14366	6549	7817

资料来源：《2013 年全国农民工监测调查报告》。

在新生代农民工中，有 10061 万人选择了外出从业，占 80.3%；2467 万人选择本地从业，占 19.7%。新生代农民工初次外出的平均年龄仅为 21.7 岁，而老一代农民工初次外出的平均年龄为 35.9 岁。另外，与老一代农民工相比，新生代农民工受教育程度要更高，其中初中以下文化程度的仅占 6.1%，初中文化程度的占 60.6%，高中文化程度的占 20.5%，大专及以上文化程度的占 12.8%，如图 2－23 所示。

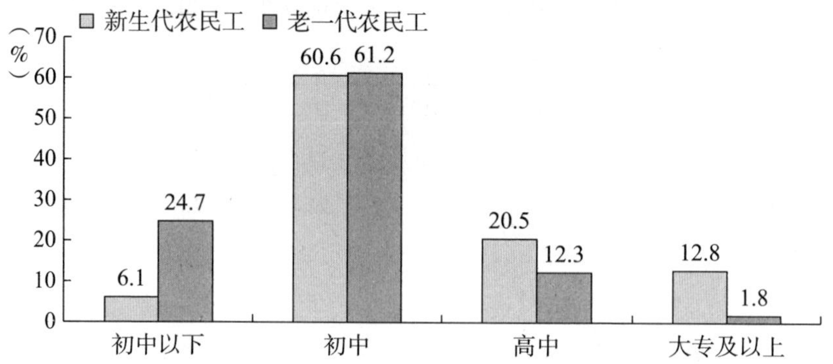

图 2-23 新生代农民工与老一代农民工教育程度比较（2013）

资料来源：《2013 年全国农民工监测调查报告》。

从新生代农民工的就业地点看，6872 万人在地级以上大中城市务工，占新生代农民工的 54.9%，老一代农民工这一比例为 26%，新生代农民工更偏好在大中城市务工。而分行业来看，以从事制造业为主。在新生代农民工中，39% 从事制造业，14.5% 从事建筑业，10.1% 从事批发和零售业，10% 从事居民服务和其他服务业。在老一代农民工中，29.5% 从事建筑业，26.5% 从事制造业，10.9% 从事批发和零售业，10.6% 从事居民服务和其他服务业。从事建筑业的新生代农民工所占比重大幅下降，不及老一代农民工的一半。

由以上数据可以看出，新生代农民工与老一代农民工相比，对体面劳动的诉求更高，并且由于受教育程度更高，因此权利保护意识也更强。而现实中，农民工群体无论是在体面劳动还是权益保护方面都还存在很多问题，这也是青年农民工群体在就业方面面临的突出问题。

3. 青年群体就业结构性矛盾日益突出

近年来，我国的高校毕业生人数不断增加，高校毕业生已经占到新进入市场劳动力总数的将近半数。同时，随着城镇化进程的不断加快，越来越多的农村劳动力开始向城市转移。但由于我国经济增长模式逐步由粗放型向集约型转变，经济对就业的拉动弹性系数下降，城市的劳动力需求增加也是相对有限的。高校毕业生以及进城农民工数量的不断增多，给城市带来了巨大的压力。

除青年就业的供求矛盾之外，当前的青年劳动力市场还表现出鲜明的结构性矛盾特征。从高校毕业生来看，我国高校普通教育改革滞后，学生在校期间所习得的知识并未充分与市场需求接轨，高校毕业生进入社会缺乏较强的就业竞争能力。同时高校毕业生的就业期望较高，大学生普遍期望在国家机关、各类事业单位和收入较高的三资企业、高新技术企业就业。来自人社部的调查显示，80.5%的毕业生希望到省会城市或直辖市就业，54%的毕业生希望到国企或是外企就业。而从市场需求来看，生产和销售的岗位达到了71.1%。与此同时，进城农民工更面临着日益严峻的就业形势。由于文化程度低、工作技能缺乏等因素，农民工越来越难以适应城市社会对劳动力的能力需求。而且我国的职业教育发展也未受到足够的重视，中等职业教育办学规模近年来大幅下降，技工类人才的培养尚未满足社会日益增加的需求，针对农民工的就业再培训教育工作还远远不足。

（二）支持青年就业的对策建议

1. 建立经济发展与扩大就业联动机制

建立经济发展与扩大就业的联动机制，是中国经济社会发展的基本要求，也是实现充分就业的根本保障。具体而言，需要建立实现经济发展与就业增长的宏观综合政策体系设计和运行机制，包括实行更加有利于促进就业的财政保障政策、税收优惠政策、金融支持政策和对外贸易政策等。同时，从体制、政策和工作体系入手完善就业工作体系，建立健全就业组织体系、职业培训体系、公共就业服务体系等。从扩大就业的角度去关注青年就业的问题，从解决大就业的方式、渠道入手去缓解青年就业压力。

2. 加强职业培训，提高青年就业能力

青年就业能力不足、工作技能或经验缺乏是青年就业遇到的主要困难。针对这一难题，要根据社会、经济发展的要求，统筹普通高等教育与职业教育的健康协调发展，提高青年总体受教育程度、文化素质和就业技能，在缩短劳动者就业周期的同时提高供给质量。

3. 建立完善的青年公共就业服务体系

各级公共就业服务机构应在进一步完善自身体制和能力建设的基础上，最大限度地为青年就业提供免费优质就业服务，特别是劳动力市场供求关系和职业培训方面的信息服务。加强青年组织、教育行政部门以及劳动与社会保障部门、城乡社区管理机构之间的横向沟通与合作，建立起制度化的劳动力市场调节机制和对失业率的政策调控机制。

4. 积极促进高校毕业生就业

促进高校毕业生就业是一项系统工程，需要政府、高校、企业和毕业生共同努力。政府应加强顶层设计，推动高等教育改革，完善有关法律法规，为大学生创造公平的就业环境；高校在课程设计中应明确设定要培养的核心能力及指标，强化就业服务工作，提高就业服务人员的专业化程度；企业应强化基础设施和平台建设，配合学校课程，提供学生实习机会，协助学校评估其课程设计与教学内容是否符合产业发展与就业需求；毕业生要夯实专业基础，提高综合素质，不断增强自身的人力资本，这是最终实现人岗有效匹配的关键所在。

5. 推动实现青年农民工充分就业、稳定就业和高质量就业

要按照新型工业化、新型城镇化进程阶段特征，经济增长方式转型升级、产业结构调整优化，以及劳动力资源供给和结构变化新趋势的现实要求，着眼于实现农民工特别是青年农民工充分就业、稳定就业、可持续发展和高质量就业，统筹制定和完善青年农民工就业政策体系，建立完善统一的人力资源市场，加强就业公共服务能力建设，切实实现就业公共服务均等化。同时，应进一步细化针对青年农民工群体的政策设计和实施方式，根据青年农民工的特点和需求，为其提供更多的就业机会，提高政策的有效覆盖率和效用。

6. 完善青年就业扶持政策和项目

当前中国已经出台了一系列的青年就业促进政策，并且起到了非常积极的作用，但是针对社会经济形势的变化，还需要进一步调整和完善。具体而言，应在总结过去成功的政策措施的基础上，将其中一些具有长效机制的政策和措施上升为法律，将促进青年就业问题纳入法制化的轨道，建立规范化、科学化的管理体制。另外，通过借鉴国外经验，立足中国实际，加大对青年就业、创业的扶持力度，推出一些更有针对性的青年就业项目，积极促进青年就业。同时，还要对青年女性、少数民族青年、青年残疾人、青年贫困人群和低文化程度人群等就业弱势群体给予更多的关注，加大就业优惠政策的扶持力度。

第三章　劳动力市场政策与青年就业

一　教育和职业培训体系

（一）教育体系

我国把教育摆在优先发展的战略地位，提出了“科教兴国”的战略决策，不断深化教育体制改革，实施九年制义务教育。各级政府不断增加教育投入，鼓励多渠道、多形式办学。经过多年的努力，我国的教育事业取得了长足的进步。

专栏 3-1　我国的教育体系

我国教育体系主要由三部分组成，即基础教育、中等职业教育和高等教育。基础教育指学前教育和普通初等、中等教育。初等教育（小学）为6年制；中等教育分为初级中学和高级中学教育，通常各为3年。另外有少数把小学和初中合并在一起的九年一贯制学校。中等职业教育主要包括普通中等专业学校、技工学校、职业中学教育，以及多种形式的短期职业技术培训。高等教育指专科、本科、研究生等高等学历层次的教育。高等教育中大学专科学制为2~3年，本科学制通常为4年，医科为5年，此外有少数工科院校实行5年制。硕士研究生学制为2~3年，博士研究生学制为3年。

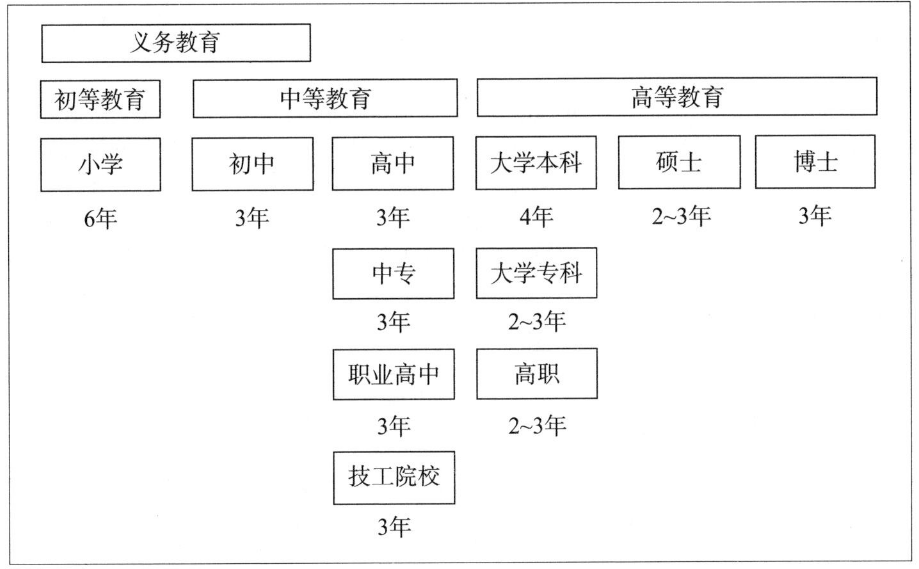

我国实行以政府办学为主体、社会各界共同办学的体制。在现阶段，基础教育以地方政府办学为主；高等教育以中央、省（自治区、直辖市）两级政府办学为主，社会各界广泛参与办学；职业教育和成人教育由政府统筹管理，主要依靠行业、企业、事业单位办学和社会各方面联合办学。当前各级教育的发展情况如表 3－1 所示。

表 3－1 我国各级教育发展情况

教育阶段	发展情况
学前教育	指 3～5 岁的儿童在幼儿园接受的教育过程。全国共有幼儿园 19.86 万所，在园幼儿（包括附设班）3894.69 万人。
初等教育	指 6～11 岁的儿童在小学接受的教育过程。全国共有小学 21.35 万所，在校生 9360.55 万人，小学学龄儿童净入学率达到 99.71%，其中男、女童净入学率分别为 99.70% 和 99.72%。
中等教育	指 12～17 岁学生在中等学校接受的教育。全国共有初级中学 5.28 万所，在校生 4440.12 万人，初中阶段毛入学率为 104.1%，初中毕业生升学率为 91.2%。全国高中阶段教育共有学校 2.62 万所，在校生 4369.92 万人，高中阶段毛入学率为 86.0%。全国中等职业教育共有学校 1.23 万所。其中，普通中等专业学校 3577 所，职业高中 4267 所，技工学校 2882 所，成人中等专业学校 1536 所。

续表

教育阶段	发展情况
高等教育	指继中等教育之后进行的专科、本科和研究生教育。我国实施高等教育的机构为大学、学院和高等专科学校。高等学校具有教学、科研和社会服务三大功能。全国各类高等教育在学总规模达到3460万人，高等教育毛入学率达到34.5%。全国共有普通高等学校2491所。普通高校中有本科院校1170所，高职（专科）院校1321所；全国共有培养研究生单位830个，其中普通高校548个，科研机构282个。

资料来源：《2013年全国教育事业发展统计公报》。

在教育经费方面，我国实行以国家财政拨款为主，多渠道筹措教育经费的体制。目前，属中央直接管理的学校，所需经费由中央财政拨款安排解决；属地方管理的学校，所需经费由地方财政安排解决；乡、村和企事业单位举办的学校，所需经费主要由主办单位安排解决，国家给予适当补助；社会团体和贤达人士举办的学校，所需经费由主办者自行筹措。近些年，国家加大了对教育的扶持力度，教育经费财政投入增长迅速，如图3－1所示。2014年，我国对教育的公共财政投入为24488.22亿元，为GDP的4.28%左右。

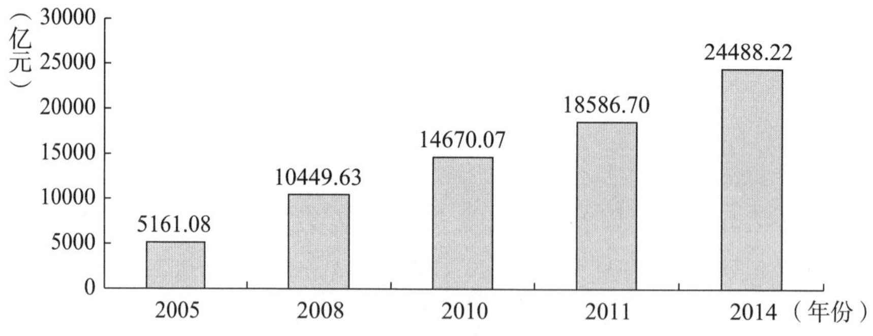

图3－1　我国教育经费投入（2005～2014）

资料来源：《中国教育经费统计年鉴（2015）》。

从不同级别学校的教育财政投入来看，我国对小学和中学阶段的投入相对较高，占比都在30%以上。但是从趋势来看，这两部分比重都呈现下滑趋势，而对幼儿园、中等职业学校和高等学校的投入比重在不断增加，如图 3 -2 所示。

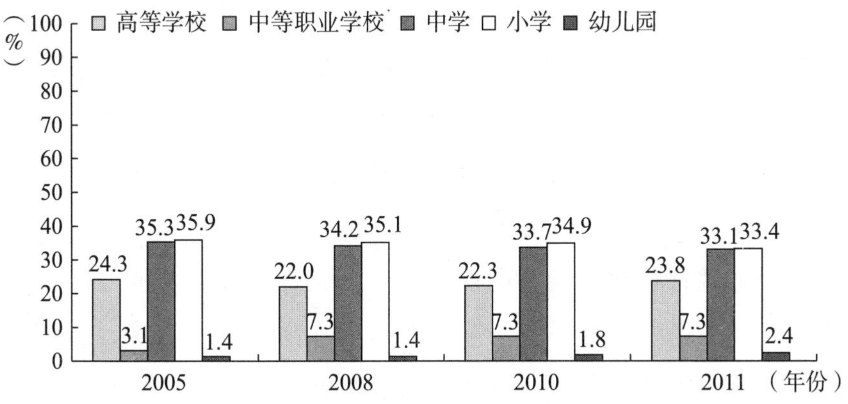

图 3 -2 我国各级教育经费投入比重（2005 ~2011）

资料来源：2006 年、2009 年、2011 年、2012 年《中国教育经费统计年鉴》。

青年教育水平的提高，一方面提升了我国的青年人力资源质量，但是另一方面，对劳动力市场产生了多重复杂影响。一方面，受教育水平的提高极大改善了青年人口的素质结构，加快了从劳动力大国向人力资源强国转变的实现，为产业结构的升级转型及经济社会总体发展提供了强大的人力资源支撑。另一方面，教育水平提升使青年就业问题上产生了新的矛盾。一是受教育年限的延长降低了青年人口劳动参与率，减少了劳动力市场中青年劳动力的供给，进而加剧了劳动力供求矛盾；二是受教育程度提升的同时意味着劳动力成长成本的上升，尤其是非义务教育阶段的教育成本大幅增长，大大提高了青年人口的人力资本投资，这种投资必然改变劳动者对劳动报酬的预期，进一步引致劳动力市场中劳动力成本的上升；三是教育结构本身的不合理会激化劳动力市场中的结构性矛盾，受高等教育人口短期内快速增长造成部分高校毕业生就业难问题；四是受教育程度的提升，改变了劳动者劳动就业观念、择业方式、职业期望、权利意识及行动能力，对人力资源市场造成了一系列深刻而广泛的影响。

（二）职业培训体系

我国职业教育事业快速发展，体系建设稳步推进，培养、培训了大批中高级技能型人才，为提高劳动者素质、推动经济社会发展和促进就业做出了重要贡献。我国一直都非常重视职业教育和职业培训，这对提升我国劳动者技能水平起到了一定的推动作用。

与普通教育相比，我国职业教育发展仍然滞后。从职业院校的情况来看，我国现行的体系分为初等、中等、高等三个层次，分别由初等职业学校、中等职业学校和高等职业院校三级办学主体承担教学任务。在职业教育层次构成中，初等职业教育和高等职业教育所占份额不大，而且初等职业教育中很大一部分是在义务教育的初中阶段进行职业教育渗透，中等职业教育是当前职业教育的主体。中等职业教育学校数量和招生人数近些年都有所减少，与普通教育的迅速发展形成强烈反差（见图 3－3）。

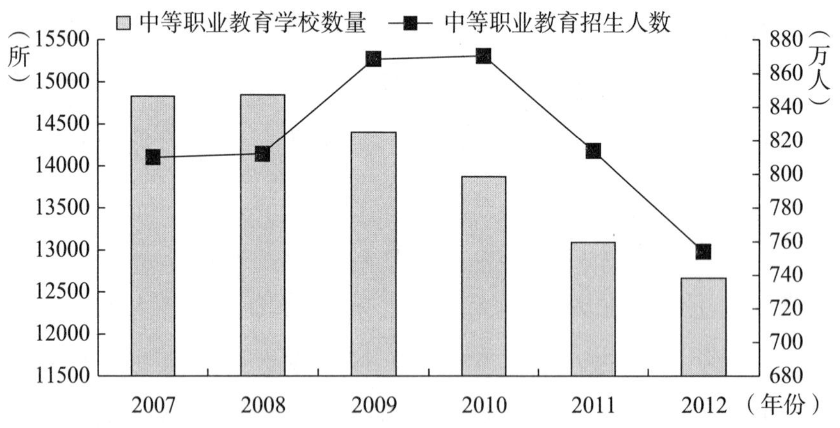

图 3－3　中等职业教育学校数量及招生人数（2007～2012）

资料来源：《中国教育统计年鉴（2013）》。

为了更好地发展现代职业教育，国务院下发了《关于加快发展现代职业教育的决定》，提出力争到 2020 年，形成适应发展需求、产教深度融合、中职高职衔接、职业教育与普通教育相互沟通，体现终身教育理念，具有我国特色、世界水平的现代职业教育体系。

另外，我国的职业培训体系也逐步完善。截至 2015 年年末，全国共有技工院校 2545 所，就业训练中心 2636 所，民办培训机构 18887 所。全年共组织各类职业培训 1908 万人次，其中，就业技能培训 1023 万人次，岗位技能提升培训 620 万人次，创业培训 211 万人次，其他培训 54 万人次。全年各类职业培训中农民工培训 967 万人次，城镇登记失业人员培训 357 万人次，城乡未继续升学的应届初高中毕业生培训 80 万人次。[①]

二　劳动力市场政策和制度

（一）工资政策

我国改革开放以来，随着经济的持续、快速增长，城镇劳动力的工资差距呈现持续扩大的趋势。为了保障低技能劳动力能够合理分享改革开放和经济增长的成果，我国于 1995 年颁布实施了最低工资制度。2004 年，随着《最低工资规定》的正式颁布实施，最低工资作为一项重要的劳动力市场制度，在我国各地得到了广泛的执行。此后，最低工资制度的执行力度不断加强，最低工资覆盖面日益扩大，最低工资的标准持续上升，在维护低收入劳动者权益、保障劳动者基本生活水平等方面发挥了非常积极的作用。

我国实行的是地区性最低工资模式，即各省（自治区、直辖市）根据本地区的社会经济发展状况，制定不同的最低工资标准。近年来，我国各地对最低工资进行了密集的调整，并且调整幅度较大。2010 年，全国除重庆外的 30 个省（自治区、直辖市）均上调了最低

① 人力资源和社会保障部：《2015 年度人力资源社会保障事业发展统计公报》。

工资标准，平均调整幅度达到了24%；2011年，25个省（自治区、直辖市）进行了调整，平均调整幅度为22%；2012年，又有25个省（自治区、直辖市）进行了调整，平均调整幅度为20%；2013年，26个省（自治区、直辖市）和深圳市进行了调整，平均调整幅度为17%。

尽管如此，我国最低工资标准仍然较低。如图3－4所示，2012年大多数省（自治区、直辖市）最低工资标准为社会平均工资的20%～30%，与国际上40%～60%的水平还有较大差距。但我国行业收入差距较大，在一些低收入行业，如制造业、建筑业和住宿餐饮业等，最低工资标准与行业平均工资的比值要更高。

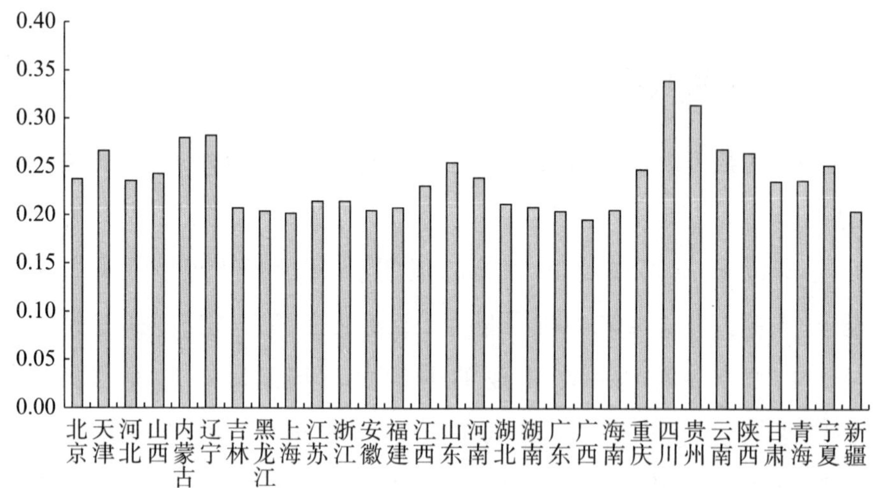

图3－4　各省（自治区、直辖市）最低工资与社会平均工资之比（2012）

资料来源：各地最低工资标准来源于地方政府网站，社会平均工资数据来自《中国统计年鉴（2013）》。

另外，我国政府一直致力于推进工资集体协商制度，通过出台一系列的法律法规，不断完善集体协商制度顺利运行所需要的法律制度环境，建立反映劳动力市场供求关系和企业经济效益的工资决定机制与增长机制，在保障劳动者工资权益方面发挥越来越重要的作用。截至2015年年底，经人力资源社会保障部门审查的当期有效集体合同 176 万份，覆盖企业 356 万户、职工 1.7 亿人。[①]

（二）就业保护法律

在市场经济体制下，劳动力是一种特殊商品，劳动力资源只有在价值规律和竞争机制的作用下，通过劳动力市场中供求双方的选择，才能得到优化配置。但是仅将市场调节作为劳动力资源配置的手段，并不能自发地实现公平和保护弱者，还必须通过建立相应的机制来纠正其在劳动力市场中的失灵，从而实现市场秩序的公平和经济效率的提升。因此，各个国家纷纷出台相关的法律法规来规范劳动力市场，以纠正市场失灵、维护劳动者权益、促进就业公平。

就业保护（employment protection）是指对雇主在雇用员工时所做出的一系列对劳动力使用的限制和约束规定，这些规定为劳动者提供了各种各样的保护。而就业保护法律（employment protection legislation）作为劳动力市场规制中的重要组成部分，其目的在于通过限制企业的雇用及解雇行为，增强工作的安全感和稳定性。就业保护法律一般包括对临时或固定期限劳动合同的使用限制、解雇限制（如裁员的程序、提前通知期、离职补偿金等）以及对于集体解雇的特别要求等。

我国一直致力于建立健全劳动力市场法规体系，并不断提升管制效能。特别是 2008 年实施的《劳动合同法》，是就业保护法律严格化的一个突出标志。该法案的颁布实施，使我国的就业保护法律严格化程度发生了明显的跃升。《劳动合同法》颁布之前，我国对于劳动合同、解雇行为以及临时就业的管制比较宽松，几乎没有相关法律规定，而随着该法律的出台，在就业保护的很多方面都有了明确而严格的规定。

---

① 人力资源和社会保障部：《2015 年度人力资源社会保障事业发展统计公报》。

专栏3－2 《劳动合同法》中关于就业保护的规定

正规合同员工的解雇限制

· 通知程序：用人单位提前三十日以书面形式通知劳动者本人或者额外支付劳动者一个月工资后，可以解除劳动合同；

· 经济补偿：经济补偿按劳动者在本单位工作的年限，每满一年支付一个月工资的标准向劳动者支付。六个月以上不满一年的，按一年计算；不满六个月的，向劳动者支付半个月工资的经济补偿。

· 试用期：劳动合同期限三个月以上不满一年的，试用期不得超过一个月；劳动合同期限一年以上不满三年的，试用期不得超过二个月；三年以上固定期限和无固定期限的劳动合同，试用期不得超过六个月。同一用人单位与同一劳动者只能约定一次试用期。

· 解雇的限制：劳动者有下列情形之一的，用人单位不得解除劳动合同：从事接触职业病危害作业的劳动者未进行离岗前职业健康检查，或者疑似职业病病人在诊断或者医学观察期间的；在本单位患职业病或者因工负伤并被确认丧失或者部分丧失劳动能力的；患病或者非因工负伤，在规定的医疗期内的；女职工在孕期、产期、哺乳期的；在本单位连续工作满十五年，且距法定退休年龄不足五年的；法律、行政法规规定的其他情形。

临时就业管制

· 固定期限劳动合同：用人单位与劳动者协商一致，可以订立固定期限劳动合同。

· 固定期限劳动合同的续签：最多连续订立二次固定期限劳动合同。

· 劳务派遣的使用：劳务派遣用工是补充形式，只能在临时性、辅助性或者替代性的工作岗位上实施。

· 劳务派遣合同的限制：劳务派遣单位应当与被派遣劳动者订立二年以上的固定期限劳动合同。用工单位应当根据工作岗位的实际需要与劳务派遣单位确定派遣期限，不得将连续用工期限分割订立数个短期劳务派遣协议。

集体解雇管制

· 需要裁减人员二十人以上或者裁减不足二十人但占企业职工总数百分之十以上的，用人单位提前三十日向工会或者全体职工说明情况，听取工会或者职工的意见后，裁减人员方案经向劳动行政部门报告，可以裁减人员。

专栏 3－3　我国就业保护法律的测量（2013）

OECD 的就业保护指标体系共包括 21 个指标，分别从正规合同员工的解雇、临时就业和集体解雇三个维度进行测量，每个指标赋值 0～6 分。各个指标得分加权汇总形成就业保护法律严格化程度的得分。我国就业保护法律严格化程度得分如下所示。

层次 1	层次 2	层次 3	分项得分	得分
正规合同员工的解雇限制	程序的繁琐性（1/3）	通知程序	4	2.36
		通知前的延期	0	
	个人解雇提前通知期和离职金（1/3）	提前通知期（9 个月）	3	
		提前通知期（4 年）	2	
		提前通知期（20 年）	1	
		离职金（9 个月）	2	
		离职金（4 年）	6	
		离职金（20 年）	6	
	解雇的难度（1/3）	不公平解雇的界定	4	
		试用期	3	
		不公平解雇的赔偿金	4	
		不公平解雇后复职的可能性	6	
		认定不公平解雇的最长期限	5	

续表

层次 1	层次 2	层次 3	分项得分	得分
临时就业管制	固定期限合同（1/2）	使用固定期限合同的合法情况	0	1.88
		续签固定期限合同的最多次数	6	
		固定期限合同最长累计期限	1	
	劳务派遣（1/2）	允许使用劳务派遣的工作类型	1.5	
		对劳务派遣续签合同的限制	4	
		劳务派遣最长累计期限	0	
		是否规定了授权或报告的义务	2	
		是否要求与正式员工待遇平等	3	
集体解雇管制		集体裁员的界定	6	0.85
		额外提前通知的要求	3	
		额外通知前延期的要求	0	
		雇主支付的特殊费用	3	

资料来源：http://www.oecd.org/employment/emp/oecdindicatorsofemploymentprotection.htm。

通过与 OECD 国家的对比可以看出，我国目前已经是就业保护法律比较严格的国家，特别是对长期就业人员解雇的保护方面，无论是个人解雇还是集体解雇，其管制严格程度都非常高，在 34 个 OECD 国家和 9 个非 OECD 国家中位列第一，如图 3－5 所示。尽管我国对于临时就业的管制相对比较宽松，低于各国的平均水平，但是综合来看，我国就业保护严格化程度综合评分达到了 2.59，如图 3－6 所示。

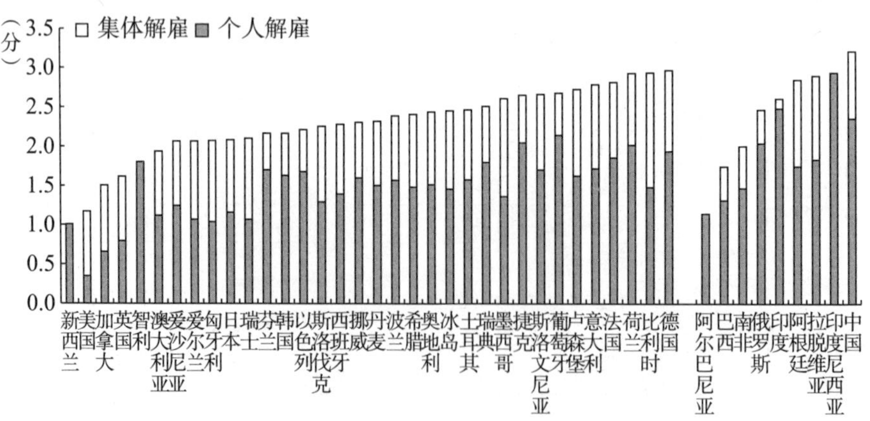

图 3－5 各国对个人与集体解雇的保护（2013）

资料来源：OECD（2013）。

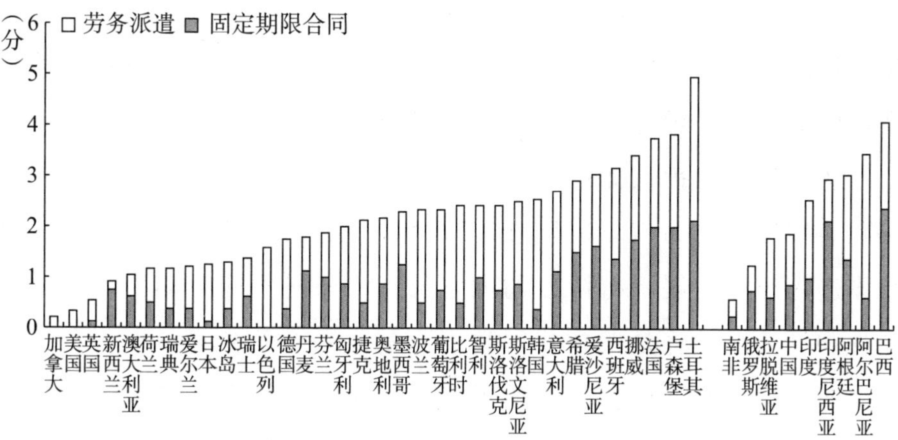

图 3－6　各国对临时就业的保护（2013）

资料来源：OECD（2013）。

随着《劳动合同法》的实施，很多劳动争议问题的解决变得有法可依，劳动者维护自身的劳动权利也有了依据，因而在 2008 年以后，我国劳动争议案件数量出现了明显的跃升，2008 年劳动争议案件数是 2007 年的近两倍，如图 3－7 所示。

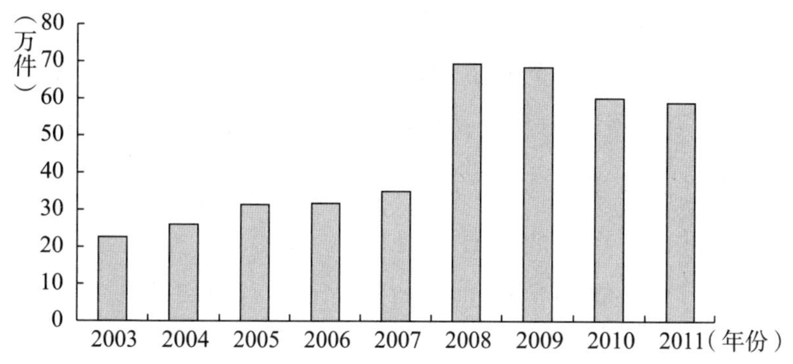

图 3－7　劳动争议案件数（2003～2011）

资料来源：《中国劳动统计年鉴（2012）》。

很多研究表明，严格的就业保护法律会造成劳动力市场的刚性，对就业产生抑制作用。并且由于就业保护法律对正规就业和临时就业保护程度方面的差异，劳动力市场分割会加剧。在我国，也有很多研究对就业保护法律对就业的抑制效应表示了担忧，但我国的客观现实是，在过去的经济发展历程中，劳动者的权益保障在一定程度上被忽视，也引发了一定的社会问题。因此，加强就业保护符合我国国情，对保护劳动者基本权益具有积极意义。但与此同时，也不能忽视就业保护法律严格化所带来的负面影响，就业保护法律严格化会增加劳动力市场的刚性，减少劳动者的就业机会。特别是在我国进入经济发展下行阶段的大背景下，如何平衡劳动力市场的安全性和灵活性，将是摆在我国政府面前的一个重要课题。另外，随着就业保护法律严格化程度的提高，其对就业特别是青年就业的影响不容忽视，本书后面将会进行详细讨论。

（三）消极的劳动力市场政策

消极的劳动力市场政策包括失业保险、工资税或就业税和就业保护或解雇税等政策。我国政府在落实劳动力市场政策方面的支出主要有两项：失业保险金和国有企业下岗职工基本生活保障补助。这些支出的目的主要是对下岗失业人口进行收入补助，以维持这一群体的基本生活。国有企业下岗职工基本生活保障补助是针对20世纪90年代末国有企业改革而设置的。从2000年开始，部分地区开展了国有企业下岗职工基本生活保障向失业保险并轨工作，企业新裁减的员工不再进入再就业中心。到2005年底，各地并轨工作已基本完成。因此，当前我国消极的劳动力市场政策支出主要是在失业保险方面。

失业保险制度是指国家通过立法强制实行的，由社会集中建立基金，对因失业而暂时中断生活来源的劳动者提供物质帮助的制度。改革开放以后，国务院曾在1986年和1993年针对国有企业职工相继颁布实施了《国营企业职工待业保险暂行规定》、《国有企业职工待业保险规定》。而1999年1月颁布实施的《失业保险条例》将制度覆盖到了所有城镇企事业单位及其职工。

在我国，失业人员在满足非因本人意愿中断就业，已办理失业登记并有求职要求，按照规定参加失业保险，所在单位和本人已按照规定履行缴费义务满 1 年三个条件后，方可享受失业保险待遇，待遇内容主要涉及以下几个方面。

（1）按月领取的失业保险金，即失业保险经办机构按照规定支付给符合条件的失业人员的基本生活费用。

（2）领取失业保险金期间的医疗补助金，即支付给失业人员领取失业保险金期间发生的医疗费用的补助。

（3）失业人员在领取失业保险金期间死亡的丧葬补助金和供养其配偶直系亲属的抚恤金。

（4）对为失业人员在领取失业保险金期间开展职业培训、职业介绍的机构或接受职业培训、职业介绍的本人给予补偿，帮助失业人员再就业。

领取失业保险金的时间与缴费时间有关。失业保险累计缴费时间满 1 年不满 5 年的，最长可领取 12 个月的失业保险金；累计缴费时间满 5 年不满 10 年的，领取失业保险金的期限为 18 个月；累计缴费时间满 10 年以上的，领取失业保险金的期限为 24 个月。失业保险金的标准，按照低于当地最低工资标准、高于城市居民最低生活保障标准的水平，由各省、自治区、直辖市人民政府确定。

另外，单位招用的农民合同制工人连续工作满 1 年，本单位已缴纳失业保险费，劳动合同期满未续订或者提前解除劳动合同的，由社会保险经办机构根据其工作时间长短，对其支付一次性生活补助。补助的办法和标准由各省、自治区、直辖市人民政府规定。

截至 2015 年末，全国参加失业保险人数为 17326 万人，比 2014 年末增加 283 万人。其中，参加失业保险的农民工人数为 4219 万人，比上年末增加 148 万人。年末全国领取失业保险金人数为 227 万人，比上年末增加 20 万人。全年共为 456. 8 万人发放不同期限的失业保险金，比上年增加 34.8 万人。全年共为 71 万名劳动合同期满未续订或提前解除劳动合同的农民合同制工人支付了一次性生活补助。全年失业保险基金收入为 1368 亿元，比上年下降 0.9%，支出 736 亿元，比上年增长 19.8%。年末失业保险基金累计结存 5083 亿元。[①]

（四）积极的劳动力市场政策

我国积极的劳动力市场政策起源于 2002 年，当时的主要目的有两个：一是配合经济结构调整，二是解决国有企业由于改制出现的大量失业下岗职工的就业问题。2008 年，为了应对全球金融危机的影响，中央提出了实施“更加积极的就业政策”。2008 年开始实施的《就业促进法》确立了公平就业、免费公共就业服务、职业教育和培训、就业援助等多项制度，为保障劳动者就业权利、消除就业歧视和改善劳动关系等提供法律保障。由此，我国积极的劳动力市场政策体系逐步健全。

我国目前促进青年就业的重点是高校毕业生群体，因此很多针对青年群体的就业促进与保障政策都是围绕高校毕业生群体而设计的，这也是当前我国青年就业政策的一个显著特点。从具体内容来看，主要包括以下几个方面。

1. 公共就业服务

我国公共就业服务机构主要包括两大类。一是公共就业服务管理机构，承担本地区公共就业服务规划、公共就业服务机构管理和劳动力市场管理工作。二是公共就业服务工作机构，以职业介绍服务为主，按照统一服务窗口的要求，设立专门服务场所，作为面向求职者和用人单位提供服务的综合性服务窗口，承担政策咨询、信息发布、职业介绍、职业指导、职业培训、创业服务和劳动保障事务代理等多项就业服务功能。我国已初步构建了覆盖中央、省、市、

① 人力资源和社会保障部：《2015 年度人力资源社会保障事业发展统计公报》。

县（区）、街道（乡镇）、社区（行政村）五级管理、六级服务的公共就业和人才服务网络，基层就业设施建设不断推进。面向城乡全体劳动者的公共就业服务体系进一步健全。公共就业服务机构免费提供的服务项目惠及所有求职者。

专栏3－4　针对高校毕业生的公共就业服务

针对未就业的高校毕业生群体，中国政府出台了一系列的政策，通过多种形式的公共就业服务，促进其就业。

——公共就业人才服务机构和公共就业服务平台面向所有离校未就业高校毕业生开放，办理求职登记或失业登记手续，发放就业失业登记证，摸清就业服务需求；

——对实名登记的所有未就业高校毕业生提供更具针对性的职业指导；

——对有求职意愿的高校毕业生要及时提供就业信息；

——对有创业意愿的高校毕业生，各地要纳入当地创业服务体系，提供政策咨询、项目开发、创业培训、融资服务、跟踪扶持等“一条龙”创业服务，及时提供就业信息；

——要将零就业家庭、经济困难家庭、残疾等就业困难的未就业高校毕业生列为重点工作对象，提供“一对一”个性化就业帮扶，确保实现就业；

——对有就业见习意愿的高校毕业生，各地要及时纳入就业见习工作对象范围，确保能够随时参加；

——对有培训意愿的离校未就业高校毕业生，各地要结合其专业特点，组织参加职业培训和技能鉴定，按规定落实相关补贴政策；

——为离校未就业高校毕业生免费提供档案托管、人事代理、社会保险办理和接续等一系列服务，简化服务流程，提高服务效率。

2. 职业培训

职业培训一直是积极劳动力市场政策的重点内容，我国职业培训初期培训的重点对象是国有企业失业下岗人员，随后培训范围进一步扩大到青年劳动者和农村转移劳动力。我国有关政策规定，对失业人员、未就业的大学生、符合条件的进城务工农村劳动者参加职业培训的，给予职业培训补贴。对就业困难人员、未就业的大学生、进城务工农村劳动者通过初次职业技能鉴定，取得职业资格证书的，给予一次性的职业技能鉴定补贴。

专栏3－5　加强高校毕业生职业培训促进就业

为了通过有效的职业培训来促进高校毕业生就业，中国政府专门制定了“加强高校毕业生职业培训促进就业”的政策，其内容主要包括：

积极开展就业技能培训。充分发挥技工院校等职业院校、公共实训基地和各类职业培训机构的作用，面向高校毕业生大力开展就业技能培训，切实提高培训的针对性和有效性。

广泛开展岗位技能提升培训。鼓励企业结合岗位要求，按照先培训后上岗的原则，依托所属培训机构或政府认定培训机构，对新录用的高校毕业生开展以岗位基本技能为主要内容的岗前培训。

大力开展创业培训。积极推动开展创业培训和创业实训，不断提高创业培训和创业实训的效果。

加强培训信息引导。及时发布职业培训信息，引导高校毕业生根据市场需求和自身专业特点，结合就业、参加就业见习以及到基层服务的需要，自主选择参加适合的培训项目。

强化创业指导和创业服务。将促进高校毕业生创业作为本地以创业带动就业工作的重要内容，将高校毕业生纳入当地创业服务体系支持范围，提供有针对性的创业指导和创业服务。

提供职业技能鉴定服务。积极面向高校开展职业资格证书制度和就业准入制度的宣传咨询活动，引导高校毕业生积极参加职业技能鉴定，按规定取得相应职业资格证书或专项职业能力证书。

落实职业培训补贴政策。按规定落实好高校毕业生参加职业培训和技能鉴定的相关补贴政策，并规范资金的使用和管理。

3. 就业见习计划

就业见习计划主要是针对高校毕业生群体。为了促进高校毕业生就业，2009 年，人力资源和社会保障部、教育部、工业和信息化部、国资委、工商总局、全国工商联和共青团中央联合下发《关于印发三年百万高校毕业生就业见习计划的通知》，决定自 2009 年至 2011 年，拓展和规范一批用人单位作为高校毕业生见习基地，用 3 年时间组织 100 万离校未就业高校毕业生参加就业见习。另外，一些地方政府实施了青年见习计划，在帮助青年从失业到就业的过渡方面，发挥了积极的作用。

专栏 3－6　“三年百万高校毕业生就业见习计划”的主要工作内容

确定见习单位。各地人社部门要在现有见习单位的基础上，根据当地高校毕业生就业形势和见习任务需要，建立并拓展一批见习单位。

明确目标任务。重点组织离校未就业的高校毕业生在入学前户籍所在地城市参加见习，并积极探索对尚未离校的应届高校毕业生开展见习。

组织参加见习。各地要对未就业的高校毕业生情况进行摸底调查，制定高校毕业生就业见习计划，明确年度见习目标任务和工作安排。

加强见习管理。见习过程中，做高校毕业生的见习管理工作，保障见习人员的基本权利。

提供见习服务。将见习工作纳入高校毕业生就业服务的整体工作，通过多种方式提高见习服务质量。

确定重点联系城市。确定一批高校毕业生数量多、见习工作基础较好、见习规模较大的城市作为全国高校毕业生就业见习工作重点联系城市。

专栏 3-7 上海市“青年职业见习计划”

见习对象。具有上海市常住户口，年龄在16~25周岁，可凭本人身份证和劳动手册参加见习。如果年龄已经超过25周岁但还没满30周岁，暂时又难以找到合适的工作岗位，非常希望通过见习来提高自己的就业竞争力，可酌情放宽年龄限制。

见习岗位。一般选择上海市重点发展行业中市场需求较大、有一定技术含量、技能性和操作性较强、具有就业潜力的岗位。见习岗位侧重通过师傅带教，帮助年轻人掌握相关技能，从而达到该岗位的要求。因此，与普通岗位相比，它对应聘人员的能力要求较低，更注重其工作态度。

见习补贴。见习学员参加见习期间将可按月领取由失业保险基金发放的见习生活费，标准为最低工资标准的60%。见习生活费于每月25日直接发放至见习学员办理见习注册手续时提供的本人银行账户。

4. 就业补贴

就业补贴是为了减轻失业人员经济负担、鼓励企业吸纳失业人员而采取的政策措施。在我国就业补贴主要有两种形式。一是职业培训补贴，指为参加职业培训的持再就业优惠证人员、城镇其他登记失业人员和进城务工的农村劳动者提供的专项补贴；二是社会保险补贴，即为鼓励就业困难人员灵活就业，减轻其以个人身份缴纳社会保险费用的压力，或为降低企业的用人成本，鼓励其吸纳就业困难人员就业，对上述个人或单位在缴纳社会保险费用后实行先缴后补，给予一定费用补贴。此外，还有一些如岗位补贴、见习补贴等形式。

专栏3－8　针对高校毕业生的就业补贴

培训补贴：高校毕业生在毕业年度内参加就业技能培训，培训合格并通过职业技能鉴定取得初级以上职业资格证书的，按规定给予培训补贴。企业新招收毕业年度高校毕业生签订6个月以上期限劳动合同，在劳动合同签订之日起6个月内开展岗前培训的，根据培训后继续履行劳动合同情况，按照当地确定的职业培训补贴标准的一定比例，对企业给予定额培训补贴。高校毕业生在毕业年度内参加创业培训和创业实训，取得创业培训合格证书的，按规定给予培训补贴。高校毕业生在毕业年度内通过初次职业技能鉴定并取得职业资格证书或专项职业能力证书的，按规定给予一次性职业技能鉴定补贴。

社会保险补贴：对小型微型企业新招用毕业年度高校毕业生，签订一定期限劳动合同并按时足额缴纳社会保险费的，给予一定期限的社会保险补贴；科技型小型微型企业招收毕业年度高校毕业生达到一定比例的，可申请最高一定额度的小额担保贷款，并享受财政贴息。属于就业困难人员的高校毕业生，在灵活就业后申报就业并以个人身份缴纳社会保险费的，可以享受一定数额的社会保险补贴，补贴数额原则上不超过其实际缴费的2/3。高校毕业生从事个体经营领取营业执照的，给予其应缴纳的社会保险费金额60%的社会保险补贴，补贴期限最长不超过3年。

5. 公共就业机会

我国的公共就业机会大都来自公益性岗位。公益性岗位是指由各级政府出资开发，以实现公共利益和安置就业困难人员为主要目的的各类非营利性公共管理和社会公益性服务岗位，主要包括社区服务性岗位、城市环境卫生维护等管理性岗位及机关企事业单位后勤保障类岗位。近些年，购买公益性岗位的做法已经成为不少地方政府解决大龄失业人群和其他就业困难人群再就业问题的重要举措。

专栏 3－9　针对高校毕业生的公共就业机会

公益性岗位主要是针对大龄失业人员和就业困难群体开发，高校毕业生并没有纳入此范围内，国家是通过引导的方式，鼓励高校毕业生到基层的一些公共部门工作。

引导高校毕业生到基层就业的专门项目。为有效缓解大学生就业压力，优化基层组织的人才结构，国家出台了一系列政策鼓励和引导高校毕业生到城乡基层就业，比较典型的是“大学生村官政策”。这是一项由团中央、中组部牵头的引导大学生到农村基层组织担任一定职务的就业计划。该计划为中国基层农村建设注入了新鲜活力，促进了农村和农业的发展，对于缓解大学生就业压力、统筹城乡发展、缩小城乡差距具有积极的意义。国家鼓励和引导高校毕业生到城乡基层就业的政策还包括大学生志愿服务西部计划、“三支一扶”计划、农村义务教育阶段学校教师特设岗位计划。这三类项目在缓解大学生就业压力的同时，支持和帮助了农村基层特别是西部地区农村开展医疗、教育、扶贫等工作，促进了农村经济和社会事业的发展。

选调生。选调生制度在中国有较长的历史。自 1980 年以来，各地党委组织部就从高等院校选拔优秀大学毕业生到基层工作，为县级以上党政机关培养高素质的工作人员，将选调生作为党政干部的后备人才。

6. 自主创业项目

鼓励和支持劳动者创业、推动创业促进就业，是我国积极的劳动力市场政策中的重要内容。一方面不断完善支持自主创业、自谋职业政策，从鼓励劳动者创业出发，在税费征收、小额贷款、社会保险补贴、经营场地、工商管理等方面给创业者提供更多的方便，降低创业门槛，减少创业成本和风险，营造良好的创业环境。另一方面加强就业观念教育，使劳动者主动适应就业方式多样化的趋势，通过自主创业、劳务派遣、家政服务等多种形式，实现就业或创业。

专栏 3－10　大学生自主创业项目

近年来，我国通过制定一系列政策、法规优化创业环境，指导和支持大学毕业生自主创业。一方面，开辟了大学生创业融资渠道，为大学生创业提供金融支持，如实施税收优惠政策、小额担保贷款和贴息政策、税费减免政策、培训补贴政策和融资、跟踪扶持等政策，为大学生创业提供便利条件；另一方面，通过简化手续、加强指导，为大学生创业者提供方便快捷的优质服务。此外，还注重培养大学生的创业精神和创新思维，提高创业素质。2010 年人力资源和社会保障部在全国启动实施“大学生创业引领计划”，使有创业愿望并具备一定条件的大学生都得到创业培训，使准备创业的大学生都得到创业指导服务。

此外，对于包括新生代农民工在内的广大农民工群体，我国政府一直高度重视，在政策上给予了保障。自国务院印发《关于解决农民工问题的若干意见》（国发〔2006〕5 号）以来，我国出台了一系列政策措施，在推动农民工转移就业、提升职业技能、维护劳动保障权益等方面发挥了巨大的作用。但正如前面分析中提到的，包括新生代农民工在内的广大农民工群体就业稳定性不强，劳动保障权益受侵害的现象还时有发生，享受基本公共服务的范围仍然较小，大量长期在城镇就业的农民工还未落户。为了进一步做好新形势下为农民工服务工作，切实解决农民工面临的突出问题，2013 年国务院成立农民工工作领导小组，主要职责为组织拟订和审议农民工工作的重大方针、政策、措施，组织推动农民工工作，督促检查各地区、各部门相关政策落实情况和任务完成情况，统筹协调解决政策落实中的重点难点问题。2014 年，国务院印发了《关于进一步做好为农民工服务工作的意见》（国发〔2014〕40 号），对稳定和扩大农民工就业创业、维护农民工的劳动保障权益等方面提出了进一步的要求。

三　最低工资制度与青年就业

自最低工资立法以来，其所产生的就业效应引发了热烈的讨论，而随着近些年我国各地广泛而密集地上调最低工资标准，这一问题受到了更为广泛的关注。

（一）最低工资影响青年就业的理论分析

从目前关于最低工资标准上调就业效应的研究来看，早期研究受研究数据、研究方法等方面的限制，以理论推衍和模型推导为主。后面随着数据的完善和方法的创新，关于最低工资就业效应的研究成为一时的热点。但是由于研究视角、研究数据、研究方法等方面的差异，研究结果不尽相同，对最低工资是否会影响就业并未达成一致的结论。其中，一些学者对于最低工资制度与青年就业之间的关系进行了研究，同样在不同的情景下得出了结论。

美国属于较早实施最低工资立法的国家，对最低工资就业效应的研究也开展得比较早。Brown 等人（1982）通过对最低工资委员会的报告进行分析发现，经济学家对最低工资的就业效应已经基本达成了共识，最低工资主要对就业弱势群体产生影响，最低工资标准每提高 10%，就会对青年就业群体造成 1% ~3% 的就业损失。20 世纪 80 年代末，美国一些州开始自行立法提高州最低工资标准，各州之间最低工资标准的差异以及 1990、1991 年美国联邦最低工资标准的上调使学者们可以从不同视角对最低工资的就业效应进行研究。Card（1992a）研究了 1990 年美国联邦最低工资上调对就业的影响。他认为联邦最低工资上调更可能对低工资的州产生影响，在最低工资对青年就业影响较大的州，青年的工资增长幅度也较高。Neumark 和 Wascher（1992）分析了最低工资变动对青少年就业人员占比的影响。他们发现最低工资对青少年就业的影响是消极的，而针对青少年设立次级最低工资标准将会减小最低工资对就业的负面影响。Card（1992b）研究了加利福尼亚州 1988 年最低工资提升对低技能劳动力就业的影响。他将加利福尼亚州 1987 ~1989 年的青年就业变动与同一时期控制组的变动进行了比较，发现尽管最低工资有所上升，但加利福尼亚州的就业增长更快一些。与 Katz 和 Krueger（1992）的研究类似，Card（1992b）认为关于最低工资对青少年就业影响的估计结果与竞争性模型的预测不一致，但与具备垄断势力的低工资劳动力市场模型的预测结果一致。

20 世纪 90 年代，欧洲一些学者也对最低工资与青年就业之间的关系进行了关注。Bazen 和 Skourias（1997）运用双重查分估计对 1981 ~1984 年法国最低工资的影响进行了研究，结果显示最低工资的提高使得青年人的就业比重下降了。Pereira（2003）对 1987 年葡萄牙新的最低工资标准执行前后两组不同年龄劳动力人群的就业率进行了比较，结果表明最低工资标准提升之后，企业会为了节约成本而调整用工决策，减少青年雇工人数，缩短平均工作时间，18 ~19 岁劳动者的就业率明显下降，而 20 ~25 岁年龄段的劳动者就业率则有所上升。

综上可以看出，最低工资对于青年群体就业的影响效果不确定，在不同情境下会得出不同的结论。有的研究认为最低工资标准上调会促进青年就业，有的研究则认为最低工资对青年就业有抑制作用，还有研究则认为二者之间的关系不显著。这也提示我们，探讨最低工资与青年就业之间的关系，应该关注二者之间的中介变量和调节变量，即一些因素会对影响效应起到干预作用。首先是总体的就业率。我们知道，青年就业率之所以下降，主要原因是总就业机会的减少，从而使得工作经验相对缺乏的青年群体成为首先被排除的对象之一；同时由于就业机会的减少，新进入劳动力市场的青年群体会面临更大的就业压力，就业变得更加困难。因此，在分析青年就业之前，要着重看最低工资对劳动力总需求的影响，如果最低工资上涨引发劳动力成本上升，导致就业需求减少，那么青年群体可能成为牺牲对象；如果上述情况并未发生，即就业需求没有明显变化，则青年就业可能受到的影响也较低；当然，如果最低工资提高激励了劳动力供给，在厂商能够接受的前提下，也可能对青年就业产生促进作用。

另外，最低工资与就业之间的作用关系会受到其他一些情境变量的影响，从而导致最低工资与就业之间的关系不确定。进一步分析可知，影响二者之间关系的变量包括劳动力市场状况、地区经济发展状况、最低工资政策的覆盖率以及最低工资政策的执行情况等。

从劳动力市场状况来看，在完全竞争的市场中，如果政府制定的最低工资标准高于劳动者保留工资水平而低于竞争性均衡工资水平时，企业雇佣工人数量将增加，即最低工资会使就业增加。罗小兰（2007）的研究表明，最低工资标准对农民工就业的影响存在阈值效应，最低工资标准低于阈值，会促进农民工就业；而如果高于阈值，则会对就业产生抑制作用。当最低工资标准高于竞争性均衡工资时，雇佣量就会下降（Stigler，1946）。而在垄断的劳动力市场中，厂商占有主导地位，如果没有政府干预，往往倾向于采用低工资标准雇佣劳动者。这种情况下提升最低工资标准则会提升劳动者的就业积极性，会对就业有一定的促进作用。比如 Maurice（1974）就提出，在垄断的劳动力市场上，最低工资制度将会扩大就业。Neumark 和 Wascher（1994）研究了最低工资对低工资劳动力市场的影响，结果证明了完全竞争劳动力市场模型，如果最低工资高于均衡工资，失业缺口将变大；而如果最低工资低于均衡工资，将不会对就业产生实质性影响。Aaronson 和 French（2007）运用劳动力需求模型进行对比分析，结果显示，竞争模型不同于垄断模型，在竞争性的劳动力市场中，最低工资标准提高 10% 将使低技能群体的就业水平下降 3.5 个百分点，使总体就业水平大致下降 2 个百分点。

从经济发展状况来看，在经济快速增长阶段，最低工资标准应该有一定的提升，其目的是让低收入劳动者享受到经济发展的果实。一般在这种情况下，最低工资标准的合理提升有助于促进就业，从劳动力需求的角度来看，快速的经济增长会创造就业需求，增加就业机会；而从劳动力供给的角度来看，最低工资标准的提升会对劳动者就业起到一定的激励作用，使得更多的劳动者愿意参与就业。但是在经济低迷时期，提升最低工资标准则可能会提升企业的人工成本，抑制劳动力需求，不利于劳动者就业。为了应对金融危机，减轻企业负担，我国在 2009 年暂停上调最低工资标准。而随着经济的企稳回升，各地又加快了上调最低工资标准的步伐。Betsey 等（1981）对美国联邦最低工资标准与青年就业之间的关系进行了研究，他们发现最低工资标准提升对青年失业的抑制效应被高估，经济周期才是导致青年失业人数增加更重要的原因。

从最低工资制度的覆盖情况来看，最低工资制度在不同国家有不同的形式，有的是按地区设定最低工资标准，有的则根据行业特点来设立最低工资标准，但无论哪种形式，都不可能覆盖所有的部门和群体，因此最低工资制度的覆盖情况在一定程度上决定了多大范围内的群体会受到影响。如果最低工资制度的覆盖率较低，那么其影响必然是有限的；但如果覆盖率较高，则会在更大范围内产生影响。Brown（1999）指出，在包含最低工资覆盖与非覆盖的两部门模型中，最低工资对就业的影响取决于覆盖部门中的工作岗位如何分配以及劳动力如何在两个部门之间流动。傅端香（2013）在总结、评论最低工资的就业效应时指出，发展中国家最低工资效应的研究因受到许多因素的影响而变得复杂，首先就是发展中国家大量存在不被最低工资制度覆盖的非正规部门。因此，在分析最低工资标准上调与就业之间的关系时，还必须考虑制度的覆盖率。

与覆盖率的影响类似，最低工资标准的执行情况也关系到最低工资标准上调对就业的影响效果。显然，如果政策执行得不好，形同虚设，更谈不上对就业的影响。这种情况同样在很多发展中国家的研究中被关注到。如 Harrison 和 Scorse（2005）在对印度尼西亚制造业就业的分析中得出，最低工资对就业具有负向影响，但是这种影响在小企业中并不显著，造成这种情况出现的原因可能是小企业并没有很好地执行最低工资标准。丁守海（2009）也发现，在监管严格与监管乏力的情境下，最低工资对于农民工离职率的影响也是截然相反的。这些证据都表明，最低工资标准执行情况也是影响最低工资与就业之间关系的重要变量。

随着我国最低工资标准的不断上调，其所引发的就业效应也受到了社会各方面的关注。尽管现有研究对于最低工资是否会抑制就业并没有得出一致的结论，但一个不可否认的事实是，如果最低工资标准上调对就业产生负面影响，劳动需求会受到抑制，那么对于青年人而言，就意味着就业机会的减少，就业将变得更加困难。由于我国没有关于青年就业的时间序列数据，为此，本研究利用总体就业情况来分析最低工资与就业之间的关系，在此基础上，进一步讨论最低工资标准上调对青年就业的影响。

(二) 最低工资影响青年就业的实证分析

为了更准确地对我国最低工资标准上调的就业效应进行分析，本研究在文献分析和理论探讨的基础上，结合我国现实情况，利用31个省（自治区、直辖市）2005～2012年的面板数据，分析我国最低工资标准上调对城镇单位就业、私营企业就业的影响。

1. 构建计量模型

面板数据模型一般设定的形式为：$y_{it}=\alpha_i+x_{it}\beta_i+\varepsilon_{it}$，$i=1, 2, \cdots, N$；$t=1, 2, \cdots, T$。其中 α_i 表示截距项，β_i 表示对应于解释变量 x_{it} 的 $N\times1$ 维系数向量，N 表示解释变量的个数，随机误差项 ε_{it}相互独立，且满足零均值，同方差为 $\sigma_u{}^2$ 的假设。

根据研究问题，可以建立最低工资对就业影响的模型，因变量为就业水平（E_{it}），自变量为最低工资（MW_{it}），控制变量地区生产总值用 GDP_{it}表示，社会平均工资（AW_{it}）为控制变量还是中介变量还需要进一步检验，最低工资与社会平均工资的比作为调节变量，用 R_{it}表示，所有变量取对数，模型可表示为：

$$\ln E_{it} = \alpha_i + \beta_1 \ln GDP_{it} + \beta_2 \ln MW_{it} + \beta_3 \ln AW_{it} + \\ \beta_4 \ln R_{it} + \beta_4 \ln MW_{it} * \ln R_{it} + \varepsilon_{it}$$

变量说明如下。

（1）就业。由于分地区全部从业人数的数据不完整，本研究运用城镇单位就业人数和私营企业就业人数来分析最低工资标准调整对二者的影响与作用。

（2）最低工资。我国实施最低工资并没有施行统一的最低工资标准，而是由各省（自治区、直辖市）按照各自的实际情况自行制定，并且调整的时间也有所区别。另外，各省（自治区、直辖市）也根据地区间经济发展情况，设置了不同档次的最低工资标准。为了统一起见，本研究采用各地省会城市的最低工资标准，然后根据调整年份的不同进行加权调整，具体调整的公式如下：

$$[WM_{i(t-1)} \times (n-1) + WM_{it} \times (12-n+1)] \div 12$$

其中，$WM_{i(t-1)}$为调整前最低工资标准，WM_{it}为调整后最低工资标准，n为调整后最低工资标准施行的月份。

（3）地区生产总值。为增强模型设定的准确性，还需要引入控制变量，以控制最低工资以外的其他一些重要因素对就业的影响。由于劳动力需求是一种派生需求，经济增长对就业的影响非常重要，并且我们前面的分析也指出，经济发展水平会影响最低工资标准与就业之间的关系，因此首先必须控制这一变量的影响效应，才能进行进一步的分析。本研究以各地区历年的生产总值作为控制变量。

（4）社会平均工资。社会平均工资是指某一地区或国家一定时期内（通常为一年）全部职工工资总额除以这一时期内职工人数后所得的平均工资，用以反映职工的工资水平和生活水平。本研究前面分析最低工资标准影响就业变化的一个重要中介变量就是社会工资水平，因此本研究将在模型中引入该变量。但是将其作为控制变量还是中介变量，还要通过检验来判断最低工资与社会平均工资之间的因果关系。

（5）最低工资与社会平均工资的比值。根据国际通行标准，最低工资标准一般为社会平均工资的40%～60%。一般而言，最低工资越接近社会平均工资，其覆盖面就越大，因此本研究用这一指标来反映最低工资的覆盖面，作为研究的调节变量，分析不同覆盖水平下最低工资与就业之间的影响关系。

2. 资料来源

本研究中最低工资数据来自各地政府部门或人力资源和社会保障部门的网站；地区生产总值、城镇单位就业人数、私营企业就业人数及社会平均工资数据来自中经网统计数据库；最低工资与社会平均工资之比根据前面数据计算得出。

3. 分析结果

根据预先设定的理论模型，本研究利用 eviews 8.0 软件对数据进行处理，分析最低工资标准上调对城镇单位就业及私营企业就业的影响效应。在分析之前，首先需要厘清的一个重要问题，即究竟是最低工资标准上调引起了社会平均工资的上升，还是社会平均工资带动了最低工资标准的上调。如果是前者，那么社会平均工资应作为中介变量，也就是说最低工资标准上调引致社会平均工资上涨，继而对就业产生了影响；反之，则说明最低工资标准随着社会平均工资的上涨而调整，分析最低工资与就业之间的关系时应该控制社会平均工资这一变量的影响。为此，本研究利用格兰杰因果关系检验来分析二者之间的因果关系，结果如表 3 - 2 所示。

表 3 - 2　社会平均工资与最低工资的格兰杰因果关系检验

Null Hypothesis:	Obs	F - Statistic	Prob.
最低工资不是社会平均工资的格兰杰原因	217	0.92149	0.3382
社会平均工资不是最低工资的格兰杰原因		13.2558	0.0003

格兰杰因果关系分析结果说明社会平均工资上涨是造成最低工资标准上调的原因，而最低工资标准的上调并不是社会平均工资上涨的原因。由此可以判断，最低工资标准是随着社会平均工资的不断增长而调整，因此社会平均工资应该在我们设定的模型中作为控制变量而非中介变量。为此，本研究的具体分析步骤如下：第一步，引入控制变量 GDP 和社会平均工资；第二步，引入自变量最低工资，利用 Hausman 检验确定模型的固定效应和随机效应。最低工资标准上调对城镇单位就业和私营企业就业的影响的最终分析结果如表 3 - 3 所示。

表 3-3 最低工资标准上调对城镇单位及私营企业就业的影响

	城镇单位就业		私营企业就业	
	第一步	第二步	第一步	第二步
α_i	4.31 *** (14.35)	4.25 *** (15.48)	-0.15 (-0.64)	-0.17 (-0.72)
$\ln GDP_{it}$	0.72 *** (20.78)	0.72 *** (19.91)	0.86 *** (16.94)	0.84 *** (15.73)
$\ln AW_{it}$	-0.64 *** (-12.39)	-0.62 *** (-10.48)	-0.31 *** (-4.69)	-0.43 *** (-4.16)
$\ln MW_{it}$		-0.02 (-0.30)		0.18 (1.52)
F	218.77	142.25	407.21	272.08
R^2	0.64	0.93	0.77	0.77

注：括号内为 t 值，* 表示在 10% 水平上显著，** 表示在 5% 水平上显著，*** 表示在 1% 水平上显著。

从分析结果来看，最低工资标准上调对城镇单位就业和私营企业就业表现出类似的影响效应。首先，从方程中可以看出，经济增长对就业具有积极的促进作用，并且影响效应很强，而社会平均工资上涨对就业产生了抑制作用；其次，在控制了 GDP 和社会平均工资两个变量后发现，最低工资对就业的影响不显著。由此可以看出，最低工资标准上调并未对我国总体就业造成显著的影响。

（三）主要发现与讨论

我国最低工资标准上调并没有对总体就业造成明显影响。利用城镇单位和私营企业就业的数据进行分析，结果显示：最低工资标准上调并没有导致社会平均工资的上涨，反之其是受社会平均工资变化的影响，在控制了经济增长和社会平均工资变化后发现，最低工资标准上调并没有对就业产生明显的影响。这说明，近些年我国各地频繁而密集地调整最低工资标准，并没有对整体就业造成伤害。

究其原因，首先最重要的是我国快速而持续的经济增长，为各行业带来了大量的就业机会，也使得企业能够承受最低工资标准上调带来的成本压力，从而确保了就业的持续增长；其次，尽管我国最低工资标准不断上调，但是总体而言水平仍比较低，大部分省（自治区、直辖市）的最低工资标准都只为社会平均工资的20%～30%，对就业的影响也相对有限；最后，我国最低工资标准上调仍处于一个比较合理的区间内，很多地方政府会参照当地的经济发展状况和社会平均工资水平来制定最低工资标准，而最低工资标准上调并没有影响到社会总体的工资水平，导致人工成本上涨，换句话说，也许社会平均工资上涨会抑制就业增长，但是这并不是由最低工资标准上调而引起的。

但是，随着经济下行和最低工资标准的不断提升，如果上述条件不再具备，则有可能对就业（包括青年就业）产生一定的影响。为了更有效地促进就业增长，结合我国现实情况，我们提出以下几点对策建议。

第一，科学看待最低工资标准调整与就业的关系。尽管我们的研究显示，最低工资标准上调对低收入行业的就业具有一定的抑制作用，但这并不说明最低工资制度就一定是不合理的。首先，最低工资制度的立法目的在于保障劳动者的劳动报酬权益，因而并不能一味地为了保就业而牺牲劳动者特别是基层劳动者的权益，也不能因为一时的抑制效应而否定最低工资制度。其次，我国正处于产业升级的转型期，经济发展由依靠廉价劳动力转向依靠知识和技术是大势所趋，从这个角度来看，最低工资制度在一定程度上促进了这种转型，长期来看，其积极意义大于消极影响。

第二，重视最低工资标准对就业的影响与作用。受益于长期以来我国经济快速而持续的发展，我国的就业获得了持续的增长，研究结果也表明，经济发展仍然是决定就业最重要的变量。当前我国已进入经济增长的下行期，经济发展带动就业增长的能力也逐渐弱化，在这种情况下，必须关注包括最低工资制度在内的所有劳动力市场制度对就业的影响。

第三，合理确定最低工资标准。我国《最低工资规定》指出，确定和调整月最低工资标准，应参考当地就业者及其赡养人口的最低生活费用、城镇居民消费价格指数、职工个人缴纳的社会保险费和住房公积金、职工平均工资、经济发展水平、就业状况等因素。这种确定方式比较科学，但同时比较难以操作，现实中确定最低工资标准时很难兼顾到所有的因素，特别是就业状况由于难以衡量而常被忽视。在当前就业形势日益严峻的情况下，如何将就业因素引入最低工资标准的制定过程中，是值得进一步研究和思考的课题。

第四，科学构建最低工资的动态调整机制。最低工资标准既是一种绝对标准，必须能够为劳动者提供最基本的生活保障，同时是一种相对标准，需要据以进行动态的调整。我国《促进就业规划（2011～2015）》中指出，“十二五”期间，我国将形成正常的工资增长机制，职工工资收入水平合理较快增长，最低工资标准年均增长13%以上，绝大多数地区最低工资标准达到当地城镇从业人员平均工资的40%以上。尽管从目前来看，这一目标基本符合我国的现实，但是调整的幅度和水平还需要进一步研究和论证。根据国际上的经验，最低工资标准的调整一般要参照经济发展水平、物价指数以及职工平均工资等指标的变化，我国也应该根据各地实际情况，在精确测算、科学评估的基础上，建立合理的动态调整机制。

第五，建立健全最低工资制度评估机制。为了确保最低工资制度能够发挥最大效用，同时尽量减少对就业的伤害，还有必要建立最低工资制度的评估机制。具体而言，应组织工资、就业、社保等多个领域的专家，广泛收集政府部门、企业及劳动者的意见，准确掌握现实中的情况和问题，构建科学、完善的评价体系，阶段性地从多个角度对最低工资制度进行评估。在评估的过程中，也应根据现实的需要有所侧重，评估的重点根据实际情况不断调整。从促进就业的角度来看，首先是要把就业类的指标引入评估系统，其次是采取调查、访谈和数据分析相结合的方式进行评估，最后还要对典型行业和重点群体的就业情况进行评估。在科学评估的基础上，对最低工资制度进行完善。

第六，完善促进最低工资和就业协调的配套制度。为了更有效地保障和促进就业，除了完善最低工资制度以外，还需要进一步完善就业政策应对最低工资调整所可能带来的不利影响。前面分析得出，最低工资制度如果产生影响，主要影响对象是低收入群体和弱势群体。为了有效促进重点人群的就业，就必须加大扶持力度。

四　就业保护法律与青年就业

国际上，就业保护法律因为与劳动力市场僵化问题密切相关而引起了广泛的关注和讨论。20 世纪 70 ~ 90 年代，在宏观经济环境和生产力水平大体相当的情况下[①]，美国和 OECD 的欧洲国家劳动力市场有着完全不同的表现。欧洲国家失业率从 1970 年的 2.6% 攀升至 1996 年的 11%，长期失业人员比重由 1979 年的 0.9% 上升到 1994 年的 6.6%，就业率则由 65% 下降至 60%。对比而言，从 80 年代开始，美国的失业率就一直低于欧洲，就业率也不断上升，由 65% 上升至 75%。两个地区的劳动力市场表现出迥异的结果，劳动力市场政策被认为起到了至关重要的作用（蔡昉等，2009）。与欧洲施行一系列限制劳动力市场灵活性的政策相比，美国更加市场化的政策措施被认为更有助于促进就业、降低失业（OECD，1999）。这促使许多欧洲

① 从宏观经济环境看，欧洲和美国都经历了类似的情形：20 世纪 70 年代的两次石油危机，技术变迁，与发展中国家的贸易增加，从 20 世纪 70 年代开始的生产率增长放缓。

研究人员重新研究他们制定的行政指令性工资、法定的工作保护和社会福利等劳动力市场政策，并与更加灵活且缺乏管制的美国劳动力市场比较，得出劳动力市场缺乏灵活性是导致失业率居高不下的重要原因的结论（OECD，1994）。

在这种背景下，很多国家放弃了传统的凯恩斯主义就业政策，转向新自由主义，进行了劳动力市场灵活化改革。尽管灵活化改革在降低失业率和提高就业率等方面起到了积极作用，但与此同时产生了一系列问题，如收入差距扩大、社会排斥和工作贫困，等等，严重威胁了劳动力市场中雇员阶层特别是弱势群体的安全性（孔德威、刘艳丽，2007）。由此可知，就业保护法律的规制程度对于就业的数量及质量都具有不可忽视的影响，如何规范和完善就业保护法律制度，建立灵活安全的劳动力市场，已成为世界性的课题。

如前所述，《劳动合同法》是我国就业保护法律严格化的一个突出标志，在保障劳动者权益的同时，其对就业的影响引发了一些质疑，关于“保护不足”与“保护过度”的争论到今天仍未停止。对于《劳动合同法》是否会对就业产生抑制作用，本部分将结合国外劳动力市场相关指标，根据我国实际情况，对此进行深入探讨。

（一）就业保护法律影响青年就业的理论分析

就业保护法律是否会对就业产生影响，最早可追溯到新古典经济学派和制度学派之间的争论，而20世纪80年代以来欧洲劳动力市场的改革将这一问题推向了高潮。很多学者针对就业保护法律与就业之间的关系进行了广泛而深入的探讨，并且利用模型、数据对有关问题进行了研究，形成了不同的观点。

就业保护法律对就业数量的影响具有两面性。一方面，就业保护法律有助于抑制解雇行为。当产品需求下降时，企业可能会产生解雇意图，但受就业保护法律中解雇补偿金、劳动合同期限等内容的限制，企业随意解雇员工需要支付一定的成本，这使得在进行解雇决策时将更加谨慎，在一定程度上能够起到稳定就业的作用。另一方面，就业保护法律会影响雇佣决策。由于就业保护法律中的有关规定增加了员工的解雇成本，而在既定的工资水平下，雇佣成本的上升会增加企业的总成本，由此减少企业的利润产出，继而引起产出水平的下降和生产要素投入的减少（Hamermesh，1989），雇佣员工的数量因此也会减少。另外，由于解雇限制的存在，企业在雇佣员工时会从长计议，为了避免未来发展进入低迷期遭遇解雇的麻烦，企业在进行招聘决策时会更加谨慎（Drago，1993），或者采用技术创新或提升员工附加值的方式来替代雇佣新员工。

正是这种解雇成本与雇佣成本同时存在的双重决定机制（Mortensen & Pissarides，1999），使得就业保护法律对就业数量的影响难以确定。一些实证研究也得出了不同的结论。Freyens 和 Oslington（2007）通过研究发现，解雇成本的增加对就业具有一定的抑制作用；Autor 等人（2007）利用美国的数据得出，解雇成本上升使企业增加对资本的依赖，从而减少雇员人数；Bentolila 和 Bertola（1990）的研究则得出了不同的结论，他们认为，虽然解雇成本对企业解雇行为有较大的影响，但长期来看对就业和产业发展有积极作用；Hunt（2000）利用德国制造业的数据研究表明，就业没有明显受到解雇成本降低的影响；Kugler 和 Pica（2008）基于意大利的数据分析发现，意大利在提高小企业不正当解雇成本而同时保持大企业的解雇成本不变后，小企业的雇佣和解雇行为都受到了显著影响，但总体上对社会净雇佣量的影响并不明显。

虽然就业保护法律对于就业数量的影响难以确定，但是当系统受到外生经济力量冲击时，其作用结果的可靠性程度将显著上升。在经济周期的不同阶段，就业保护法律对企业雇佣决策具有不同程度的影响，对总体就业的影响也有所区别。在经济低迷期，由于存在严格的就业保护，遭遇解雇的雇员比理论上应该解雇的人数要少；而在经济繁荣期，劳动者获得的雇佣机会也会因此更少。Lindbeck（1993）的分析指出，就业保护法律对就业的影响随着经济周期的不同而有所区别，当发生了严重的衰退时，失业有可能变成永久性的。如果企业不确定经济恢复的时间，其雇佣新员工的意愿会降低。也有研究指出，经济危机发生时，就业保护越严格的地区遭遇的就业负面影响越大（Blanchard & Wolfers，2000）。严格的就业保护法律降低了一个经济周期内劳动力需求量的波动程度，就业存量和失业存量的动态变化会趋于平缓（Bentolila & Bertola，1990）。

上述分析的假设前提是总体企业数量是均衡的，企业雇佣和解雇决策的偏好也基本一致，但事实并非如此。首先从企业数量来看，严格的就业保护法规会在一定程度上限制外商投资。基于经济性假设，企业更愿意投资于就业保护较为宽松、劳动力市场灵活性更高的国家或地区，这不仅有助于降低成本，还可以根据企业发展情况及时调整雇员数量。因此，在就业保护较为严格的情境下，就业机会可能受到一定的抑制。对于不同类型的企业，受就业保护法律的影响程度也有所不同，产品需求波动很大或者技术变革发生迅速的企业，对人员的调整更频繁，故更容易受到严格就业保护法律的影响。另外，小企业由于对风险的反应及分散程度受到比大企业更多的局限，因此比大企业更容易受到严格的就业保护法律的影响而降低雇佣数量（代懋，2012）。

尽管就业保护法律会减少流入失业群体的劳动者数量，但同时使未就业的劳动者更难找到工作，特别是对于年轻人和就业困难群体而言，就业机会也相应减少。Heckman（2000）利用拉美家庭调查数据分析证明，就业保护程度的提高，降低了劳动者的就业退出率，抑制了就业需求，尤其对年轻人和就业困难群体影响最大；Kahn（2007）发现严格的就业保护法律使得青年、女性、移民和非技术工人等群体就业更加困难，并且获得长期性工作的难度也明显增加；Feldmann（2009）整理了73个国家2000～2003年的面板数据，分析表明就业保护对失业率、女性和青年就业具有显著影响。由此可以看出，就业保护立法可能会对青年就业产生一定的抑制作用。

（二）就业保护法律影响青年就业的实证分析

20世纪以来，各国就业保护法律发生了不同程度的变化，有的更加严格，有的更加宽松，还有的变化则并不明显。为了更好地比较不同国家就业保护法律的影响程度，本研究将研究时限界定在2002～2012年，从OECD国家中选取了17个国家进行研究，甄选标准有以下三点。一是在研究期限内就业保护法律严格化程度并没有显著的变化[①]，这样有助于避免就业保护法律变化对就业影响效果的干预；二是分析了各国的GDP增长情况，删除了与其他国家经济增长波动不一致的国家；三是将日本在样本中删除，因为尽管日本就业保护法律严格化程度较低，但终身雇佣制在日本根深蒂固，因此严格地说其属于就业保护严格化程度较高的国家，引入分析可能会引起偏差。

对17个国家2002～2012年的数据取平均值，各国的就业保护法律严格化程度如图3－8所示，就业保护最为宽松的是美国，得分为0.69；最高为土耳其，得分为3.51。再根据就业保护法律的严格化程度，将样本国家分为四组：低就业保护国家（0 < EPL≤1.5），包括美国、加拿大、新西兰、英国以及爱尔兰；中低就业保护国家（1.5 < EPL≤2），包括瑞士、匈牙利、芬兰和丹麦；中高就业保护国家（2 < EPL≤2.6），包括荷兰、奥地利、韩国和挪威；高就业保护国家（EPL > 2.6），包括比利时、法国、意大利和土耳其。分别比较

---

① 方差表示一组数据的离散程度，故本研究将方差作为甄选指标，就业保护法律的方差大于0.2的国家被剔除。

不同就业保护水平下的劳动力市场表现，重点分析失业率和青年失业率两项指标，分析结果及主要结论如下。

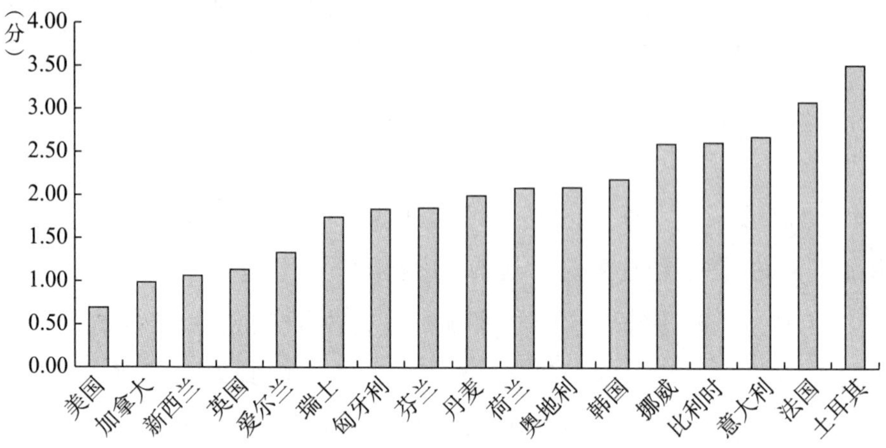

图 3－8 样本国家的就业保护法律严格化程度

资料来源：OECD Employment Databases。

1. 就业保护法律与总体失业率的关系

通过比较不同就业保护严格化程度国家的总体失业率的情况（见图 3－9）可以看出，各国失业率的表现不尽相同，并且各组间存在一定的差异。

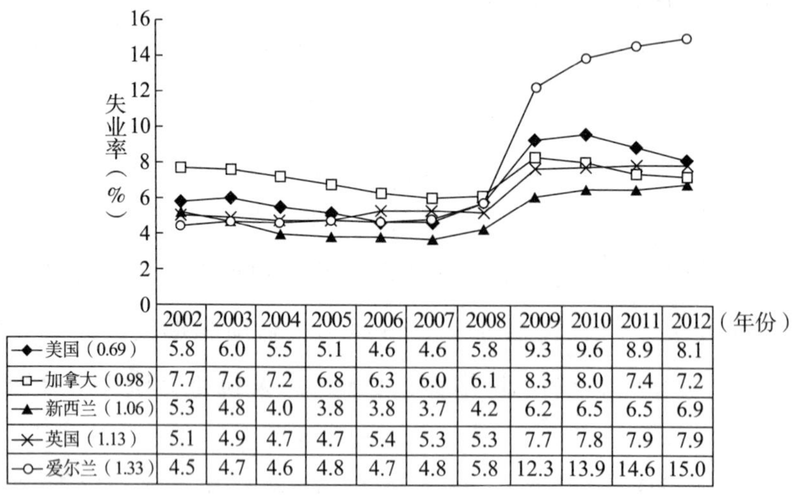

	2002	2003	2004	2005	2006	2007	2008	2009	2010	2011	2012
—◆—美国（0.69）	5.8	6.0	5.5	5.1	4.6	4.6	5.8	9.3	9.6	8.9	8.1
—□—加拿大（0.98）	7.7	7.6	7.2	6.8	6.3	6.0	6.1	8.3	8.0	7.4	7.2
—▲—新西兰（1.06）	5.3	4.8	4.0	3.8	3.8	3.7	4.2	6.2	6.5	6.5	6.9
—×—英国（1.13）	5.1	4.9	4.7	4.7	5.4	5.3	5.3	7.7	7.8	7.9	7.9
—○—爱尔兰（1.33）	4.5	4.7	4.6	4.8	4.7	4.8	5.8	12.3	13.9	14.6	15.0

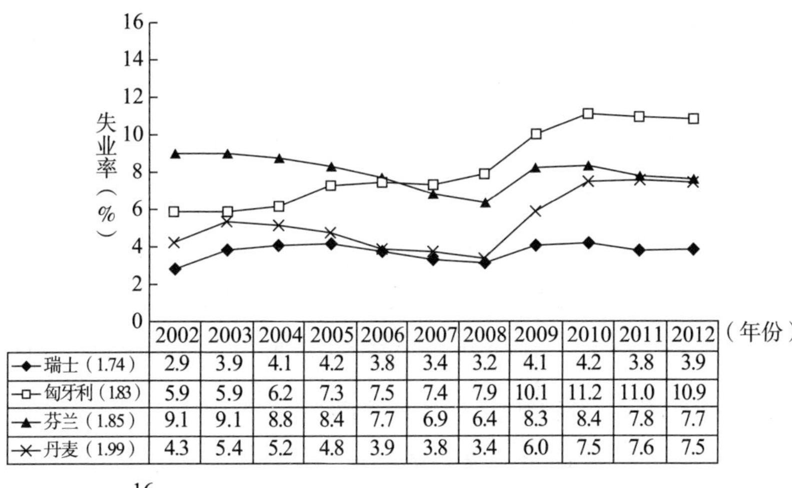

	2002	2003	2004	2005	2006	2007	2008	2009	2010	2011	2012
瑞士（1.74）	2.9	3.9	4.1	4.2	3.8	3.4	3.2	4.1	4.2	3.8	3.9
匈牙利（1.83）	5.9	5.9	6.2	7.3	7.5	7.4	7.9	10.1	11.2	11.0	10.9
芬兰（1.85）	9.1	9.1	8.8	8.4	7.7	6.9	6.4	8.3	8.4	7.8	7.7
丹麦（1.99）	4.3	5.4	5.2	4.8	3.9	3.8	3.4	6.0	7.5	7.6	7.5

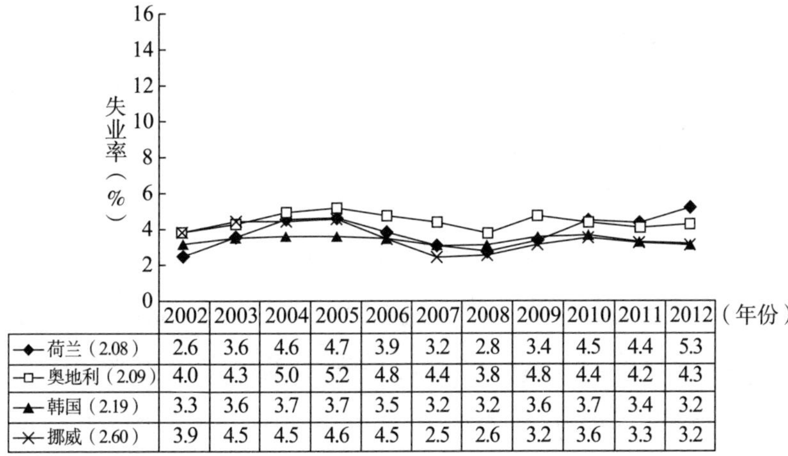

	2002	2003	2004	2005	2006	2007	2008	2009	2010	2011	2012
荷兰（2.08）	2.6	3.6	4.6	4.7	3.9	3.2	2.8	3.4	4.5	4.4	5.3
奥地利（2.09）	4.0	4.3	5.0	5.2	4.8	4.4	3.8	4.8	4.4	4.2	4.3
韩国（2.19）	3.3	3.6	3.7	3.7	3.5	3.2	3.2	3.6	3.7	3.4	3.2
挪威（2.60）	3.9	4.5	4.5	4.6	4.5	2.5	2.6	3.2	3.6	3.3	3.2

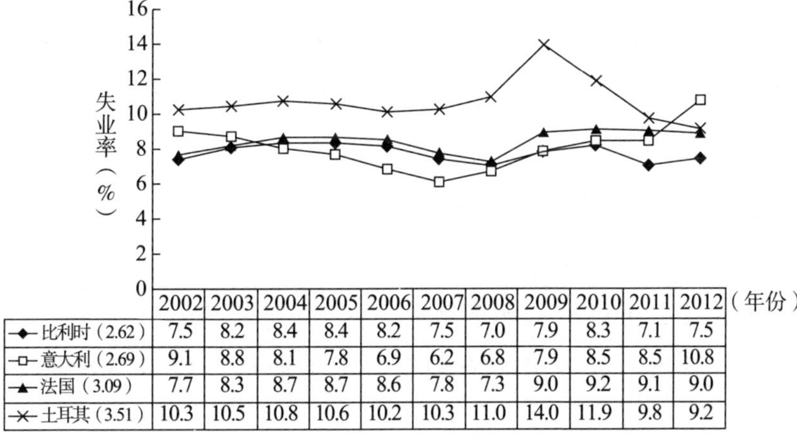

	2002	2003	2004	2005	2006	2007	2008	2009	2010	2011	2012
比利时（2.62）	7.5	8.2	8.4	8.4	8.2	7.5	7.0	7.9	8.3	7.1	7.5
意大利（2.69）	9.1	8.8	8.1	7.8	6.9	6.2	6.8	7.9	8.5	8.5	10.8
法国（3.09）	7.7	8.3	8.7	8.7	8.6	7.8	7.3	9.0	9.2	9.1	9.0
土耳其（3.51）	10.3	10.5	10.8	10.6	10.2	10.3	11.0	14.0	11.9	9.8	9.2

图 3-9　各国失业率变化情况（2002～2012）

资料来源：OECD Employment Databases。

首先从低就业保护国家来看，在2008年以前，样本国家的失业率基本保持在4%～8%，并且波动性较小，变化趋势比较平稳。而在2008年金融危机之后，各国的失业率急剧上升，变化幅度最大的为爱尔兰，仅2009年失业率就上升了6.5个百分点，2012年更是达到了15%；变化幅度最小的是加拿大，2009年失业率也上升了2.2个百分点。但2010年之后，除了爱尔兰的失业率受经济持续低迷[①]的影响不断升高之外，其他几个国家的失业率都呈现缓慢恢复的态势。由此可以看出，低就业保护国家的失业率受经济波动的影响十分明显，基本呈现相同的变化趋势。

从中低就业保护国家失业率的变化趋势可以看出，失业率受经济的影响同样明显，除了瑞士在2008～2009年的失业率变化较小外，其他几个国家的失业率都有所增长，但是平均增幅要小于低就业保护的国家。

再从几个中高就业保护国家的情况来看，失业率一直保持在较低的水平，介于2.5%到5.5%之间，并且变化趋势也比较平稳，即使是在经济下行阶段，失业率也保持在一个稳定的水平上，并没有像低就业保护国家那样呈现剧烈的变化趋势。从失业率方面的总体表现来看，这一组显著好于其他几个组别。

最后是高就业保护国家，从失业率变化趋势中可以看出，各国的失业率一直保持在较高的水平上，基本都保持在7%以上。另外失业率受经济波动变化并不明显，除了土耳其由于经济大幅下滑[②]失业率显著提高之外，其他几个国家都仅有小幅的增长，说明这一组失业率受经济波动的影响也是比较小。

由上述比较可以得出如下结论。

首先，适度的就业保护有利于降低失业率。从不同就业保护国

① 爱尔兰2009～2011年的GDP增长率分别为-6.99%、-0.43%和-0.70%。

② 土耳其2009年的GDP增长率为-4.83%。

家的失业表现来看，就业保护法律严格化程度与失业率之间并非简单的线性关系，无论高水平的就业保护还是低水平的就业保护都可能造成高失业率，而就业保护处于一定的水平时，才更有利于促进就业、降低失业。如果缺乏有效的就业保护，裁员和失业变得相对容易，失业率也相对较高。但这也并不意味着就业保护法律严格化程度越高，失业率就越低，这是因为如果就业保护法律过于严格，雇主会由于担心解雇限制所来的成本方面的问题而减少雇佣，从而抑制劳动力需求，造成失业率的增加。因此，只有当就业保护能够有效保护劳动者，又不至于成为雇佣方的负担，保持在适度水平的时候，才最有助于就业增长、减少失业。

其次，就业保护对就业的稳定性和灵活性有影响。分析显示，在严格的就业保护条件下，失业率受经济波动的影响较小，因此能够保持就业水平的总体稳定。这是因为，在经济繁荣期，就业保护会在一定程度上抑制就业需求；而在经济低迷期，就业保护也会限制解雇，不会造成失业的剧烈变化。相反，在就业保护法律宽松的条件下，雇主可以随时根据发展经营情况用人和裁人，因此劳动力市场上失业率与经济波动密切相关，当经济增长时会带动就业增加、失业减少，而当经济下行时会出现明显的失业现象。也正因为如此，就业保护可以作为平衡劳动力市场灵活性与稳定性的重要手段。

由上述分析可以发现一些规律，但结论可能受到分组的影响，特别是数值在分组标准附近的国家放在不同组可能出现不同的结果，为此本研究进行进一步分析，即打破分组界限，利用回归分析探索失业率与就业保护法律之间的关系。

基于前面的讨论，我们选择两个时点来分析就业保护法律对失业率的影响，以 2006 年代表经济稳定增长期，此时样本国家 GDP 增长率都比较高，平均增长率为 3.71%；以 2009 年代表经济低迷期，样本国家 GDP 增长率都有所下滑，绝大多数国家都出现了负增长，

平均增长率为 -3.78%。在两个时点分别建立回归模型，结果显示，在经济增长期（2006 年），失业率与就业保护法律之间是线性关系，如图 3-10 所示，表明宽松的就业保护法律有助于减少失业、降低失业率；而在经济低迷期（2009 年），失业率与就业保护法律之间是非线性关系，呈现 U 形分布，如图 3-11 所示，说明在这种情况下，适度的就业保护更有助于降低失业率。

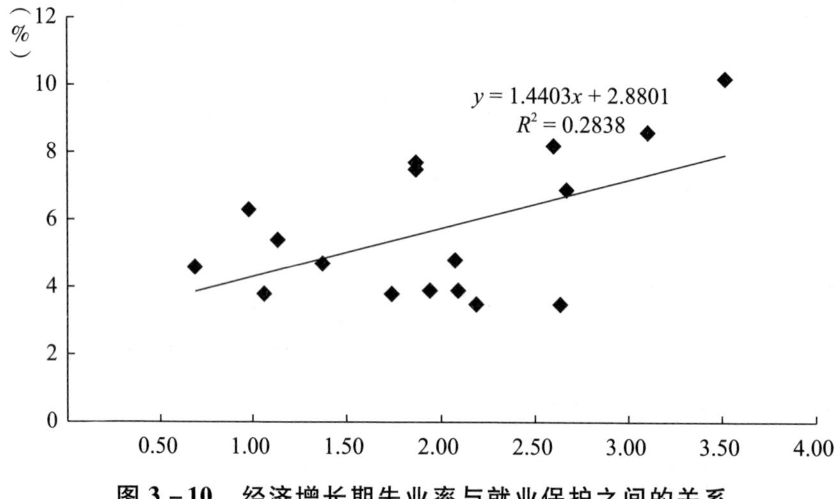

图 3-10 经济增长期失业率与就业保护之间的关系

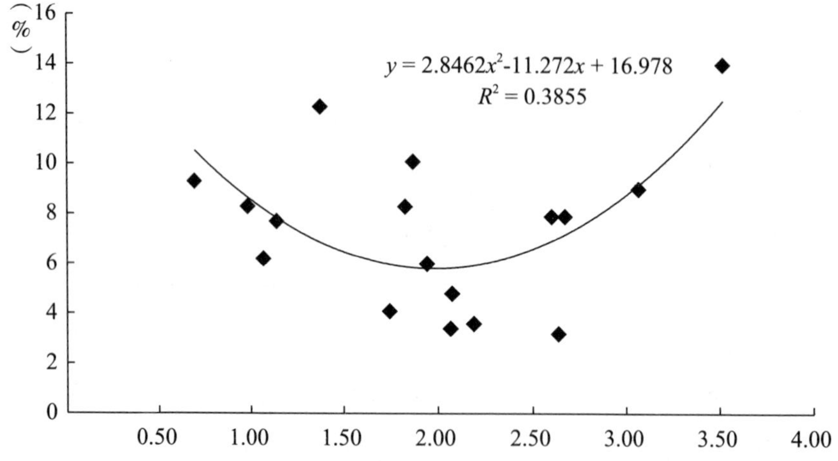

图 3-11 经济低迷期失业率与就业保护之间的关系

2. 就业保护法律与青年失业率的关系

从理论分析来看，严格的就业保护法律会更有助于保护已就业劳动者的权益，由此也会对准备就业或就业难度大的群体造成伤害。那么实际情况如何？本部分运用样本国家的青年失业率的情况来进行检验。为了使结果更具可比性，本研究利用青年失业率/总体失业率进行分析，以排除总体失业变化的影响，来观察上述两类群体失业率的变化。

从各国青年的情况来看，如表 3－4 所示，可以得出两点结论。第一，在严格的就业保护法律下，青年的失业情况更为严重。像意大利、比利时、挪威这些国家，青年失业率分别是总体失业率的 3.14、2.58 和 2.71 倍，而像美国、加拿大等国，青年失业率均为总体失业率的 2 倍左右；第二，当经济下滑时，在高就业保护的国家里，青年的失业率会增加更快，这点在 2008～2009 年的数据中体现得十分明显，青年失业率增长快于总体失业率的几个国家均为高就业保护的国家——比利时、意大利和法国。这说明，虽然这些国家总体就业率受经济变化的影响不大，但这种稳定性是以牺牲青年的就业为代价的。因为就业保护并未覆盖青年群体，故当就业机会减少时，首先伤害的便是年轻人。上述两点可以在一定程度上反映出，严格的就业保护不利于青年就业，会对青年就业产生抑制作用。

表 3－4　各国青年失业率与总体失业率的比值（2002～2012）

国家	EPL	2002	2003	2004	2005	2006	2007	2008	2009	2010	2011	2012	Mean	SD
美国	0.69	2.07	2.07	2.15	2.22	2.28	2.28	2.21	1.89	1.92	1.94	2.00	2.09	0.14
加拿大	0.98	1.78	1.80	1.86	1.82	1.86	1.87	1.90	1.83	1.85	1.92	1.99	1.86	0.06
新西兰	1.06	2.23	2.19	2.43	2.55	2.63	2.73	2.71	2.68	2.63	2.66	2.57	2.55	0.19
英国	1.13	2.16	2.35	2.32	2.60	2.56	2.68	2.66	2.47	2.47	2.53	2.66	2.50	0.16
爱尔兰	1.33	2.09	2.02	2.04	2.04	2.11	2.15	2.14	2.07	2.04	2.05	2.20	2.09	0.06

续表

国家	EPL	2002	2003	2004	2005	2006	2007	2008	2009	2010	2011	2012	Mean	SD
瑞士	1.74	1.93	2.18	1.88	2.10	2.03	2.09	2.19	2.05	1.86	2.03	2.15	2.04	0.11
匈牙利	1.83	2.14	2.27	2.50	2.66	2.55	2.43	2.52	2.42	2.38	2.37	2.58	2.46	0.16
芬兰	1.85	2.14	2.24	2.22	2.25	2.29	2.28	2.45	2.44	2.42	2.42	2.31	2.33	0.13
丹麦	1.99	1.72	1.70	1.58	1.79	1.97	1.97	2.35	1.97	1.87	1.87	1.88	1.88	0.20
荷兰	2.08	2.08	2.06	1.96	2.00	1.92	2.19	2.29	2.26	1.93	1.75	1.79	2.02	0.18
澳大利亚	2.09	1.55	1.63	1.94	1.98	1.90	1.98	2.13	2.08	2.00	1.98	2.02	1.93	0.18
韩国	2.19	2.58	2.81	2.84	2.76	2.86	2.75	2.91	2.72	2.65	2.82	2.81	2.77	0.10
挪威	2.60	2.95	2.60	2.60	2.61	2.46	2.92	2.88	2.88	2.58	2.61	2.69	2.71	0.17
比利时	2.62	2.36	2.66	2.52	2.56	2.50	2.51	2.57	2.77	2.70	2.63	2.64	2.58	0.11
意大利	2.69	2.89	2.99	2.90	3.08	3.13	3.27	3.13	3.22	3.28	3.42	3.27	3.14	0.17
法国	3.09	2.45	2.19	2.26	2.37	2.51	2.45	2.55	2.58	2.48	2.42	2.64	2.45	0.13
土耳其	3.51	1.86	1.95	1.91	1.88	1.87	1.94	1.86	1.81	1.82	1.88	1.90	1.88	0.04

资料来源：根据 OECD Employment Databases 中相关数据计算整理。

（三）我国《劳动合同法》对青年就业的影响

如前所述，《劳动合同法》的颁布实施是我国就业保护法律严格化的重要标志，我国由就业保护比较宽松的国家，变为就业保护比较严格的国家。那么就业保护法律的严格化究竟会对我国的就业及劳动力市场带来哪些影响呢？本部分利用宏观数据，比较 2008 年前后青年就业失业的变化，来分析《劳动合同法》实施对青年就业的影响。

根据统计年鉴数据，从失业人口中青年人口的占比来看，近年来该比重呈现出上升趋势，失业人员中青年人口的比重占到了 1/4 以上，并且在 2009 年以后有所上升。但是我们并不能因此判断青年失业状况变得严重，因为整个人口结构中青年人口比重也在增加，青年人口数量的增加是使其失业数量上升的一个重要原因，如图 3 - 12 所示。

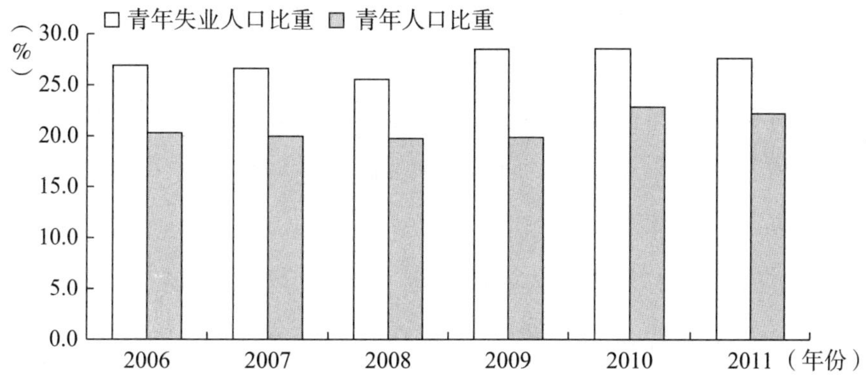

图 3-12 青年失业人口比重与青年人口比重（2006~2011）

资料来源：根据《中国人口和就业统计年鉴（2012）》中相关数据计算整理。

因此从宏观层面的数据来看，并没有明显的证据表明《劳动合同法》的实施影响了青年就业。事实上，利用现有宏观数据来判断《劳动合同法》实施后对就业的影响是有风险的，很多因素可能会影响判断的真实性。

首先，《劳动合同法》对劳动力市场的影响还没有完全体现。《劳动合同法》颁布实施的时间毕竟不长，很多影响还没有显现，或者可能只是在局部或区域范围内产生了一定的影响，而对于总体就业的影响还有待进一步观察。另外，尽管《劳动合同法》具有很高的法律效力，但是在具体执行过程中还存在不严格的情况，我们调查的企业人力资源管理人员中，有高达 47% 的人员认为所在单位是“基本遵守”或“不遵守”《劳动合同法》，说明该法案在落实的过程中还存在问题。另外还有一些企业为了规避《劳动合同法》的影响，采取了一些有针对性的应对措施，如买断工龄、变换用工方式等，也使《劳动合同法》产生的影响打了一定的折扣。

其次，高速的经济增长掩盖了对就业可能存在的抑制作用。改革开放以来，我国经济总体呈现持续高速增长的势头，30 年的平均 GDP 增长率近 10%，形成了被世人关注的“经济奇迹”。高速的经济增长能够产生更多的岗位需求，由此也必然会带动就业的增加。

尽管前面的调查显示，《劳动合同法》的出现使企业的雇佣决策更加谨慎，也会通过加强培训和延长劳动时间来替代劳动力，但是这些抑制作用与高速经济增长的促进作用相比是微不足道的。雇主作为“经济人”，会在衡量成本与收益的基础上进行决策，当然也可能会通过灵活用工、非正规用工等方式来规避有可能出现的解雇成本，但无论是何种用工方式，从就业数量上来讲，很难有所体现。

再次，临时就业人员的大量存在保证了劳动力市场的灵活性。从我国的现实情况来看，《劳动合同法》颁布实施的时间还比较短，签订无固定期限劳动合同人员的比重还比较低，大量劳动者还是以临时就业或非正规就业的形式存在，另外灵活就业人员在从业人员中也占据着较大的比重。我国目前对于临时就业人员的保护还相对薄弱，与对长期就业人员的保护形成反差，低于 OECD 国家的平均水平。因此，大量临时就业、灵活就业人员的存在，在一定程度上保证了劳动力市场的灵活性。但我们也应注意到这种分布带来的负面影响，特别是劳动力市场分割问题。

最后，《劳动合同法》产生的影响难以识别。《劳动合同法》于 2008 年实施，当时正遭遇全球性经济危机爆发，尽管我国经济依然保持了强势的增长，但是仍然对很多企业特别是出口导向型企业产生了明显的影响，由此对于整体就业和青年就业都产生了一定的冲击。2010 年以来，我国进入经济增长下行阶段，同样对就业造成一定的影响。在这种背景下，《劳动合同法》产生的影响难以识别。

尽管我们不能对《劳动合同法》在宏观层面的影响下明确的定论，但依然可以利用宏观层面数据的变化趋势，结合其他国家劳动力市场的表现，对未来可能产生的影响以及需要注意的问题进行研判。当前我国对于长期就业人员的保护程度非常高，但由于立法时间较短，这部分人员的比重并不高，而就业保护水平较低的临时就业人员以及几乎很少受保护的非正规就业人员，占有相当大的比重。

基于此可以判断，我国劳动力市场刚性和灵活性并存，现阶段以及未来较长一段时期仍然是以灵活性为主要特征。这一段时期需要重视的问题主要包括两个方面。一是非长期就业人员特别是非正规就业人员的权益保护，防止收入差距的进一步拉大导致不公平的加剧；二是青年、女性以及就业困难群体的就业问题，在经济持续增长的情况下，就业可能并不是太大的问题，但随着我国经济发展下行压力的增大，有可能给就业造成不利的影响，而其中青年、女性以及就业困难群体受到的影响会更严重。当前这些问题已经有所显现，近些年我国青年人员的就业、就业困难群体的就业以及城市失业问题都日益严峻，需要做好更加充分的准备。而随着《劳动合同法》实施时间的延长，长期就业人员比重将不断增加，但是不会达到欧洲那么高的水平，因为我国与欧洲就业保护管制采取了不同的路径，欧洲是在大量长期就业人员存在的基础上放松管制，而我国是在大量临时就业人员的基础上加强管制，企业为了规避刚性问题，会采取一定的措施限制长期就业人员比重，从而长期就业人员的总体数量也会受到限制。在这种情况下，更可能出现的是类似韩国“刚性劳动力市场”与“灵活劳动力市场”并存的状态。特别需要注意的是由此带来的劳动力市场分割的问题，特别是对临时就业人员和非正规就业人员的保护，以及青年、女性、长期失业人员以及低技能劳动者的就业问题，需要各方面采取有效措施予以应对。

第四章　青年公共就业服务的发展

一　公共就业服务体系

（一）公共就业服务发展脉络

我国的公共就业服务始于20世纪70年代末，当时的公共就业服务机构比较简单，职能也比较单一，主要是为待业人员提供一些基本的服务。直到20世纪90年代以后，国务院印发《关于做好劳动就业工作的通知》，以职业介绍、就业训练、失业保险、生产自救为“四大支柱”的就业服务体系框架初步形成。进入21世纪，我国公共就业服务获得了长足的发展，公共就业服务制度不断完善，公共就业服务体系逐渐形成。2004年，原劳动和社会保障部印发《关于加强就业服务制度化、专业化和社会化工作的通知》，要求将强化就业服务纳入各级政府职责，建立公共就业服务制度。2007年8月，我国出台了《就业促进法》，将就业上升到国家战略高度，要求把促进就业放在经济社会发展的优先位置。该法律规定，县级以上人民政府建立健全公共就业服务体系，设立公共就业服务机构，为劳动者提供服务，同时，公共就业服务经费纳入统计财政预算。这是第一次在法律层面上对政府发展公共就业服务做出规定，标志着我国公共就业服务制度框架基本确立。2008年，原人事部、劳动和社会保障部合并组建成立人力资源和社会保障部，人才市场和劳动力市场的整合工作随之被提上日程，各地开始积极推进公共就业和人才服务机构公共管理和服务的职能的整合。2009 年，人力资源和社会保障部出台了《关于进一步加强公共就业服务体系建设的指导意见》，对各地方政府的公共就业服务的机构设置、职能发挥和信息化平台建设等方面进行了规定。同年还发布了《关于推进公共就业服务信息化建设工作的指导意见》，对公共就业服务信息化工作的指导思想、基本原则、总体目标、工作任务等内容也进行了明确规定，为进一步完善我国的公共就业服务工作指明了方向。2011 年 3 月，《中华人民共和国国民经济和社会发展第十二个五年规划纲要》正式发布，指出要实施更加积极的就业政策，大力发展劳动密集型产业、服务业和小型微型企业，多渠道开发就业岗位，鼓励自主创业，促进充分就业；健全统一规范灵活的人力资源市场，为劳动者提供优质高效的就业服务。2012 年 12 月 26 日，人力资源和社会保障部、财政部联合下发《关于进一步完善公共就业服务体系有关问题的通知》，明确了公共就业服务的基本原则、服务范围及主要内容，并就加强公共就业服务体系建设、提升公共就业服务水平和健全公共就业服务经费保障机制等问题提出了相应意见。

（二）公共就业服务制度体系

随着相关政策措施的出台，我国公共就业服务体系日渐形成，目前公共就业服务制度体系主要包括以下内容。一是免费服务制度。出台了一系列促进就业、扶持就业、鼓励自主创业的优惠政策，把面向下岗失业人员、农村劳动力、外来务工人员、大中专毕业生的就业服务纳入免费公共服务的范畴。二是就业信息服务制度。开展就业政策咨询、就业信息发布等服务。三是就业与失业管理制度。全国实施了统一的就业失业登记制度，由公共就业服务机构为劳动者和用人单位免费办理就业和失业登记手续，发放统一的就业失业登记证，凭证在所有公共就业服务机构享受同样的公益性服务和扶持政策。四是就业援助制度。建立城镇零就业家庭和农村零转移家庭认定和就业援助制度，实施政策扶持、就业服务、购买岗位、技能培训、社保补贴、岗位补贴、结对帮扶等多种措施，进行动态援助。五是覆盖多类群体的专项服务制度。定期开展再就业援助月活动、春风行动、民营企业招聘周活动、高校毕业生就业援助月活动、阳光助残就业援助活动等，为就业困难人员、农民工、高校毕业生等各类困难群体提供全方位的就业援助服务。六是劳动人事档案管理制度。提供档案接收、档案保管、档案转出等服务。此外，还包括就业信息监测制度等，对劳动力市场的供求信息进行及时的监测与发布。

（三）公共就业服务机构

公共就业服务机构作为政府提供公共就业服务的载体，是直接面向求职者和用人单位的公益组织。我国公共就业服务机构主要包括两大类。一是公共就业服务管理机构，承担本地区公共就业服务规划、公共就业服务机构管理和劳动力市场管理工作。这类机构一般称为人力资源和社会保障局、就业局、就业办等，是各级政府的职能组成部门。二是公共就业服务工作机构，作为面向求职者和用人单位提供服务的综合性服务窗口，承担政策咨询、信息发布、职业介绍、职业指导、职业培训、创业服务和劳动保障事务代理等多项就业服务功能。除此之外，街道（乡镇）、社区等基层政权组织在我国公共就业服务中也具有非常重要的作用。具体设置如图 4－1 所示，具体包括：

国家级：公共就业和人才服务技术指导机构、中央单位公共就业人才服务机构、职业培训和职业技能鉴定指导中心、国家就业信息监测中心。

省级：公共就业和人才服务管理机构、就业信息监测中心、有关专业化服务机构；另外，有条件的地区建成全省统一信息系统。

市级：公共就业和人才服务管理机构，包括综合性服务场所和提供技能培训、创业服务、专家服务等的专业性服务场所；覆盖全市的就业信息监测中心。

县级：人力资源社会保障综合服务场所（含公共就业和人才服务管理机构）。

乡镇、街道、社区行政村：基层公共就业服务工作平台（含基层公共就业服务机构和服务窗口）。

省、市、县三级公共就业服务机构负责制定落实各项公共就业服务政策，统筹协调辖区内就业管理，建设公共就业服务信息系统，并承担向辖区内劳动者和用人单位提供基本公共就业服务的职责。县级以下基层公共就业服务平台负责开展以就业援助为重点的公共就业服务，落实各项就业政策，实施劳动力资源调查统计，并承担上级人力资源和社会保障行政部门安排的其他就业服务工作。

另外需要指出的是，当前我国公共就业服务机构正处于改革、整合的阶段。在人力资源和社会保障部之前，人事部门和劳动部门都有就业服务管理的职能，人事部门下属的就业服务机构多称“人才市场”，主要针对大学生和干部；劳动部门下属的就业服务机构则称为“劳动力市场”，主要针对企业职工。就业问题由两个部门管辖，使得人才市场和就业市场工作有所割裂。两部合并以后，我国政府积极推进“人才市场”和“劳动力市场”的整合。2009 年，人力资源和社会保障部印发《关于进一步加强公共就业服务体系建设的指导意见》，要求各地原县级以上人才服务和劳动力市场的各类工作机构加强整合，综合性服务机构可称为公共就业人才服务中心，方便劳动者求职就业和用人单位招聘用人。2013 年，又印发《关于

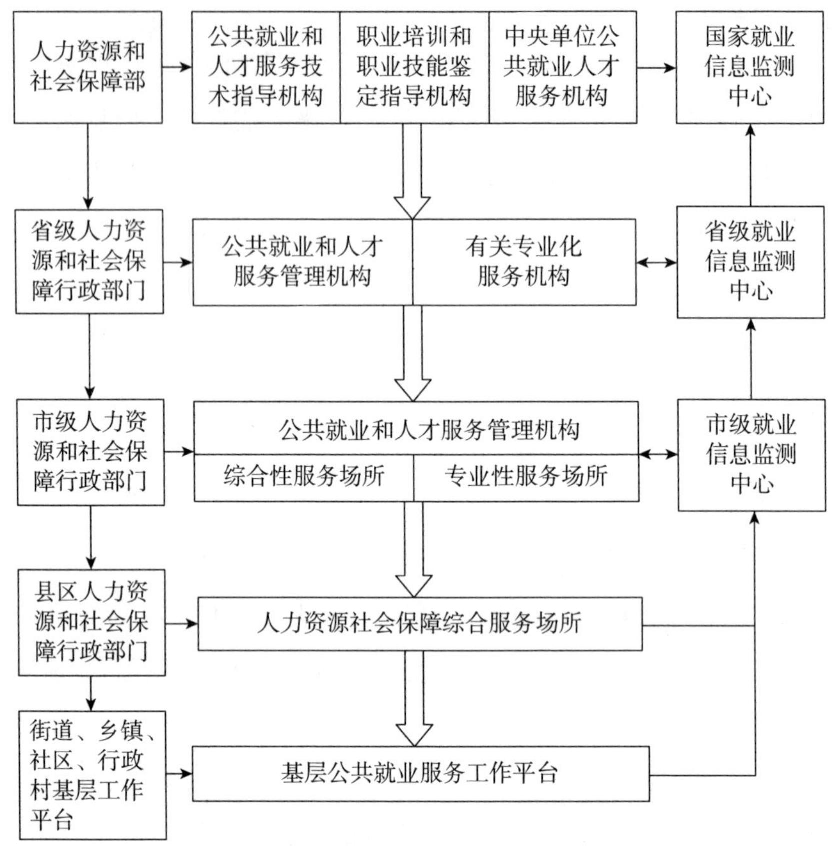

图 4－1　我国公共就业服务机构体系

资料来源：根据中国就业培训技术指导中心编写的《中美德公共就业服务比较》改编。

加快推进人力资源市场整合的意见》，要求各地加快公共就业人才服务机构的整合工作。目前，我国人力资源市场改革工作仍在进行之中，省、市两级基本实现了资源整合、业务贯通，区、县一级的整合尚未完成。另外，当前公共就业服务工作机构形式多样，包括综合性的人才服务中心、职业介绍中心、就业训练中心、就业指导中心等，职能也有待于进一步理顺。

总体来看，我国公共就业服务机构数量不断增加，惠及了更多的劳动者和用人单位，如图 4－2 所示。另外，我国基层公共就业服务平台建设不断深化。截至 2014 年，已经覆盖了 98% 的街道、96%

的乡镇和95%的社区，许多行政村聘请了专职或兼职的工作人员，构建起覆盖中央、省、市、区（县）、街道（乡镇）、社区（行政村）五级管理、六级服务的公共就业和人才服务网络，并建立起职业指导员、劳动保障协理员、职业信息分析师等工作人员队伍。[①]

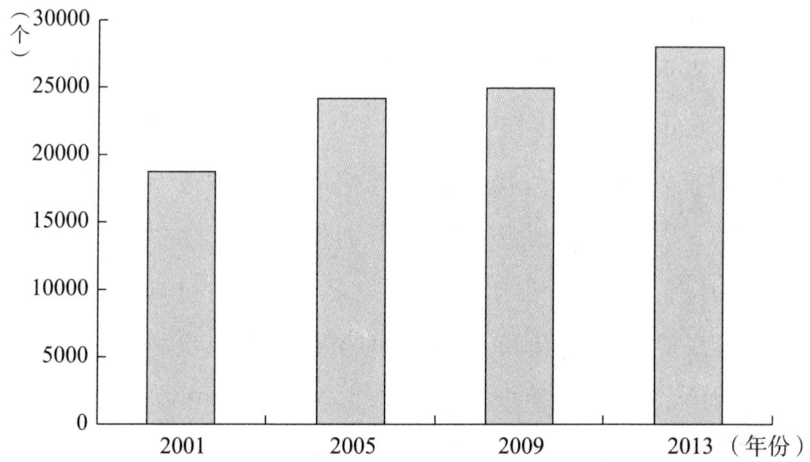

图4－2　我国公共职业机构数量变化趋势（2001～2013）

注：2009年以前为公共职业介绍服务机构的数据，2013年为公共就业与人才服务机构的数据。

资料来源：2002年、2006年、2010年《中国劳动统计年鉴》及《2013年人力资源和社会保障事业发展统计公报》。

（四）公共就业服务内容

当前，我国致力于建立城乡均等的公共就业和人才服务制度，全面落实对劳动者的免费就业服务、对就业困难人员的就业援助和对特定群体的专项就业服务，不断丰富就业服务内容，拓展服务功能，提供优质高效的就业服务。

1. 针对劳动者的服务

《就业促进法》规定，县级以上人民政府建立健全公共就业服务体系，设立公共就业服务机构，为劳动者免费提供下列服务。

① 人力资源和社会保障部：《2014年人力资源和社会保障事业发展统计公报》。

（1）就业政策咨询服务。就业政策咨询服务是公共就业服务机构的首要职能，也是市场经济条件下公共就业服务的核心业务。公共就业服务机构会采取印制宣传资料、编制业务咨询手册、开通12333客服电话和设立业务咨询岗等方式，向劳动者提供国家有关劳动保障的法律法规和政策咨询、人力资源市场状况咨询、就业再就业优惠政策咨询、劳动权益保护政策咨询、职业安全与预防指导以及社会保障政策法规宣传与咨询等服务。

（2）信息发布。公共就业服务机构应及时通过有效途径采集有关政策信息、职业供求信息、职业培训信息、人才供求信息、市场工资指导价位信息和宣传与公告等信息，同时通过新闻媒体、互联网、就业信息简报、短信等渠道及时准确发布。我国人力资源市场信息网监测中心，每个季度都会对全国各主要城市的公共就业服务机构的市场供求信息作出统计分析，以便于求职者作出正确的求职选择。其发布的内容主要包括：劳动力供求状况的地区差异、行业差异，人力资源市场的用工需求以及劳动力的求职需求等内容。除此之外，各地方政府也相继开设了公共就业服务网，建立了覆盖各层级的人力资源市场信息网监测中心，适时地发布本地区的劳动力市场供求信息，为劳动者求职提供参考。

（3）职业指导和职业介绍。职业培训和职业介绍是公共就业服务机构促进劳动者尽快获得工作岗位的最主要的途径。为了提高求职者的劳动能力，全国各地都成立了技工学校、就业训练中心和实训基地，对城乡有就业要求和培训愿望的劳动者提供职业技能培训。其内容包括：帮助劳动者了解职业状况，掌握求职方法，确定择业方向，增强择业能力；向劳动者提出培训建议，为其提供职业培训相关信息；开展对劳动者个人职业素质和特点的测试，并对其职业能力进行评价；对妇女、残疾人、少数民族人员及退役的军人等就业群体提供专门的职业指导服务；对大中专学校、职业院校、技工学校学生的职业指导工作提供咨询和服务；对准备从事个体劳动或开办私营企业的劳动者提供创业咨询服务等。

（4）对就业困难人员实施就业援助。就业困难群体作为人力资源市场的弱势群体，是政府公共就业服务机构的重点服务对象。就业援助对象包括就业困难人员和零就业家庭。街道、社区公共就业服务机构对辖区内就业援助对象进行登记，建立专门台账，实行就业援助对象动态管理和援助责任制度，提供及时、有效的就业援助；制订专门的就业援助计划，对就业困难人员和零就业家庭实施优先扶持和重点帮助；通过落实各项就业扶持政策、提供就业岗位信息、组织技能培训、拓宽公益性岗位范围、开发各类就业岗位等有针对性的就业服务和公益性岗位援助，对就业困难人员实施优先扶持和重点帮助。

公共就业服务机构会根据求职者的特点，在一定时期内为不同类型的劳动者、就业困难对象或用人单位集中组织活动，开展专项服务。如春风行动、就业援助月、民营企业招聘周、高校毕业生就业服务月等促进就业的专项活动等，具体如表 4－1 所示。

表 4－1　公共就业服务专项活动

服务项目	援助对象	活动时间
春风行动	①有转移就业意愿的农村劳动者； ②有创业愿望的农村劳动者； ③有招聘需求的各类用人单位； ④其他有就业创业意愿的劳动者。	每年 1 月到 3 月
就业援助月	①符合认定条件的就业困难人员，重点包括：失业 6 个月以上的失业人员，历年积累的未就业高校毕业生，零就业家庭、低保家庭中的登记失业人员； ②残疾登记失业人员，重点是残疾大中专毕业生、家庭贫困和一户多残家庭中的残疾人； ③被征地农民中的就业困难人员； ④本地区确定的其他重点援助对象。	每年 12 月到次年 1 月

续表

服务项目	援助对象	活动时间
民营企业招聘周	以高校毕业生为主，兼顾就业困难人员和进城务工农民。	每年5月
高校毕业生就业服务月	①有就业意愿的离校未就业高校毕业生； ②各类基层就业项目服务期满高校毕业生。	每年8月

（5）办理就业登记、失业登记等事务。该服务包括两个方面：一是为失业人员办理失业登记，并出具失业登记证明，提供就业政策咨询信息和就业援助服务等；二是为就业者办理就业登记服务，包括失业人员再就业登记、自谋职业者就业登记、灵活就业人员就业登记等。在公共就业服务机构办理登记业务，可以帮助求职者及时了解国家就业政策、劳动力市场供求信息以及获得相应的就业援助等。近年来，越来越多的失业者及时到公共就业服务机构办理登记事务，这对其重返工作岗位起到了积极的推动作用。办理就业登记的服务流程如图4－3所示。

（6）行政委托经办事项。公共服务机构还负责办理人才引进手续、经办外籍及港澳台人员就业事务、非本地户籍人员工作居住证办理、社会工作者招聘、人力资源中介人员从业资格培训、核定职业技能鉴定补贴、经办发放职业培训补贴事务、个人享受收费项目减免政策资格认定、人力资源中介机构审批、人力资源市场执法检查、制定公共就业服务规划或计划、定点培训机构认定、就业援助基地认定、青年见习基地认定等工作。

（7）人力资源社会保障事务代理服务。包括集体户口管理、代办退休、代办劳动能力鉴定申报、代办职称评定申报手续、专业技术职称初评、接转党团组织关系、办理调动手续、代办社会保险手续、代办户籍手续、转正定级、毕业生接收等。

（8）档案管理服务。包括档案接收、档案保管、开具档案管理类人事证明、办理政审手续、建立业绩档案、诚信调查、档案鉴定、档

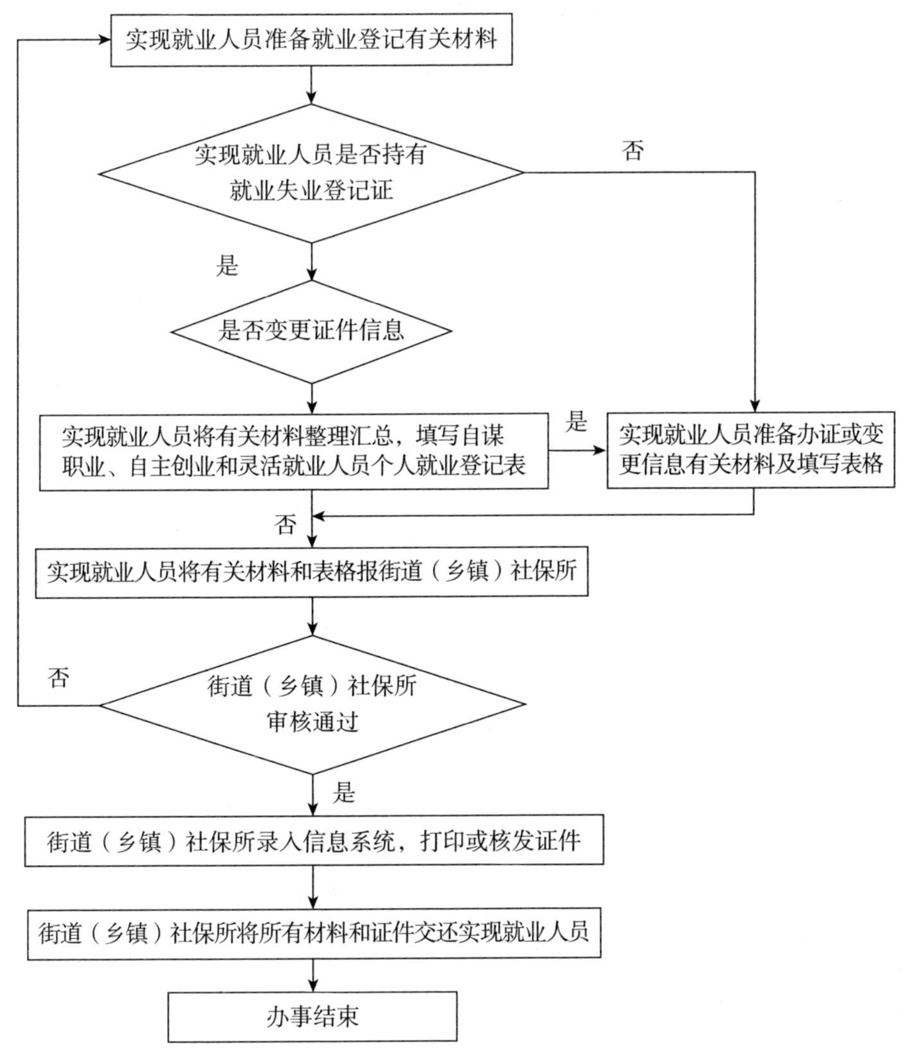

图4－3　就业登记办理流程

案转出等。

（9）其他公共就业服务。公共就业服务机构受劳动保障行政部门委托，可以组织开展促进就业的专项工作。

2. 针对用人单位的服务

除了为劳动者提供就业服务外，公共就业服务机构还为求职单位提供相关的服务，具体包括：

（1）招聘用人指导服务。一般内容包括：介绍本地区劳动市场供求状况以及相关劳动就业政策法规、协助依法确立劳动关系、提供人员职业素质选拔测评服务、帮助调整确定用人条件和招聘方式、开发新岗位等。

（2）代理招聘服务。应用人单位委托，依照其招聘条件，提供招聘、面试以及录用等“一条龙”的代理招聘服务。包括：为用人单位办理委托招聘手续、了解用人单位需求、招聘应聘人员以及为求职者提供岗前辅导等。

（3）跨地区人员招聘服务。根据本地区劳动力市场供求状况，有组织地从外地引进劳动力，以满足本地用人单位的用工需求。包括：分析本地区部分职业、行业的用工需求；与相关用人单位和劳动力资源丰富的地区的劳务派遣机构建立合作关系，组织外地劳动力到本地区就业等。

（4）企业人力资源管理咨询等专业性服务。为用人单位提供常见劳动保障法律法规、政策等方面问题的咨询指导服务，主要涉及就业和再就业优惠政策、社会保障政策等内容。

（5）劳动保障事务代理服务。如为用人单位与劳动者签订的劳动合同提供合法性、真实性、完备性的鉴证，以保障、维护劳动合同双方合法权益等。

（6）为满足用人单位需求开发的其他就业服务项目。

（五）公共就业服务资源配置

1. 财务资源

当前我国公共就业服务的经费主要依靠政府财政预算。《就业促进法》明确规定公共就业服务经费纳入同级财政预算。公共就业服务经费支出主要包括基本支出和专项支出两部分。基本支出是指公共就业服务机构为了保障其正常运转、完成日常工作任务而发生的人员经费和公用经费支出。基本支出具体内容由省级财政部门、人力资源和社会保障部门结合本地实际确定。项目支出是指公共就业服务机构为了完成特定工作任务和事业发展目标，在基本支出之外所发生的经费支出。项目支出包括大型专项就业服务活动、失业人员和就业困难人员管理服务、就业信息服务与统计监测、跨地区劳务协作、创业服务、档案管理服务，以及就业服务场所租赁、维护、修缮，设备购置，信息系统建设运行维护等支出。近年来，我国政府加大了对就业专项工作的支持力度，中央财政就业补助资金逐年增加，如图 4－4 所示。另外，各地政府也不断加大就业资金的拨付力度，有效保障了各项就业工作的开展。

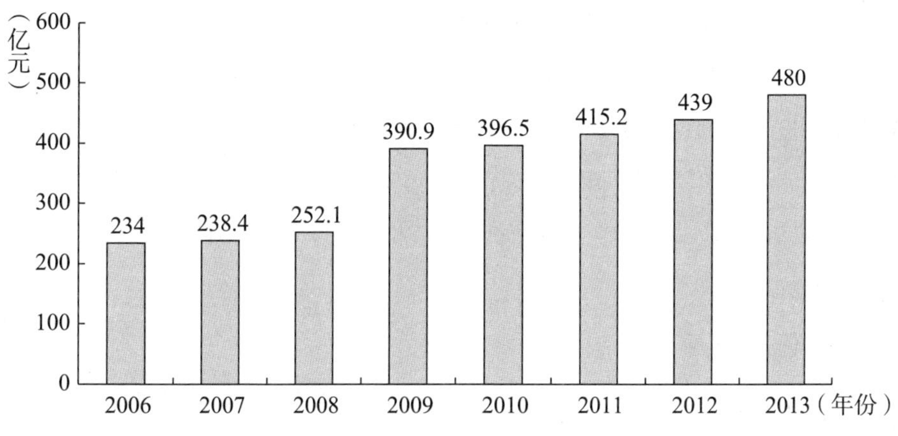

图 4－4　中央财政就业补助资金（2006～2013）

资料来源：财政部。

2. 人力资源

自我国的公共就业服务制度建立以来，公共就业服务机构就获得了持续的发展，从事公共就业服务工作的人员也不断增加。以职业介绍机构为例，从 2004 年到 2009 年，我国的职业介绍机构数量增加了近 1600 个，从事职业介绍的工作人数增加了近 1 万人，如表 4－2 所示。

表 4－2　职业介绍机构及人数情况（2004～2009）

年份	职业介绍机构数（个）	职业介绍机构人数（万人）
2004	23347	7.1
2005	24167	7.2
2006	24777	7.8
2007	24806	8.1
2008	24410	8.0
2009	24921	8.0

资料来源：《中国劳动统计年鉴（2010）》。

根据人力资源和社会保障部发布的数据，截至 2013 年底，我国共设立各类人力资源服务机构 26417 家，其中县级以上政府设立的公共就业与人才服务机构 6482 家。[①] 人力资源服务机构中有从业人员 358013 人，其中大专及以下学历 212470 人，占从业人员数量的 59.3%；本科学历 134749 人，占 37.6%；硕士及以上学历 10794 人，占 3.0%。从业人员中取得职业资格证的有 116184 人，占总量的 32.5%。[②]

3. 信息资源

随着互联网时代的来临，信息化给整个人类社会带来了深刻的变革。公共就业服务作为政府的一项重要职能，提高公共就业服务的信息化水平也是优化公共就业服务的必要举措。我国的公共就业服务信息化建设工作始于 20 世纪 90 年代的劳动力市场信息网络和人才市场信息网络建设，为公共就业服务信息化建设奠定了比较好的基础。近年来，我国政府对公共就业服务信息化工作日益重视。2009 年，人力资源和社会保障部下发了《关于推进公共就业服务信息化建设工作的指导意见》，体现出对这一工作的高度关注，并取得了显

① 统计中不包括县级以下的公共就业服务机构。

② 人力资源和社会保障部：《中国人力资源和社会保障年鉴（2014）》。

著成效。2010 年，人力资源和社会保障部成立全国就业信息监测工作领导小组及办公室，启动了全国就业监测信息系统建设工作。该系统可以实现全国就业数据的定期逐级上传、汇总和分析，对劳动者就业情况及其政策享受情况的动态管理，并通过统一门户网站发布就业政策以及劳动者的就业状况、就业政策享受情况等信息。全国就业信息监测显示，2012 年按月上报劳动者就业失业状况信息 1.6 亿人。全国公共招聘网已覆盖全国 30 个省（自治区、直辖市），每天发布 5 万家企业招聘信息 160 万条。信息化公共服务能力进一步提升，31 个省（自治区、直辖市）及新疆生产建设兵团的 319 个地市开通了 12333 电话咨询服务。

（六）公共就业服务绩效评估

自 20 世纪 90 年代起，随着我国积极就业政策的制定和贯彻落实，公共就业服务制度初步建立，公共就业服务体系基本形成，为扩大就业和维护社会稳定和谐奠定了坚实的基础。随着公共就业服务的不断发展，我国政府也开始重视对公共就业服务绩效的评估。本部分结合一些研究成果和实地调查研究，从机构设置、人力资源、信息化建设、服务水平等几个方面，对我国的公共就业服务绩效情况进行评估。

1. 机构设置情况

国家层面的高度重视和各级地方政府的积极落实，有效推动了我国公共就业服务体系的快速发展，目前我国已经建立了覆盖中央、省、市、区（县）、街道（乡镇）、社区（行政村）的五级管理、六级服务公共就业和人才服务网络，为建立覆盖更为广阔的公共就业服务体系奠定了坚实的组织保障。然而，在公共就业服务机构整合的过程中，人才服务中心、职介中心等机构有些地方实现了整合，有些地方是部分整合，还有一些地方没有整合，导致公共就业服务机构职责交叉、定位模糊，也给公共就业服务机构发展情况的统计工作带来了较大困难。

另外，受经济发展水平和政府公共品供给能力的影响，我国不同地区的公共就业服务体系建设和发展进程差距明显。东部沿海发达地区已经建立起多元主体共同参与的多层次、全方位的公共就业服务体系，并颁布了一系列措施提高公共就业服务机构的服务功能和服务效率，从而有效满足了不同社会群体的就业需求。而在西部一些欠发达地区，下岗失业人员、农民工等贫困人口群体相对较多，就业矛盾十分突出，而相关的公共就业服务体系发展滞后，难以有效促进劳动者顺利就业。从 2009 年的数据可以看出，公共职业介绍机构数量最多的省份为江苏省，达到了 3646 所，而西藏只有 22 所；在职业介绍机构人数配备方面，北京、上海等经济较发达地区的配备率为 10 人/所左右，中西部大多数省份都是 2 ~3 人/所，如表 4 -3 所示。

表 4 -3 我国各地区职业介绍机构建设及人员配备情况（2009）

地区	职业介绍机构数（所）	职业介绍机构总人数（万人）	职业介绍机构平均人员数（人/所）
全国	37123	12.6	3.40
北京	660	0.6	9.09
天津	170	0.1	5.88
河北	2212	0.7	3.16
山西	282	0.2	7.09
内蒙古	1392	0.4	2.87
辽宁	1897	0.5	2.64
吉林	1319	0.5	3.79
黑龙江	1156	0.3	2.60
上海	490	0.4	8.16
江苏	3646	1.5	4.11
浙江	2501	0.6	2.40

续表

地区	职业介绍机构数（所）	职业介绍机构总人数（万人）	职业介绍机构平均人员数（人/所）
安徽	1923	0. 6	3. 12
福建	1062	0. 3	2. 82
江西	2084	—	—
山东	2106	0. 7	3. 32
河南	1591	1. 2	7. 54
湖北	926	0. 3	3. 24
湖南	887	0. 3	3. 38
广东	1850	0. 9	4. 86
广西	360	0. 2	5. 56
海南	235	0. 1	4. 26
重庆	561	0. 2	3. 57
四川	1419	0. 4	2. 82
贵州	380	0. 1	2. 63
云南	1697	0. 4	2. 36
西藏	22	—	—
陕西	2242	0. 7	3. 12
甘肃	863	0. 2	2. 32
青海	299	0. 1	3. 34
宁夏	298	0. 1	3. 36
新疆	554	0. 2	3. 61

资料来源：根据《中国劳动统计年鉴（2010）》中相关数据计算整理。

2. 人力资源情况

近年来，我国公共就业服务机构的工作人员，无论是在数量方面，还是在素质方面，都较以往有了显著的提升，有力地提高了公共就业服务的水平。但是与之相伴的是，劳动者对于服务质量的要求也日益提高，如今的公共就业服务部门的工作职能已经不局限于传统的劳动保障事务代理和失业管理等事项，还需要从业人员具备职业介绍和指导、就业培训和就业信息管理等诸多服务技能。目前来看，就业服务特别是职业介绍和指导人员、社区劳动保障工作人员的素质亟待提高，街道（社区）平台功能发挥得还很不够，就业服务不能满足广大求职者和企业的需要，培训的质量和实效也需加强。特别是在基层的公共就业服务平台中，普遍面临着专业素质不高、正式编制少、人员待遇低等问题。有些地方虽然设置了就业服务机构部门，但与其他部门是合署办公，“一个机构、两块牌子”，没有专人从事就业服务工作，难以向失业人员提供必要的就业服务，工作质量难以保证。

3. 信息化建设情况

随着互联网时代的来临，信息技术已经成为提高管理效率、改善服务质量的重要手段。目前，我国绝大多数地市及以上地区的公共就业服务部门都建有劳动力市场信息系统或人才市场信息系统，通过信息网络和相关网站，为社会提供公共就业服务。但目前全国的公共就业服务信息化建设水平与就业工作总体要求尚有差距，存在缺乏系统规划、区域发展不均衡、业务系统不统一、网络覆盖不广泛、服务形式不便利等问题，信息化应用水平较低，就业信息平台难以满足就业服务和就业管理工作的需要。另外，由于就业服务部门之间互不联网，就业、失业人员的基本信息不能得到共享，这无论对于工作人员还是申办失业手续人员，都会造成时间的浪费和办事的低效。

4. 服务水平情况

近年来，我国公共就业服务体系的不断发展，惠及了越来越多的劳动者，我国的公共就业服务机构服务对象在数量上日益增多，如表 4 - 4 所示。登记求职人数由 2007 年的 3494 万人增长到了 2012

年的5736万人。在服务项目上也在不断拓展和完善，如积极为创业人员提供服务，通过政策咨询、财政支持等方式为创业人士积极提供支持，在2012年，服务的创业人数也达到了251万人。此外，我国的公共就业服务机构在服务质量上也获得了较大提高，职业介绍的成功人数日益增多，由2007年1980万人增长到了2012年的2592万人；城镇登记失业人员人数在2009年达到顶峰，随后出现了较大降幅。

表4－4 2007～2012年公共就业服务工作情况

年份	本期单位登记招聘人数（万人）	本期登记求职人数（万人）	城镇登记失业人员（万人）	本期创业服务人数（万人）	本期介绍成功人数（万人）	求职介绍成功率（%）
2007	3614	3494	1231	—	1980	56.7
2008	3719	3904	1473	—	2019	51.7
2009	4286	4306	1561	—	2097	48.7
2010	6754	5388	1223	211	2552	47.4
2011	7116	5125	1331	235	2367	46.2
2012	7319	5736	1344	251	2592	45.2

资料来源：根据2008～2013年《中国劳动统计年鉴》中相关数据计算整理。

但是公共就业服务能力还存在一定的不足。虽然登记的求职人数和介绍成功人数都在持续增加，然而职业介绍成功率呈现逐渐下降的趋势。求职介绍成功率由2007年的56.7%下降到了2012年的45.2%，除经济增长对就业的拉动能力减弱以及就业结构性矛盾日趋凸显等因素之外，在一定程度上也反映出当前公共就业服务与市场需求不匹配。同时公众对公共就业服务的满意度总体不高。2011年公共服务蓝皮书调查结果显示，在各项公共服务中，公众评价最低的就是“社会保障与就业”，仅为40.94分，同样反映出当前公共就业服务难以满足劳动者的需求。

二 青年公共就业服务的具体举措

青年的就业水平直接关系国家的发展与社会的稳定，近年来，我国实施了就业优先的发展战略，通过采取一系列积极、有效的就业促进措施，维护青年劳动力市场的稳定。针对高校毕业生和青年农民工两类群体，除提供就业政策咨询、就业信息发布、办理就业失业登记以及档案管理等基本公共就业服务外，还有一些专门的公共就业服务举措。一方面，通过提供就业指导、职业技能培训、求职补贴、政府创造公共就业机会等方式，提高青年群体的就业能力，维持了青年劳动力市场的稳定。另一方面，通过开展春风行动、就业援助月、民营企业招聘周和高校毕业生就业服务月等一系列专项行动，积极为青年创造就业机会。值得一提的是，促进青年群体自主创业已经成为解决青年就业问题的重要手段。政府通过创业指导与培训、创业扶持与补贴等方式为青年创造了良好的创业环境。

（一）针对高校毕业生的公共就业服务

我国的多项关于促进就业的政策文件都提到，高校毕业生是就业工作的重中之重，因此很多针对青年群体的就业促进与保障政策都是围绕高校毕业生群体而设定的。这也是当前我国青年就业政策的一个显著特点。很多地方设立了专门针对高校毕业生群体的就业服务中心、就业指导中心或创业指导中心，加强就业服务的针对性。概括起来，针对高校毕业生的公共就业服务主要包括以下内容。

1. 就业服务和就业援助

在毕业生离校前，广泛开展公共就业和人才服务进校园活动，为在校的高校毕业生提供就业指导、岗位信息、培训鉴定等服务。在毕业生离校后，深入推进实名制就业服务，摸清未就业高校毕业生的情况、底数和就业意愿，主动提供就业服务，努力提高服务质量和效率。同时，将就业困难高校毕业生纳入当地就业援助体系并提供就业援助，建立专门台账，实施“一对一”重点帮扶，并向用人单位重点推荐或通过公益性岗位安置就业。

2. 鼓励高校毕业生到城乡基层、中西部地区、艰苦边远地区就业

为有效缓解大学生就业压力，优化基层组织的人才结构，国家出台了一系列政策鼓励和引导高校毕业生到城乡基层就业，包括大学生“村官”政策、大学生志愿服务西部计划、“三支一扶”计划[①]、农村义务教育阶段学校教师特设岗位计划。同时我国从1980年开始建立了选调生制度。各地党委组织部从高等院校选拔优秀大学毕业生到基层工作，为县级以上党政机关培养高素质的工作人员，将选调生作为党政干部的后备人才。

3. 开展就业见习计划

为了促进高校毕业生就业，2009年，人力资源和社会保障部、教育部、工业和信息化部、国资委、工商总局、全国工商联和共青团中央联合下发《关于印发三年百万高校毕业生就业见习计划的通知》，决定自2009年至2011年，拓展和规范一批用人单位作为高校毕业生见习基地，用3年时间组织100万离校未就业高校毕业生参加就业见习。另外，一些地方政府实施了青年见习计划，在帮助青年从失业向就业的过渡方面，发挥了积极的作用。

4. 职业技能培训服务

一是积极开展就业技能培训。充分发挥技工院校等职业院校、公共实训基地和各类职业培训机构的作用，面向高校毕业生大力开展就业技能培训，切实提高培训的针对性和有效性。二是广泛开展岗位技能提升培训。鼓励企业结合岗位要求，按照先培训后上岗的原则，依托所属培训机构或政府认定培训机构，对新录用的高校毕

① 指大学生在毕业后到农村基层从事支农、支教、支医和扶贫工作。

业生开展以岗位基本技能为主要内容的岗前培训。三是大力开展创业培训。积极推动开展创业培训和创业实训，不断提高创业培训和创业实训的效果。四是加强培训信息引导。及时发布职业培训信息，引导高校毕业生根据市场需求和自身专业特点，结合就业、参加就业见习以及到基层服务的需要，自主选择参加适合的培训项目。五是提供职业技能鉴定服务。积极面向高校开展职业资格证书制度和就业准入制度的宣传咨询活动，引导高校毕业生积极参加职业技能鉴定，按规定取得相应的职业资格证书或专项职业能力证书。

5. 创业服务

将促进高校毕业生创业作为本地以创业带动就业工作的重要内容，将高校毕业生纳入当地创业服务体系支持范围，提供有针对性的创业指导和创业服务。一方面，开辟了大学生创业融资渠道，如实施税收优惠政策、创业担保贷款和贴息政策、税费减免政策、培训补贴政策和融资、跟踪扶持政策等政策，为大学生创业提供金融支持；另一方面，通过简化手续，加强指导，为大学生创业者提供方便快捷的优质服务。此外，还注重培养大学生的创业精神和创新思维，提高创业素质。2010 年人力资源和社会保障部在全国启动实施“大学生创业引领计划”，目标是在 2010～2012 年 3 年内引领 45 万名大学生实现创业，使有创业愿望并具备一定条件的大学生都接受创业培训，使准备创业的大学生都得到创业指导服务。

（二）针对青年农民工的公共就业服务

随着我国城镇化进程的不断加快，农村转移劳动力不断涌入城市就业已经成为我国劳动力市场的一个突出现象。解决农民工的就业问题关系到国家的发展和社会的稳定，这一问题也吸引了我国政府的高度关注。2006 年 3 月，《关于解决农民工问题的若干意见》发布，明确了做好农民工工作的指导思想、基本原则和具体措施，正式将农民工问题纳入国家发展战略。2014 年 9 月，国务院下发了《关于进一步为农民工做好服务工作的意见》，对稳定和扩大农民工就业创业、维护农民工的劳动保障权益、推动农民工逐步实现平等享受城镇基本公共服务和在城镇落户以及促进农民工社会融合等方面工作进行了部署。当前我国政府提供的公共就业服务是面向全体农民工，而不仅仅局限于青年农民工，但是有关部门已经越来越重视新生代农民工的就业问题。当前，除了基本的公共就业服务外，针对农民工群体我国还有一些特殊的政策。

1. 实施农民工职业技能提升计划

加大农民工职业培训工作力度，对农村转移就业劳动者开展就业技能培训，对农村未升学初高中毕业生开展劳动预备制培训，对在岗农民工开展岗位技能提升培训，对具备中级以上职业技能的农民工开展高技能人才培训，将农民工纳入终身职业培训体系。加强农民工职业培训工作的统筹管理，制订农民工培训综合计划，相关部门按分工组织实施。加大培训资金投入，合理确定培训补贴标准，落实职业技能鉴定补贴政策。改进培训补贴方式，重点开展订单式培训、定向培训、企业定岗培训，面向市场确定培训职业（工种），形成培训机构平等竞争、农民工自主参加培训、政府购买服务的机制。鼓励企业组织农民工进行培训，符合相关规定的，对企业给予培训补贴。鼓励大中型企业联合技工院校、职业院校建设一批农民工实训基地。将国家通用语言纳入对少数民族农民工培训范围。

2. 加快发展农村新成长劳动力职业教育

努力实现未升入普通高中、普通高等院校的农村应届初高中毕业生都能接受职业教育。全面落实中等职业教育农村学生免学费政策和家庭经济困难学生资助政策。鼓励各地根据需要改、扩建符合标准的主要面向农村招生的职业院校、技工院校，支持没有职业院校或技工院校的边远地区各市（地、州、盟）因地制宜建立主要面向农村招生的职业院校或技工院校。加强职业教育教师队伍建设，创新办学模式，提高教育质量。积极推进学历证书、职业资格证书双证书制度。

3. 完善和落实促进农民工就业创业的政策

引导农民工有序外出就业、鼓励农民工就地就近转移就业、扶持农民工返乡创业。进一步清理针对农民工就业的户籍限制等歧视性规定，保障城乡劳动者平等就业的权利。实现就业信息全国联网，为农民工提供免费的就业信息服务。完善城乡均等的公共就业服务体系，有针对性地为农民工提供政策咨询、职业指导、职业介绍等公共就业服务。加强农民工输出、输入地劳务对接，输出地可在本地农民工相对集中的输入地设立服务工作站点，输入地应给予支持。组织开展农民工就业服务“春风行动”，加强农村劳动力转移就业工作示范县建设。大力发展服务业特别是家庭服务业和中小微企业，开发适合农民工的就业岗位，建设减免收费的农贸市场和餐饮摊位，满足市民生活需求和促进农民工就业。将农民工纳入创业政策扶持范围，运用财政支持、创业投资引导和创业培训、政策性金融服务、小额担保贷款和贴息等扶持政策，促进农民工创业。

三　青年公共就业服务存在的问题与对策

（一）青年公共就业服务存在的问题

1. 公共就业服务存在制度性分割

伴随着青年身份的转变，高校毕业生接受公共就业服务的组织部门也在不断变化。在校期间主要是由教育部门负责，如许多高校都设立了专门的就业指导中心，提供就业咨询和就业指导，办理档案转移、就业协议的签发等手续；离开学校后则是由人力资源和社会保障部门负责，提供的公共就业服务包括就业登记、档案接收、职业介绍等。由于制度性的分割，对高校毕业生的统计、管理和服务等各个方面，都存在沟通不畅、协同不足的情况。公共就业服务部门之间衔接不畅，没有形成统一的服务流程，难以充分发挥公共就业服务对高校毕业生的就业促进作用。

2. 青年就业统计工作不完善

一是统计指标体系不健全。从各类数据统计结果来看，当前高校毕业生的就业统计工作还比较宽泛，主要集中于就业数量的统计，用以了解高校毕业生的就业总体情况，但是对于大学生就业分布、收入情况、就业质量等具体问题尚缺乏足够的关注。二是部分统计数据失真。现有的青年就业统计工作数据主要来源于人社部门、教育部门和高校，在实际的数据收集统计过程中，数据的真实性、可靠性等还有待验证。三是部门之间数据分享机制不畅通。人社部门和教育部门都针对青年就业情况的不同侧面进行了统计，但是统计结果的分享机制不够畅通，难以总体把握青年就业状况的全貌。青年就业统计工作的不足一方面不利于国家了解青年就业群体的潜在问题，制定具有针对性的政策、意见、办法；另一方面也不利于公共就业服务机构了解服务对象的特征，进一步优化和完善职能。

3. 公共就业服务水平有待提升

提供公共就业服务是人力资源和社会保障部门的重要工作职责，是发挥政府工作职能、维护社会和谐稳定的重要举措。调查显示，在政府提供的公共服务项目中，公共就业服务满意度偏低，公共就业服务水平还有待提升。一是公共就业服务的主动性不足。对青年等特定就业群体的需求了解不够全面，制定的就业政策效果比较有限，职业介绍成功率出现了下降趋势。二是公共就业服务的专业化程度不高。当前从事公共就业服务工作的职员不仅配备不足，而且职业化程度不高，专业化水平尚待提升。三是公共就业服务的精细化程度不够，公共就业服务促进就业的重要作用日趋凸显，但是在促进青年就业方面，服务功能还需要结合青年就业实际进一步细化。

4. 公共就业服务功能发挥有限

近年为了深入贯彻落实就业优先战略，人力资源和社会保障部会同有关部门积极采取相关举措，维护劳动力市场的稳定，并取得了显著的成效，但是在公共就业服务工作方面还存在一些局限。一是公共就业服务对青年群体的吸引力不大。虽然国家针对青年群体制定了比较完善的就业促进政策，但是实际上接受公共就业服务的对象覆盖面却比较小，主要针对一些学历较低或者就业技能缺乏的就业困难群体，诸如高校毕业生等群体则较少会通过公共就业服务途径寻找工作。二是公共就业服务促进青年就业的功能发挥有限。当前的公共就业服务工作主要集中于国家政策的贯彻落实，如开展“三支一扶”工作、进行岗位补贴等，在服务功能的完善方面尚存在不足，如如何将高校毕业生创业工作落到实处、如何向青年农民工提供均等的公共就业服务等都是亟待关注的问题。三是青年公共就业服务项目顾此失彼。当前针对青年的公共就业服务项目不断增加，但在项目的具体实施过程中，存在顾此失彼的现象，在高校毕业生、青年农民工、城市待就业人员之间未达到有效平衡。

5. 青年公共就业服务覆盖群体狭窄

随着物质文化水平的提高以及高等教育的快速发展，高校毕业生规模近年来逐步扩大。近年来，我国政府通过就业指导、创业扶持、提供公共就业工作机会等方式有效地促进高校毕业生实现顺利就业，基本保障了高校毕业生劳动力市场的稳定。然而，通过对相关的政策法规、意见、办法等进行梳理发现，我国的青年公共就业服务举措主要面向高校毕业生，对于青年农民工以及其他青年就业群体尚缺乏足够的关注。这不利于实现人力资源的优化配置，提高人力资源利用率，也会影响青年劳动力市场的稳定。

（二）提升青年公共就业服务的对策建议

我国的公共就业服务体系建设虽已逐步确立，并取得了一定的成绩，但是距离公共服务需求还有较大差距，特别在促进青年群体就业方面还亟须改进，因此需要各级人力资源和社会保障部门认清形势，采取对策，以充分发挥公共就业服务的功能，更好地促进就业。

1. 健全公共就业服务体制机制

一是加强各级公共就业服务机构资源整合。整合县级以上综合性公共就业服务机构，承担为劳动者就业求职、用人单位招聘和专业技术人员流动提供公益性就业服务的职责；继续发挥就业培训、创业服务等专业性公共就业服务实体的作用；进一步健全与加强基层服务平台，将现有街道（乡镇）劳动保障事务所进行统一与规范，由其承担基础性人力资源社会保障服务。同时可以借鉴国外做法，加强与私营机构的合作，提高服务的有效性。二是促进公共就业服务均等化。建立城乡统筹的公共就业服务体系，打破城乡就业二元分割，建立起真正统一规范的人力资源市场。三是支持落后地区公共就业服务体系的发展。加大对落后地区公共就业服务的财政投入力度，缩小地方差距，推动公共就业服务体系的全面和协调发展。

2. 完善青年公共就业服务政策体系

一是加快促进青年就业立法的步伐。在总结过去成功的政策措施的基础上，将其中一些具有长效机制的政策和措施上升为法律，以便将促进青年就业问题纳入法制化的轨道，建立起法制化、规范化和科学化的管理体制。二是完善专项服务制度建设。在继续稳妥开展春风行动、就业援助月、民营企业招聘周等专项活动的基础上，深入分析、了解青年就业群体的就业需求，提供更具针对性的就业促进服务。三是注重青年群体就业能力的提升。加强针对广大青年的就业培训和指导，提高培训学校的质量和水平，为接受过培训的青年提供更广阔的空间和更多的机会。四是提升就业援助制度效果。重点依托基层服务平台，大力开发公益性岗位，落实扶持政策，及时为各类就业困难人员提供岗位援助。五是鼓励青年自主创业。通过高校创业教育、创业咨询与服务、税收减免等方式，营造良好的创业环境。

3. 加强青年就业调查统计工作

对青年就业情况进行系统规范的统计调查，对于了解青年劳动力市场的供求情况具有重要意义，也是国家进一步制定相应的就业政策的重要参考。当前我国的青年就业统计工作并不健全，有必要从以下方面进行改进。一是完善青年就业统计工作的指标体系。除就业数量等常规统计指标外，还可引入青年就业地域倾向、青年就业薪资要求等指标，以充分了解青年就业需求。二是加强就业信息系统建设。加强基础建设，提高公共就业服务的自助程度，注重公共就业服务信息平台设计，强化服务导向。三是加强部门间数据的共享。加强人社部门、教育部门的沟通协调机制建设，积极促进部门之间的数据共享，系统、全面地把握青年就业的实际情况。

4. 健全部门之间的沟通协调机制

缓解大学生就业的巨大压力和困境，提升大学生就业能力是一个系统工程，需要国家、高校、企业和毕业生各尽其责、共同努力。一是完善政府部门间的沟通协调机制。人社部门、教育部门在明确自身职责、各司其职的基础上，应加强上下级之间、跨部门之间的沟通和协作，通过建立健全体制机制创造协同效应。二是加强政府、高校、企业间的合作。政府应积极推动高等教育改革，完善有关法律法规，为大学生创造公平的就业环境；高校在课程设计中明确设定要培养的核心能力及指标，适度引入兼职教师，强化就业服务工作，提高就业服务人员的专业化程度；企业推动科学的人力资源管理发展，强化基础设施和平台建设，配合学校课程，为学生提供实习机会，协助学校评估其课程设计与教学内容是否符合产业发展与就业需求。

5. 提升青年公共就业服务水平

一是继续加大对公共就业服务的投入力度。在确立公共就业服务专项经费制度的基础上，各级政府应继续加大公共就业服务投入，为公共就业服务功能的发挥奠定坚实的物质基础。二是加强公共就业服务人才队伍建设。完善从业人员职业资格制度，加速从业人员的专业化、职业化进程。同时加大从业人员教育培训力度，加强从业人员职业能力建设。三是提升公共就业服务精细化水平。在现有基本公共就业服务功能的基础上，深入了解青年群体的职业需求，提高公共就业服务的针对性和有效性。四是加强公共就业服务宣传工作。针对高校毕业生较少利用公共就业服务解决就业问题这一现实情况，各级相关部门应加强政府公共就业服务的宣传工作，增强公共就业服务的吸引力。

第五章　需求导向的大学生职业指导体系

一　职业指导及其作用

（一）职业指导的界定

职业指导最早出现于 19 世纪末 20 世纪初的美国，经过近百年的发展，无论是理论体系还是实践方法，都日趋成熟，对于帮助劳动者求职就业、职业发展都具有非常积极的意义。职业指导发展到今天，其概念内涵不断扩展，由最早以实现就业为目标的指导，发展为对整个职业生涯的关注。具体而言，职业指导是指围绕职业发展的整个过程，为劳动者提供的关于求职、就业、职业发展、创业等方面的指导、辅导以及咨询等服务。随着职业指导内涵的不断丰富，职业指导的概念已经超越了就业指导，被赋予了更加广泛的含义，具体包括职业意识开发、职业诊断、职业生涯规划、职业咨询等。而对于大学生群体而言，职业指导更侧重于就业指导，以及与之相关的一些职业指导功能。具体而言，针对大学生群体的职业指导可以从以下几个方面来理解。

首先，职业指导是一个教育过程。职业指导不是暂时的、一次性的，而是个长期的、持续性的过程，其通过多种方法、手段和形式，从大学生入学甚至更早的时候就应该开始，使大学生了解自己、了解专业、了解职业、了解社会，为从学校顺利进入职场搭建好桥梁。

其次，职业指导的目标是让学生学会设计、学会选择，实现人岗之间的科学匹配。职业指导不同于就业指导，其目标不应仅限于帮助学生实现就业，而应该帮助其有一个清晰的职业发展规划，做好职业选择、职业适应、职业发展等一系列的活动。

再次，职业指导的内容是培养学生的职业意识、职业道德以及职业素质等，除了提供专业知识方面的教育外，还应该让学生认识职业、了解职业，培养对职业的兴趣，树立正确的择业观念，对未来的职业生涯发展进行规划。

最后，职业指导要为学生提供就业咨询和服务。除了职业方面的教育外，职业指导应该为需要就业的大学生提供就业咨询和服务，帮助学生了解社会的就业形势与就业状况，了解社会对于人才的需求，掌握有关就业的法规政策，根据市场对人才的需求，帮助有就业意愿的学生掌握求职技能，顺利实现就业。

基于此，根据大学生职业指导的内涵，可以判定职业指导通常包括就业信息发布、就业形势分析、政策法规咨询、求职技巧辅导、职业生涯教育以及创业培训指导等方面的内容。

（二）职业指导的作用

职业指导作为促进大学生群体就业的重要手段，经过多年的发展，已被世界很多国家所采用，特别是在结构性矛盾比较突出的情况下，职业指导对大学生就业具有非常积极的促进作用。具体而言，职业指导的作用包括以下几个方面。

1. 有助于大学生做好职业生涯规划

大学生进入高校以后，对职业、对社会都缺乏相应的了解，而通过有效的职业指导，能够帮助大学生提前做好职业生涯规划。具体而言，职业指导一方面能够帮助大学生认识自己的兴趣、能力以及价值观，正确地进行自我评价；另一方面帮助其了解社会，了解职业需求，确定自己的职业兴趣，并为之付诸努力。职业指导在供需双方之间搭建了桥梁，使人岗实现有效的匹配。而这一过程不仅限于求职过程，而是贯穿整个职业生涯的始终，使大学生有意识地了解职业、适应职业，并获得良好的职业发展。

2. 有助于大学生明确发展方向

尽管很多大学生经过学校的培养和教育，掌握了一定的专业知识，拥有了一定的能力、素质，但对于就业仍然很迷茫，主要原因是缺乏对职业的了解和规划。职业指导能够帮助大学生掌握职业定位的方法，通过职业测评手段，发现自己的兴趣所在，了解自己的专业能力，并以此为基础，进一步确定自己的发展方向，从而使大学生读书期间乃至工作以后可以沿着自己计划的方向不断前进，还可以及时根据现实条件的变化，不断调整目标，找到真正适合自己的职业定位。职业目标为大学生为职业发展提供最大的动力，而有效的职业指导能够帮助这一目标尽早实现。

3. 帮助大学生树立正确的职业观

高校扩招以来，高校毕业生人数不断增长，高等教育逐步由精英化迈向大众化，这也就意味着大学生的择业观也要随之转变，让更多受过高等教育的人进入普通劳动者的行列。但很多人在思想上仍然没有适应这种转变，越是人才饱和的大城市，前去择业的人员就越多，而其他一些人才稀缺的地区又很难招到人。职业指导不仅仅是为了帮助学生找到一份工作，更是大学生思想政治教育的有力武器，它有助于引导学生形成正确的择业观。有效的职业指导，能够帮助大学生认清就业形势，把自己的发展目标同社会职业发展的需要结合起来，从而以社会需求为导向，树立正确的择业观，避免出现眼高手低的情况。

4. 帮助大学生顺利实现就业

职业指导虽然具备了很多功能，但其核心目标还是帮助大学生顺利实现就业。为了实现这一目标，职业指导可以从以下几个方面进行：一是为大学生提供就业信息，就业指导机构通过归纳、整理就业信息，并将其提供给大学生群体，使大学生能够快捷地获得就业资讯，扩大择业面；二是进行求职技能方面的指导，教会大学生撰写求职信、制作简历、进行面试准备、学习职业礼仪等，通过这些，能够增强大学生的求职能力，使其在求职过程中通过优秀的表现提高求职的成功率；三是心理教育和辅导，帮助学生提升在面临人生抉择以及挫折、压力时的心理承受能力，克服各方面的障碍，学会自我调适，以健康的心态走向工作岗位。

5. 维护大学生群体的合法权益

很多大学生群体因为对社会、对用人单位不了解，不熟悉相关就业政策和法律法规，在求职就业的过程中合法权益被侵犯，产生了恶劣的影响。而职业指导可以向大学生群体宣传有关就业政策和法律法规，使其了解自己所应享有的合法权益，在遇到正当权益被侵害或遭遇不公平待遇时，可以运用法律武器保护自己，实现更高质量的就业。

二 国外大学生职业指导实践及启示

国外开展职业指导的时间较早，美国、英国、德国、日本等国家都开展了卓有成效的职业指导实践，并形成了各具特色的大学生职业指导体系。本部分通过对上述国家大学生职业指导实践的梳理，为我国大学生职业指导提供借鉴。

（一）美国的大学生职业指导

美国是最早开展职业指导的国家，最初职业指导的对象主要是

“二战”的退伍军人，后来逐步扩展到大学生群体。发展到今天，美国已经形成了比较成熟的大学生职业指导体系，除了学校，还有政府、社会组织、社会企业、私营机构等各方力量的积极参与。各方各司其职，对促进大学生就业、择业起到了积极的指导作用。

1. 政府在大学生职业指导中的作用

美国政府虽然没有设立专门部门开展大学生职业指导工作，但是其作用不容忽视。在美国政府机构中，教育部门和劳动部门与大学生就业息息相关，在职业指导体系中发挥了一定的作用。联邦教育部设有指导与人事服务司，其职能是在各州或各部门之间进行关于大学生职业指导方面的协调工作；劳工部主管就业，主要职能是开发就业渠道、出台就业政策、统计和发布就业信息。联邦教育部下设职业和成人教育办公室，主要负责职业技术教育、成人教育等方面的工作。职业和成人教育办公室与劳工部有关部门有合作关系，共同负责“从学校到工作计划”，这一计划对大学毕业生从学校到工作的转换具有积极的作用，而职业指导在这一计划中也占有非常重要的地位（乔颖，2011）。另外，美国劳工部建立了就业预测系统，其下设统计局和就业规划办公室，各州政府设有就业发展局，具体负责推进此项工作。他们收集美国就业市场的就业、职业供求状况及职业对技能的要求等数据，对相关数据进行分析和预测，并向社会发布，供大学生群体参考，为就业指引方向，同时指导学校的课程设置，有助于学校进行专业调整。他们根据就业预测数据撰写的《岗位需求手册》很受欢迎，被誉为就业“圣经”，美国大学生几乎人手一册，很多高校也将之作为学生就业和求职的指导用书（邓宏宝，2011）。因此，政府在大学生职业指导体系中起到了宏观引领作用，通过让大学生掌握充分的就业信息，为其进行有效的职业决策提供切实的帮助，以使其走上合适的岗位。

2. 高校在大学生职业指导中的作用

美国高校在大学生职业指导中处于核心地位，是职业指导工作的主要实施者。在美国，几乎所有高校都设立了专门的职业指导机构，职业指导体系非常健全。概括起来，美国高校中的职业指导体系具有以下特点。一是职业指导资金充足。据统计，学校一般会将学费总额的5%拨付给职业指导机构，约占职业指导活动经费的60%，其余部分来自社会的资助（宋晓宗，2011）。充足的办公经费为高效的职业指导奠定了良好的基础。二是职业指导机构设施完善。职业指导中心设有多个职能部门，有的负责职业指导，有的负责职业心理咨询，有的负责联系实习，还有的负责其他职业指导工作，职业指导的内容非常丰富。三是职业指导人员专业。美国对从事职业指导的专业人员要求很高，首先要有专业背景，一般要求为心理学、教育学或管理学专业，硕士及以上学历；其次要取得职业指导职业资格证书；最后还要具有相关工作经验，能够给予学生实践方面的建议（邓宏宝，2011）。四是师资力量也比较雄厚，职业指导人员与学生的平均比例在1∶200左右，这样便于更有针对性地提供职业指导，保证了职业指导工作的有效开展（杨怀祥，2010）。五是职业指导课程科学。在美国的高校中，就业指导机构为学生提供不同类型的就业指导课程，并将一些课程设为必修课程。为了确保教学质量，就业指导课程一般由专业的就业指导人员或职业生涯教育专家担任讲师，专业性较强。

美国高校职业指导工作从学生一入校就开始，并贯穿整个大学生涯，而且每个阶段所开展的指导都非常有针对性。第一年，学生便要接受职业方面的启蒙，初步接触和了解市场需求，从而形成基本的职业理念和对职业的初步认识；第二年职业指导的重点工作在于激发大学生的职业意识，通过一定的测评手段，学生可以进一步发现和了解自己的性格、兴趣和专长，从而逐步明确职业的方向；第三年职业指导开始更加面向就业，重点在于职业能力的开发，会组织一些社会实践活动，让学生对就业有更加直观的感受；第四年的职业指导则是要把学生推向就业岗位，重点开展一些求职技巧方面的训练，如撰写求职信、设计简历、面试注意事项等，使学生求职更加自信。可以看出，美国高校对于大学生的职业指导是全过程的，并且是循序渐进的，对于培养学生就业能力、顺利走向就业岗位起到了很好的作用。

职业指导的内容主要包括以下几个方面：①职业测评，包括职业兴趣、职业心理、职业能力等，以了解大学生的个性心理倾向，进而分析学生的职业兴趣、职业意向以及职业匹配度等；②职业发展前景，根据劳工部发布的《岗位需求手册》，结合学生的专业、兴趣及能力，帮助其分析和预测职业发展的前景，更好地进行职业定位；③职业生涯规划，帮助其树立职业生涯的概念，通过对相关因素进行分析，引导学生选择适合自己的职业发展目标；④求职指导，主要是针对毕业生，具体内容包括搜集就业信息、组织招聘会、开展求职技巧的培训等，帮助大学生提高求职成功率；⑤创业指导，针对有创业意愿的大学生群体，通过课堂讲授、创业指导等方式，培养学生的创业意识和企业家精神。

3．社会机构在大学生职业指导中的作用

在美国，支持和服务职业指导的社会机构数不胜数，既有一些行业协会，也有一些私人指导机构，在大学生职业指导体系中也发挥着重要作用。比较知名的行业协会包括职业技术教育协会、国家职业发展协会、美国就业咨询协会等。这些机构独立于政府之外，从不同方面，对大学生进行职业指导，有的机构由职业指导专家组成，主要活动内容是开展职业指导方面的学术研究与交流；有的机构主要为政策服务，提供关于教育立法和政策方面的服务；还有的由特定人群组成，主要是大学校长和中学校长，经常性地开展职业指导方面的交流。可以看出，这些机构的服务内容和形式多种多样，为美国学生职业指导工作的顺利进行和有效开展做着不同的努力

（王惠燕、卢峰，2011）。其中值得一提的是全美高校和雇主协会（NACE），该协会吸收了大量高校和用人单位为会员，通过网络和书刊等途径向会员提供就业信息，同时通过对相关信息的分析和预测，为学生的自主择业和用人单位制订合理的招聘计划提供参考，提高人岗的匹配度（唐黎标，2015）。另外，美国的社区和企业素有参与职业教育的传统，一方面与学校合作，实施"工学结合"的技能教育，为企业培养和选拔所需人才；另一方面配合学校的职业指导工作，通过提供实践、锻炼的机会，使学生获得实地的职业体验。

（二）英国的大学生职业指导

1. 政府在大学生职业指导中的作用

英国政府非常关注教育与就业相结合，对大学生的职业指导也很重视，从其教育部门与就业部门分离与融合的变化中可见一斑。20 世纪 90 年代初，如何使学校培养的人才更好地适应社会现实要求，成为英国教育面临的一个重要问题。英国政府意识到应该将教育与学生未来就业联系起来，将学校教育的输入与输出作为一个整体来加以统筹考量（曾铁，1999）。基于此，英国政府进行了机构的改革。1995 年 6 月，英国政府宣布将教育部和就业部合并，成立教育与就业部，由一个部门统筹管理教育和就业工作。2001 年 6 月，英国大选之后，工党政府又将教育与就业部更名为教育与技能部，这里的技能涵盖的范围更广，除了在学校里掌握的学术性技能外，还包括就业乃至生活的方方面面。2007 年，时任首相的布朗又将教育与技能部拆分为两个部门，一个是儿童、学校和家庭部，另一个是创新、大学和技能部（杨光富，2009）。2013 年，创新、大学和技能部与工商企业管理改革部合并，成立商业、创新与技能部，鼓励大学生在积极就业的同时，进行创新创业。尽管英国的机构不断调整，但是对于大学生从校园到工作的全过程管理理念一直没有改变，并且重视程度越来越高。在具体的职业指导工作中，英国政府在全国每个区都设立了职业介绍中心，主要职责是收集、统计企业用工需求，将这些信息归纳整理后，传递给注册登记的求职者。但由于英国大学生就业服务体系中一直以高校就业指导中心为主，因此职业介绍中心在大学生职业指导中发挥的功能比较有限。

2. 高校在大学生职业指导中的作用

与美国一样，英国高校在大学生就业服务体系中占据了主导地位，设立了专门的职业指导中心，对学生进行专门的就业咨询和职业指导工作。在英国，职业指导工作一般都是由校一级指导中心完成，院系内没有职业指导人员。职业指导中心的工作人员主要包括职业顾问和信息职员，都具有较高的专业化水平（周波、王方，2009）。职业顾问往往具有教育学、心理学或管理学的学科背景，并且很多具有大型企业或相关部门的人力资源管理从业经历，其是既有理论背景又有实践经历的人员，能够为学生提供理论和实践两方面的指导（周红、夏义堃，2006）。信息职员则主要从事就业信息导航服务和资料编辑整理出版工作，也有一定的专业性要求。职业指导人员之间分工明确，按照不同的背景和特长，各自分管特定学院和专业的学生，使职业指导更有针对性。在职业资格方面，尽管政府没有强制要求职业资格准入，但职业指导人员一般都获得了职业指导和职业教育方面的职业资格认证。但是，职业指导人员很少主动对学生进行指导，大都是针对有需求的学生，指导与服务的形式和内容也基本都是按计划进行。

英国高校职业指导的内容比较丰富，涉及职业介绍、就业形势、职业测评、职业发展、择业等多个方面。职业指导的手段也较为多样化，主要有报告、讲座、咨询服务以及心理测试等。另外，随着信息化的发展，计算机技术在英国大学生职业指导过程中得到了广泛的应用，提高了职业指导的效率。

英国除由专职人员从事职业指导服务外，还强调职业指导的全员参与，职业指导中心定期召开会议，向各学院院长通报就业进展，根据就业情况调整专业发展的规模与方向。另外，导师制是英国的高校职业指导体系中的一大特色，每个学生在入学后都会被安排一位专业教师作为导师，导师负责学习、生活以及就业等各个方面的指导，这种一对一的职业指导收到了很好的效果（周波、王方，2009）。

除了基本的职业指导外，英国高校还非常重视对大学生就业问题的研究，形成了《关于就业力的国际视角》、《本科课程与就业力》等具有指导意义的研究成果。另外，英国高校鼓励学生在大学学习阶段参与工作实践，为其提供很多的实习机会，以增加工作经验，增强对社会的适应能力。

3. 社会机构在大学生职业指导中的作用

英国各类就业协会、就业基金会，在大学生职业指导中也发挥着重要作用。与政府和高校相比，社会机构的独立性较强，可以完全根据市场需求开展职业指导（岳军，2012）。尽管其服务内容与高校职业指导中心有相近之处，但往往更加专注于某领域，指导开展得更加深入、更加专业化。很多开展职业指导的社会机构属于非营利性组织，其经费主要来自政府，政府通过直接经费支持、购买服务、税收优惠等方式，支持这些机构的发展。这些机构是政府联系社会各方面的桥梁和纽带，在大学生就业服务体系中发挥着重要的补充作用。

（三）德国的大学生职业指导

德国大学生职业指导体系已实现高度社会化，具体体现为：以政府部门为主导，学校、企业、中介机构等共同参与。其中“慕尼黑就业模式”是德国促进大学生就业的优秀实践。它是将大学教育和就业市场相连接的一种就业服务模式，主要解决大学教育如何与快速变化的就业市场需求相适应的问题，这一模式已在德国乃至欧洲范围内推广。“慕尼黑就业模式”具有以下几个特点：一是政府、大学和企业全面合作，通过工作互助、资源共享、信息互通，共同促进大学生就业；二是在大学里设立专门的部门，负责学生专业能力以外的其他能力的培训，如社交能力、工作能力、计算机应用能力以及影响能力等；三是企业为大学生提供实习的场所，提高大学生的实践能力（朱红，2002）。

1. 政府在大学生职业指导中的作用

德国政府对大学生的就业问题十分关注。在德国大学生就业服务体系中，政府占有主导地位，劳动部门有法定义务提供职业指导，联邦劳动总署是负责职业指导的主要部门，地方劳动局负责具体工作的执行。《社会法律集Ⅲ——劳动促进》对职业指导作出了规定，职业指导的目标是帮助青年人实现从学校到工作、从高等教育到职业岗位的转换，促进教育培训目标的实现，通过职业指导的方式，帮助个人尽可能早地发展和形成职业选择的能力。联邦劳动总署的职业指导包括提供有关选择职业或学业的课程以及劳动力市场信息，同时包括一种评估职业倾向的工具。职业指导以介绍从学校到工作的信息为基础，为个人职业规划和培训市场提供服务。地方劳动部门所从事的职业指导咨询主要是提供职业导向、个别职业指导咨询、培训介绍和职业教育促进（赵志强，2008）。

在德国，政府部门职业指导和咨询员选拔考试的竞争十分激烈，招录比约为10∶1（朱乃新，2006）。成为职业指导和咨询员主要有两种途径。一种途径是学生在高中毕业后参加“双元制”培训两年，在初级职业指导岗位工作满两年后，向劳动部门提出申请，经考察后与劳动部门签订协议，再到联邦性质管理高等学院进行三年的专业培养和训练，考试合格获得职业咨询与指导专业学历证书之后，便具有了作为初级职业指导师的资格。另一条途径是学生进入大学学习管理类专业，并有两年以上在劳动局的工作经历，经过职业指导课程的培训，考试合格后，可以获得职业指导师的资格，但这类学生只有结业证书，没有学历证书。职业指导和咨询员的资格考试比较难，如果没有从事过真正的职业指导实践工作，是很难通过的（李强，2006）。由此可见，德国对从事职业指导人员的选拔非常严格，既要有理论方面的考核，还需要有实践经验作支撑，这也确保了职业指导工作的专业化。

2. 高校在大学生职业指导中的作用

德国高校虽然是自主办学，倡导学生自主择业，但也十分重视职业指导，注重对学生的就业实践能力的培养。《高等教育框架法》规定，高校有责任为学生和学业申请者开设如何选择学业的课程，并全程以补充指导的形式为他们提供支持。另外，德国的高校还把职业指导和州考试结合起来，强化职业指导的作用。在德国，大多数大学和一些高职院校已经成立了职业指导中心，但是总体而言职能比较薄弱。高校的职业指导一般采取校外指导与校内指导相结合的方式，帮助毕业生顺利实现就业。校内实施的职业指导的主要内容包括：对刚入学的学生提供咨询和指导；帮助学生进行职业目标设计，使其在校期间有目标地进行学习，根据目标有步骤地提高就业能力；为学生安排实习工作岗位，使其能够通过实际工作的锻炼，获取就业技能以及其他综合职业能力；开设求职技巧、就业技能、职业测试等课程，全方位提高学生捕捉、获取就业机会能力（武晓红、李自维，2015）。

3. 社会机构在大学生职业指导中的作用

1994 年以前，德国职业指导市场全部被政府部门垄断，随着《社会法律集Ⅲ——劳动促进》代替了之前的《劳动促进法》，联邦劳动总署职业指导的垄断地位被打破，职业指导市场开始向私人企业开放（赵志强，2008）。私人职业指导机构的运营需要经联邦劳动总署的批准注册，大多数属于营利性机构，但一般只是面向企业一方收费，是求职者与用人单位之间联系的桥梁。私人职业指导机构具有较强的优势，主要体现在服务的范围广、针对性强、服务更加专业，有效地弥补了政府及高校职业指导服务的不足。而为确保职业指导市场的规范性，德国教育和职业指导委员会成立了职业指导注册处。提供职业指导咨询的私人机构需要到职业指导注册处登记注册，职业指导从业人员需要证明自己已经完成相关的高等教育，拥有职业指导的丰富经验，并要定期参加培训和接受监督。职业指导机构需要符合国家和国际的质量标准。每隔四年，职业指导注册处会重新审查标准执行情况，决定是否继续授予资格证书。除了私人的职业指导机构外，德国企业积极主动地配合高校大学生的就业工作，具有较强的社会责任意识。企业会定期向相关部门提供企业就业信息，并向学校投资和制订学生培训计划，主动为大学生提供顶岗带薪的实习岗位。

（四）日本的大学生职业指导

在日本的大学生就业体系中，从政府、学校到整个社会，都非常重视高校毕业生的就业服务与指导工作，并建立起了一套完善的促进大学生就业的体系和机制，形成了完整的职业指导体系。

1. 政府在大学生职业指导中的作用

在日本，作为教育主管部门，文部科学省尽管没有安排大学生就业的责任，也没有专门管理大学生就业的机构，但是对大学生就业问题也非常关注。2002 年，文部科学省发布了《大学学生生活的充实方针和政策》的报告，要求高校不断改进教育的内容和方法，积极培养学生的职业观和职业意识，建立和完善学校内部的就业指导体系，对学生实施一对一的细致的就业指导。厚生劳动省负责全社会就业和劳动问题，大学生职业指导也是其中一项非常重要的工作，具体包括职业指导体制建设、就业信息的发布、毕业生信息统计、职业介绍与指导服务等（陈瑞武、曲铁华，2005）。厚生劳动省在东京设立了学生职业综合支援中心，在其他中心城市也设立了学生职业中心，在各县（府）所在地设立了职业咨询室，提供具体的职业指导服务。公共职业安定所是厚生劳动省的派出基层单位，承担着具体的职业介绍、职业指导等工作，其中大学生是其重要的服务对象。

2. 高校在大学生职业指导中的作用

与美国、英国一样，日本的高校是大学生职业指导的主体，但是与美、英两个国家相比，职业指导的基础相对薄弱。日本高校大都设立了专门的职业指导机构，90%以上设立了校级机构，40%以上在院（系）级开展职业指导（陈瑞武、曲铁华，2005）。在日本，不同高校对于职业指导的重视程度不同。比较来看，就业率较差的学校会更重视职业指导，因此私立大学会更重视大学生的职业指导工作。日本高校对职业指导人员的专业化程度要求很高，从事职业指导的人员既要具备一定的专业背景，也要有一定的实际工作经验。

为了提高毕业生的应聘成功率，日本一些高校开展了职业测评，利用各种职业测评工具对学生进行职业方面的评估，包括价值观、职业心理、职业能力等。通过有效的测评，学生会对自己有一个更加全面的了解，择业更加有的放矢。为了提升大学生的求职能力，职业指导机构会运用情境模拟的方式来对学生进行训练，提升其参加求职面试的能力。针对毕业后未能顺利就业的高校毕业生，高校会联合政府部门开展以提高就业技能为主要目的的培训。这类培训针对性较强，并且不收取任何费用。另外，日本的职业指导还注重不同学生之间的差异，根据不同学生的特点和就业需求，提供差异化的职业指导服务。除此之外，高校还注重加强与用人单位之间的联系，建立校企合作机制，积极拓展就业渠道。一些学校还设有就业资料室，收集了大量用人单位的信息，并按地区、行业和年份分类整理摆放，以方便学生查阅参考，其他与就业相关的报纸、杂志、书籍也很丰富，学生足不出户就可以找到自己想要的资料。还有很多学校建有自己的就业网站，提供关于就业信息、就业政策、职业测评等方面的服务，并能实现与其他相关网站的链接，使用起来十分便利。

近年来，随着日本就业形势的不断恶化，传统的年功序列制受到挑战，针对大学生的职业指导理念也从就业指导向职业生涯指导转变（王国辉，2009）。在以往就业指导为主导理念的时期，多数高校只在大三或大四时期开展职业指导，目的是帮助毕业生实现就业。而如今，大学不仅重视对大学毕业生群体的就业指导，而且从学生一入学就开始了职业生涯教育，职业指导贯穿于大学教育的全过程。与美国一样，日本的职业指导也是循序渐进的：从刚入学开始，学校就会为新生进行职业意识的开发，使其对职业有一个初步的了解；从二年级开始，学校会进行职业意愿调查，并结合一些职业测评方法，使学生了解自己的职业兴趣，并提供一些工作实践机会；从三年级开始，职业指导开始面向就业，学校会组织开展适应能力调查，针对不足之处加强就业能力的提升，还会组织职业说明会，加强学生对职业的了解；四年级主要是求职能力的培养，包括简历设计、面试技巧等，为走上就业岗位做好充分的准备。总之，在现在日本的高校，职业指导已成为一个伴随着学生四年大学生活的连续过程（徐蕾，2013）。

3. 社会机构在大学生职业指导中的作用

日本社会的各种人力资源服务机构比比皆是，服务内容包括职业介绍、人才测评、人才中介、职业培训、资格认证、就业咨询等方方面面，大学毕业生也可以通过这些民间职业服务机构寻求帮助。另外，一些机构与高校开展合作，进入高校提供更加专业化的职业指导和咨询，具体包括职业指导知识的宣讲、职业适应力调查以及与求职技能相关的专业咨询活动（周凡，2007）。此外，很多企业也积极参与对大学生的指导，为学生提供实践机会，使学生了解企业需求，对大学毕业生职业观的形成和就业经验的积累，提供了直接的帮助。

（五）对我国的借鉴与启示

通过对几个国家大学生职业指导状况的分析与比较，可以看出，国外对于大学生职业指导工作非常重视，并且经过多年的发展，已经形成了比较完善的体系，不同职业指导主体在大学生职业指导体系中均发挥着重要的作用，如表5－1所示。

表5－1　各国职业指导体系的比较

<table>
<tr><th colspan="2">国家</th><th>美国</th><th>英国</th><th>德国</th><th>日本</th></tr>
<tr><td rowspan="2">政府</td><td>管理部门</td><td>教育部
劳工部</td><td>商业、创新与技能部</td><td>联邦劳动总署</td><td>文部科学省
厚生劳动省</td></tr>
<tr><td>职业指导</td><td>从学校到工作计划
《岗位需求手册》</td><td>普适性职业指导
青年职业指导</td><td>职业指导的主体
严格的职业指导人员选拔</td><td>毕业生统计分析
指导高校职业指导
毕业生职业指导</td></tr>
<tr><td rowspan="3">高校</td><td>指导机构</td><td>专门的职业指导机构</td><td>专门的职业指导机构</td><td>部分高校设立，相对薄弱</td><td>大都设有专门职业指导机构私立大学更重视</td></tr>
<tr><td>专家队伍</td><td>专业的职业指导人员高学历、实践经验专业资格证书</td><td>专职职业指导人员
分工明确
专业资格证书
（非强制）</td><td>借助外部力量</td><td>专职职业指导人员</td></tr>
<tr><td>职业指导</td><td>全过程管理
丰富的内容</td><td>丰富的内容
导师制</td><td>校外与校内指导相结合“慕尼黑就业模式”</td><td>就业指导向生涯管理转变丰富的内容</td></tr>
<tr><td>社会</td><td>指导机构</td><td>专业协会
私人指导机构
企业</td><td>专业协会
私人指导机构
企业</td><td>德国就业服务协会
私人指导机构
企业</td><td>专业协会
私人指导机构
企业</td></tr>
</table>

从上述几个国家的经验可以看出，各国均根据本国国情建立了大学生职业指导体系，尽管职业指导模式各具特色，但也有一些共

性特征，对我国大学生职业指导工作的开展，具有积极的借鉴意义。

1. 充分认识大学生职业指导工作的重要意义

从国外情况来看，各国对于大学生职业指导工作非常重视，将其作为促进大学生就业、解决就业结构性矛盾的一项重要举措。政府部门或是出台政策，或是提供经费支持，或是亲自参与指导过程，对大学生职业指导给予了高度支持。高校也通过建立职业指导机构、加强职业指导团队建设、开发职业指导课程体系等方式，提高职业指导的效果。总体来看，职业指导已经成为各国促进大学生就业的重要手段，这对于我国具有非常积极的借鉴意义。

2. 注重多方职业指导主体间的合作

职业指导是一项系统工程，职业指导体系的建设需要政府、高校以及社会机构的共同参与。各国实践表明，尽管政府、高校以及社会机构在职业指导体系中的定位不尽相同，如德国是以政府为主导，而其他几个国家都是以高校为职业指导的主体，但都非常重视各方之间的合作。总体来看，政府主要通过宏观调控，构建国家的大学生职业指导框架，并出台一些具体的政策，如职业指导机构的建立、职业指导资格的认证、社会机构的资质管理等，确保职业指导体系的科学性和规范性，另外其利用自身优势，收集、分析职业信息，提供给各方作为职业指导的依据。高校是职业指导的具体执行者，职业指导机构的设立、职业指导队伍建设、职业课程的规划以及一些具体的职业指导工作，都需要依靠高校来具体落实。社会机构及企业也是职业指导体系的重要组成部分，其功能主要是提供一些增值性的服务，并且通过职业指导使各方都受益。当然，在这些国家的职业指导体系中，各个职业指导的主体并不是孤立存在的，而是通过有序的分工与协作，共同为大学生职业指导提供有效的支持。

3. 加强职业指导专业化队伍建设

职业指导队伍的专业化程度，直接决定着职业指导的效果。从上述几个国家的职业指导实践来看，无论是政府部门的人员，还是高校内部的人员，都需要拥有较高的素质，不仅要具备职业指导理论知识，还需要有一定的实践经验。特别是德国，职业指导人员资格认证的条件格外严格，这就确保了职业指导人员选拔的效度。另外，职业指导人员的分工协作也非常重要，应该吸收不同专业、不同领域的人员，从多个角度提供有益的指导，英国的模式可供借鉴。职业指导人员的配置，还需要考虑学校本身的因素。比如在日本，公立高校和私立高校的职业指导人员配置有所差异，这也就是说，既要考虑职业指导的效果，还需要兼顾职业指导的效率。导师制是英国高校职业指导的一个亮点，这种类型的指导尽管从专业角度看可能存在问题，但是导师凭借其眼界、学识以及经验，可以对大学生的就业及职业选择提供有益的指导，并且更有针对性。

4. 加强职业指导全过程管理

国外职业指导并不是只针对毕业生群体的一种“临时抱佛脚”的行为，而是贯穿于大学生涯的整个过程，甚至从小学阶段就已经开始，是职业生涯管理的概念。只有通过这种持续性的指导，才能使大学生群体更早地认识自己、认识社会，选择适合自己的职业发展路径。国外经验表明，在大学的各个阶段，职业指导的重点也各有侧重：大一主要是职业启蒙，大二主要是激发职业兴趣，大三主要是了解就业市场，大四主要是为求职做充分的准备。通过这样一个连续的过程，职业指导才能更好地发挥作用。将职业指导工作贯穿大学教育的整个过程，以激发大学生的职业意识、养成良好的职业道德、增强职业决策能力，使学生受益终生。

5. 采取多样化的职业指导手段

国外大学生职业指导工作已开展多年，不仅体系完善，而且职业指导的内容、形式以及手段都非常丰富，能够满足大学生的多种需求。从职业指导的内容来看，包括职业意识、职业兴趣、职业选择、就业形势、求职技巧等多个方面；从职业指导的形式来看，包括职业讲座、经验交流、咨询服务、情景模拟、心理测试等；从职业指导的方法来看，有心理指导、信息咨询、矫正性指导等；从职业指导的主体来看，既有政府的职业指导部门，也有高校的职业指导机构，还包括社会上的一些组织，学生可以根据自身的需求进行选择。另外，除了综合性指导外，还有一些个性化的指导，结合学生的特点，合理设计，使职业指导更具有针对性。

三　我国大学生职业指导的现状及问题

（一）我国大学生职业指导的发展历史

我国最早的“职业指导”开始于20世纪初，其中郭秉文、周诒春、朱元善分别以《东方杂志》、清华学校、《教育杂志》为阵地首开职业指导的传播与实践。1916年，清华学校校长周诒春为了指导学生择业，发起了职业演讲活动，聘请名人、各行专家进校就职业问题进行演讲。如王正廷讲“职业教育”，伍朗枢讲“法政”，董显光讲“新闻学”，梁启超讲“文学”，王健之讲“制革”，等等。1915年1月，郭秉文在《东方杂志》上发表《中国现今教育问题之一——职业之引导》，标志着职业指导正式进入我国。

新中国成立后到改革开放期间，有形的职业指导被人为取消。改革开放之后，职业指导重新受到了重视。理论界加强了对职业指导的研究，重点介绍了国外一些国家的职业指导模式，并对我国高校、职业院校等职业指导的状况进行了分析和研究。教育部门、劳动部门也颁布实施了一些关于职业指导、职业介绍等方面的政策。

20世纪90年代初期，国家改革了高校毕业生分配制度，对大学生就业指导的思路也随之发生变化。1993年2月，国务院颁发《中国教育改革和发展纲要》，指出“大部分毕业生实行在国家方针、政策指导下，通过人才劳务市场，采取自主择业的就业办法”，从根本上确立了我国高校毕业生就业机制的改革方向，由之前的国家“统包统分”向大学生自主择业转变。国家教委成立了全国高校毕业生就业指导中心，一些大中专院校也建立了职业指导部门，取代原来的毕业生分配办公室，针对在校学生开展职业指导工作。

为了提升职业指导水平，全国高校毕业生就业指导中心和各省开始组织开展了就业指导人员和任课教师培训，编写并出版了《大学生就业指导》教材。大学生职业指导的功能开始从以管理为主向以指导服务为主转变。1995 年，国家教委办公厅发出通知，要求全国高校开设就业指导课。1999 年，国家正式颁布《中华人民共和国职业分类大典》，并开始推行职业指导师职业资格证书制度，为职业指导的发展奠定了良好的基础。随后，面向大学生群体的就业指导平台初步建立，主要包括就业信息提供、就业指导课程、择业技巧指导、有关政策咨询、毕业生离校服务等内容。

进入 21 世纪以后，随着高等教育的飞速发展，大学生的总量过剩的问题与结构性失业问题同时凸显，成为全社会高度关注的问题。为此，国家采取了多种就业政策和措施，把高校毕业生就业作为就业工作的重中之重，针对高校毕业生群体出台了就业政策，具体包括：鼓励、引导高校毕业生到基层和艰苦地区工作；提供社保、培训以及贷款等方面的补贴，鼓励各类企事业单位特别是中小企业和民营企业聘用高校毕业生；加强政策支持，鼓励高校毕业生自主创业和灵活就业；建立健全大学生就业服务信息网络，为大学生群体提供个性化职业介绍、职业指导等服务。总体而言，我国大学生职业指导体系不断完善，为高校毕业生顺利实现就业提供了基础保障。

（二）我国大学生职业指导的现状

为了解我国大学生职业指导的现状，本研究对职业指导的主体——政府、高校和社会机构——进行了调查分析，针对政府部门的调查采取实地调研的方式，针对高校的调查采取文献分析加会议研讨的方式，针对社会机构的调查采取个别访谈的方式。总体来看，我国大学生职业指导体系逐步形成，政府、高校和社会机构在职业指导体系中都发挥了重要的作用。

1. 政府部门高度重视

近年来，各级政府部门高度重视高校毕业生的就业工作，把高校毕业生就业作为就业工作的重中之重，注重发挥人力资源市场配置高校毕业生的基础性作用，有效拓宽了大学生就业渠道，通过多种方式为大学生创造就业机会，在“政策引领、创业带动、实训促动、就业帮扶、市场配置、公共服务”等各方面积极投入，初步形成了全方位、多层次、立体化的扶持大学生就业创业的政策体系，营造了关心、支持大学生就业的浓厚氛围，有力地引领了大学生就业工作。

我国教育部门和人社部门对大学生的就业都负有一定的责任，原则上教育部门负责未就业大学生的就业工作，而人社部门负责毕业后未就业高校毕业生的就业工作，两个部门在大学生职业指导方面也都做了大量的工作。教育部下设全国高等学校学生信息咨询与就业指导中心（前身为全国高校毕业生就业指导中心），专门从事高校招生、学籍和毕业生就业信息咨询与指导服务，各地也相继建立了地方性的就业指导中心，为各高校在校大学生提供就业指导方面的咨询和服务。人社部门则依托各地的公共就业和人才服务机构，为各类群体提供职业介绍、就业援助、职业指导等方面的服务。近年来，高校毕业生的就业一直是就业工作的重点所在，为了有效帮扶高校毕业生实现就业，我国政府出台了一系列政策措施。

2. 高校发挥主体作用

从我国当前大学生职业指导体系的现状来看，高校是职业指导的主体，并且职业指导机构、人员、课题体系都不断完善，对大学生认识职业、了解职业、顺利实现就业，起到了非常积极的促进作用，具体表现在如下几个方面。

（1）职业指导机构普遍设立。随着近年来大学生群体就业形势的日益严峻，众多高校都已经设立了就业指导中心，但是由于各个学校的情况有所不同，目前高校就业指导中心主要有四种模式：独立机构模式、招生就业模式、大学学工模式以及本研独立模式。尽管不同学校采取的模式不尽相同，但基本职能大体包括就业信息服务、就业技巧指导、政策咨询服务、职业测评服务等，为大学生群体提供了有效的指导。除了校一级的就业指导中心，院系层面也承担了一定的职业指导功能，可以根据本院系的专业特点提供有针对性的指导服务。另外，大多数学校都建立了就业指导网站，从而为学生提供及时、有效、专业性的就业指导。

（2）职业指导队伍日益壮大。职业指导队伍是为大学生提供职业指导的专业人员。从目前来看，高校中职业指导队伍日益壮大，职业指导人员主要包括：一是就业指导中心的工作人员，主要为学生提供就业咨询、指导、手续办理等方面的服务；二是院系的辅导员，他们是最接近学生的指导人员，除了一些基本的职业指导外，还能够为学生提供一对一的指导服务；三是专职职业指导教师，主要负责职业指导课程的讲授，为学生职业生涯规划提供理论方面的知识；四是校外指导人员，很多高校通过引进外力来提升本校职业指导的效果，常见的校外指导人员包括职业指导专家、就业专家、企业界人士、校友等，为在校生提供更符合社会发展需求的指导。但是我国并不强制要求职业指导人员取得职业指导相关的职业资格证书，对于所学专业、工作经验等也没有强制性的要求。

（3）职业指导理念更加科学。近年来，随着国内职业指导理论研究和具体实践的不断发展，职业指导的理念也更加科学，从最初只针对毕业生群体的就业指导，发展为对职业的指导，并向着职业生涯辅导的方向转变。在具体实践中，一些院校开始借鉴发达国家的经验，职业指导工作的重心已不仅仅定位在帮助学生实现就业，而是逐渐向职业生涯辅导转变。这一点由一些高校就业指导机构的名称可见一斑，如上海交通大学的“学生就业服务和职业发展中心”、复旦大学的“学生职业发展教育服务中心”、华东师范大学的“学生发展服务联合中心”，等等。随着职业指导理念的转变，职业指导工作的职能更加丰富，包括帮助学生规划职业生涯，进行成才辅导与教育，为学生提供更深入和系统、个性化的生涯辅导等。

（4）职业指导内容不断丰富。职业指导理念的变化，也带动了职业指导内容的发展。从目前来看，我国高校职业指导已不再是简单地为毕业生提供就业手续办理方面的服务，而是扩展到与职业生涯有关的方方面面。归纳起来，当前高校职业指导的内容包括：一是就业信息发布，收集与本校相关专业有关的信息，并及时将信息发布到就业网站上供本校学生参考；二是就业政策咨询，为学生提供关于就业、劳动合同以及相关法律法规的咨询服务；三是求职技巧辅导，为在校生提供包括简历制作、面试辅导、职场礼仪等方面的培训辅导，为其顺利实现就业提供帮助；四是职业发展指导，包括职业意识、职业兴趣、职业选择等方面的测评和指导，帮助大学生明确职业发展方向；五是创业教育培训，通过开设创业培训课程、创业政策咨询、组织创业大赛等方式，为有志于创业的大学生提供创业方面的培训和指导。

（5）职业指导手段更加多元。为了实现职业指导的科学化和专业化，高校的职业指导手段也更加多元。一是专题讲座，邀请专家、企业家或人力资源人士，开展与求职就业有关的讲座，就就业技巧、政策以及企业需求等内容，给学生以细致的辅导；二是开设课程，由专业老师或就业中心的老师授课，主要讲授关于就业政策、就业形势以及职业发展等方面的知识；三是心理测评，帮助学生了解自己的个性特点、职业兴趣和行为特征，很多高校的就业中心购置了专业的测评系统，为学生提供帮助；四是提供资料，包括就业指导、求职训练、心理咨询、名人传记等方面的书籍、杂志、报纸及多媒体资料，供学生按照个人需求自行查阅、学习；五是工作坊，一般由多位参与者与嘉宾组成的团体进行交流分享活动，目前常见的工作坊有性格兴趣探索工作坊、简历指导工作坊、模拟面试工作坊以及就业咨询工作坊等；六是模拟训练，通过实战演练的方式，培养学生的职业素养、职业道德以及职业技能。

（6）职业指导思路差异化。尽管当前高校对于大学生就业非常重视，职业指导方面有很多共同特征，但是不同高校由于专业设置、生源、教学质量等方面的不同，在职业指导方面也存在一定的差异。比如像清华大学等教育质量高的学校，就业相对而言不是很大的问题，因此职业指导更立足于学生的长远发展，帮助学生实现更高质量的就业；而在一些就业相对比较困难的学校，职业指导还是以实现就业为主，通过求职技巧辅导、择业观念引导，帮助毕业生先找到工作，再谋求进一步的发展。

3. 社会机构积极参与

近年来，随着社会各界对高校毕业生就业问题的日益关注，社会上一些职业指导机构开始兴起，积极参与职业培训，同时作为用人主体的企业，也开始将选人的流程进一步向高校延伸，为大学生提供求职需求及技巧方面的辅导，使职业指导体系更加完善，职业指导的精细化程度进一步提升。

社会的职业指导机构与政府和高校的职业指导机构相比，专业化程度更高，对市场、对职业发展趋势的判断更精准，因此可作为高校职业指导的补充，为在校生提供专业化的指导服务。目前社会上比较有影响力的职业指导机构包括北森生涯、新精英生涯等。这些机构开展职业指导的业务主要包括以下几方面的内容。一是通过引入国外一些关于职业指导、职业生涯咨询等方面的职业资格认证体系、培训体系，组织职业指导师资方面的培训，比如职业生涯规划师、高校职业指导师等，帮助高校和社会培养职业指导人才；二是通过校企合作，接受一些高校职业指导的业务外包，包括职业测评、生涯咨询、课题体系等，为学校提供一些专业化的服务；三是搭建交流平台，组织业内一些专家、学者以及实践人士开展交流合作，比如北森生涯受全国高等学校学生信息咨询与就业指导中心委托，多次承办职业生涯规划国际论坛；四是提供专业化的职业指导服务，面向大学生群体（一些机构开始对初、高中学生）提供个性化的职业指导，给出定制化的职业发展建议。

企业在大学生职业指导体系中也发挥着越来越重要的作用，一方面，很多企业愿意提供实习岗位给大学生，给予学习、锻炼的机会，而实践表明实习也是培养职业素质、提升职业能力的最有效的手段，一些企业与学校建立了良好的合作关系，作为学校的见习基地，帮助学生及早了解工作岗位，同时通过见习过程中对学生的观察，选拔优秀的人才。另一方面，学校也经常邀请企业的专业人士，特别是负责招聘的人力资源管理人员，为学生讲授企业的需求，让学生提早培养职业素质，明确发展方向；一些学校还邀请企业人士作为学生的校外导师，给予学生更加细致的辅导，在求职过程中给予一定的帮助。总之，无论是企业还是高校，都意识到校企合作是培养学生就业能力的有效途径，目前合作的范围更大，合作程度更深。

（三）针对大学生群体的调查分析

笔者在中国人民大学、中央财经大学、中国地质大学、中国劳动关系学院、北京联合大学、延边大学、四川理工学院等高校发放了调查问卷，以了解当前大学生群体对职业指导的看法。笔者共发放问卷1000份，回收903份，其中有效问卷864份。样本分布情况如下：在性别方面，男性436人，占比50.5%；女性428人，占比49.5%。在年龄方面，平均年龄20.44岁，最大27岁，最小16岁。在年级方面，大一157人，占比18.2%；大二213人，占比24.7%；大三207人，占比24.0%；大四265人，占比30.7%；研究生22人，占比2.5%。

1. 对职业发展的看法

首先，从调查对象对所学专业的就业方向和前景了解程度来看，59.7%的人选择了解一点，30.6%的人选择了比较了解，选择完全不了解和非常了解的各占4.8%和4.9%。另外比较来看，随着年级的升高，大学生对就业方向和前景的了解程度不断加深，如图5－1所示。

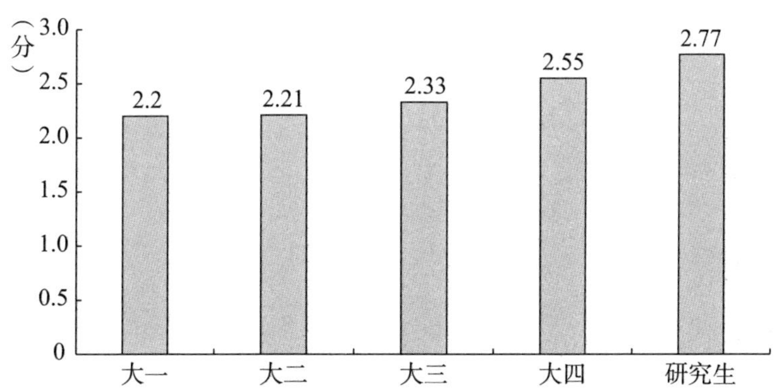

图5－1　对就业方向和前景的了解程度

注：满分为5分。

而从个人职业生涯规划的情况来看，只有22.5%的人基本清楚，4.6%的人非常清楚，62.6%的人只是有个大概的规划，10.3%的人则完全没有规划，如图5－2所示。这说明大多数大学生对未来的职业生涯发展并不清楚。

关于了解职业的渠道，最主要的是书籍/网络/报刊/影视，有

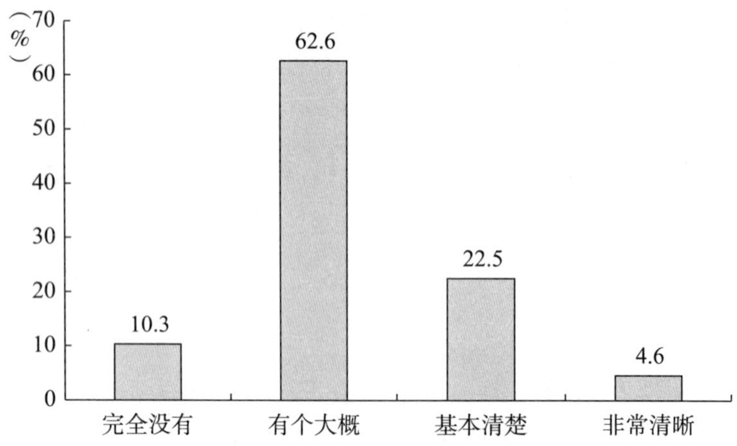

图 5－2　个人职业规划情况

60.2%的调查者选择了该项，另外家人/朋友/同学传授（47.9%）、专业教师或导师传授与指导（43.9%）、职业生涯规划与就业指导课程（34.8%）、学校就业指导部门（26.0%）也是获取职业信息的主要渠道，如图 5－3 所示。

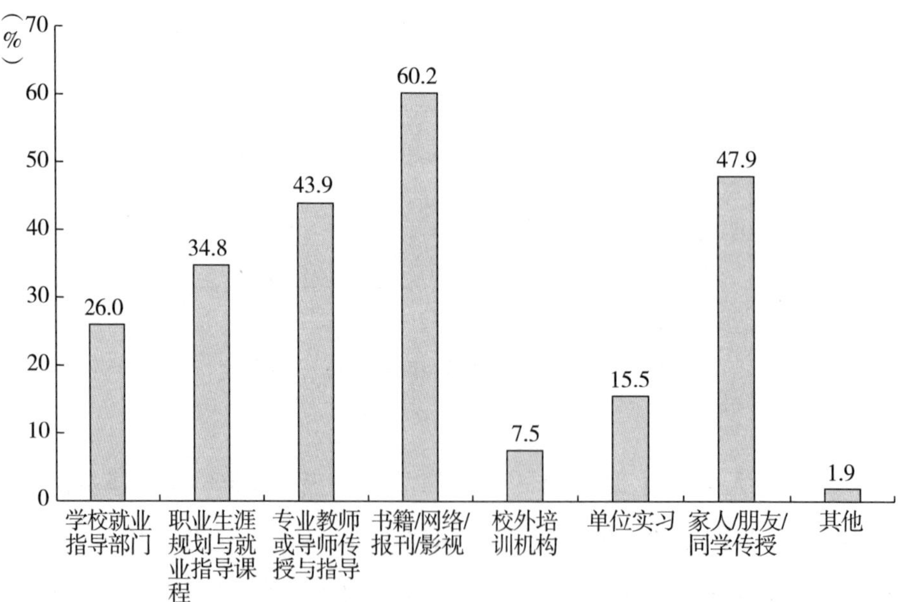

图 5－3　了解职业的主要渠道

对于毕业后优先考虑的发展方向，47.2%的人选择了继续深造，38.6%的人选择了就业，8.8%的人会选择创业，另外还有3.7%的人还未考虑过未来发展的问题，如图5－4所示。可以看出，对于很多学生而言，继续读书深造是其首要选择。

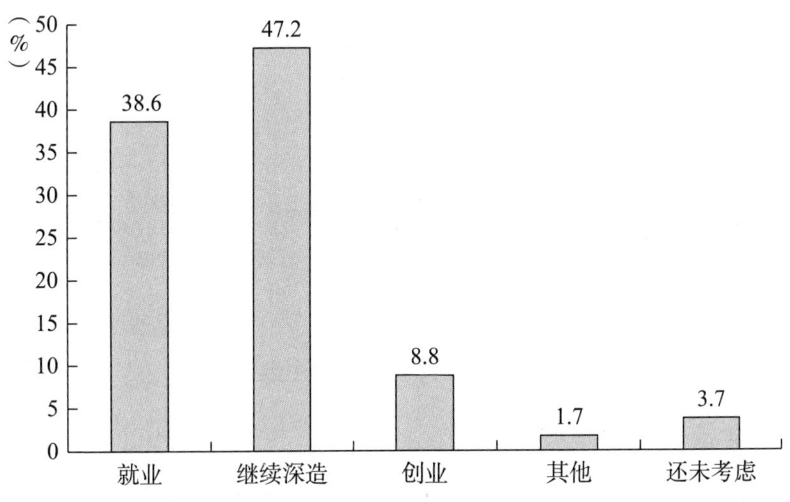

图5－4　毕业后的优先发展方向

从对未来求职就业情况的判断来看，大多数学生都认为能够找到工作，但是认为会找到满意工作的只占17.1%；59.0%的人则认为虽然可以找到工作，但不一定满意；另外，还有7.7%的人认为很难找到工作，15.8%的人目前还很难判断。

调查样本中，有26.2%的人正在找工作或已签约，其中5.4%的人已签约，8.1%的人已有了意向但还未签约，12.6%的人仍在找工作。针对找工作的群体，笔者进一步了解了求职过程中遇到的主要困难。结果显示，最主要的问题是求职方法与求职技巧掌握不够（54.9%），其次是专业知识、能力水平欠缺（49.1%），另外在就业信息收集（29.6%）、就业流程和手续（32.7%）、企业用人标准的了解（35.0%）方面也都存在一定的困难，最后是专业不对口（27.0%），如图5－5所示。

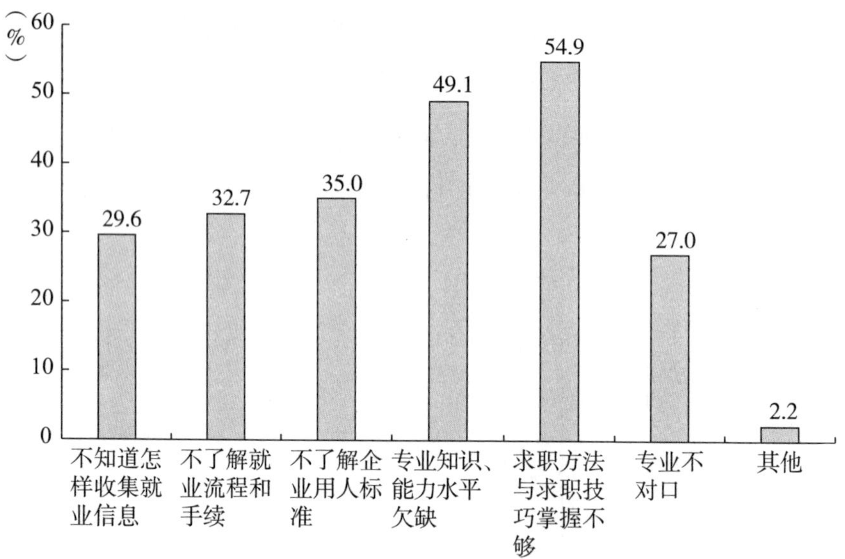

图 5－5　求职过程中的主要困难

2. 学校的职业指导

根据调查者的反映，学校就业指导中心提供的职业指导服务是多方面的，如图 5－6 所示，具体包括发布就业信息（53.2%）、就

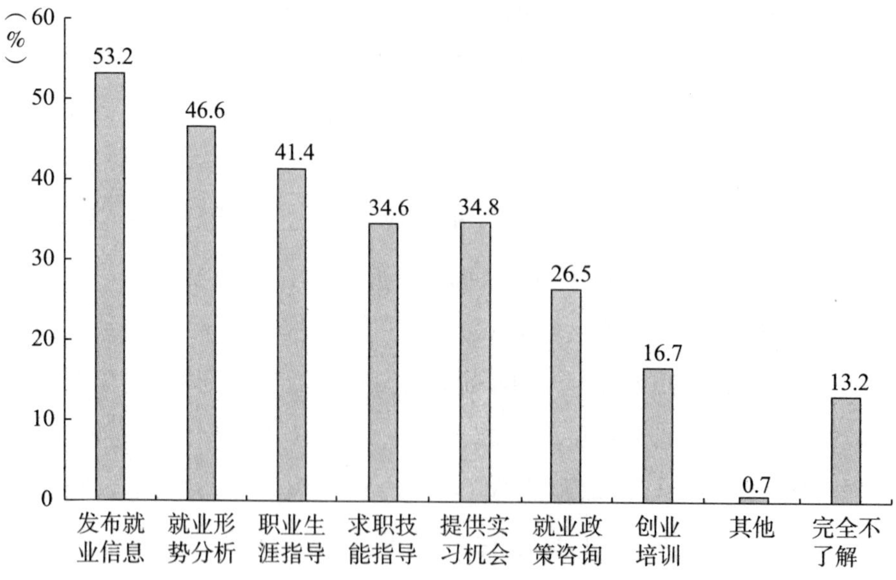

图 5－6　学校提供的职业指导服务

业形势分析（46.6%）、职业生涯指导（41.4%）、求职技能指导（34.6%）、提供实习机会（34.8%）、就业政策咨询（26.5%）和创业培训（16.7%）等，但也有13.2%的人，主要是一些低年级同学完全不了解就业指导中心有哪些职业指导服务。

在求职的群体中，仅有11.1%的人没有接受过任何职业指导服务，而其他人或多或少都接受过相关服务。接受过的职业指导服务主要是提供就业信息（52.0%）、就业形势分析（46.2%）和职业生涯指导（41.3%），另外也有部分求职者获得过求职技巧指导（33.3%）、提供实习机会（30.7%）和就业政策咨询（24.9%）等方面的服务，如图5－7所示。

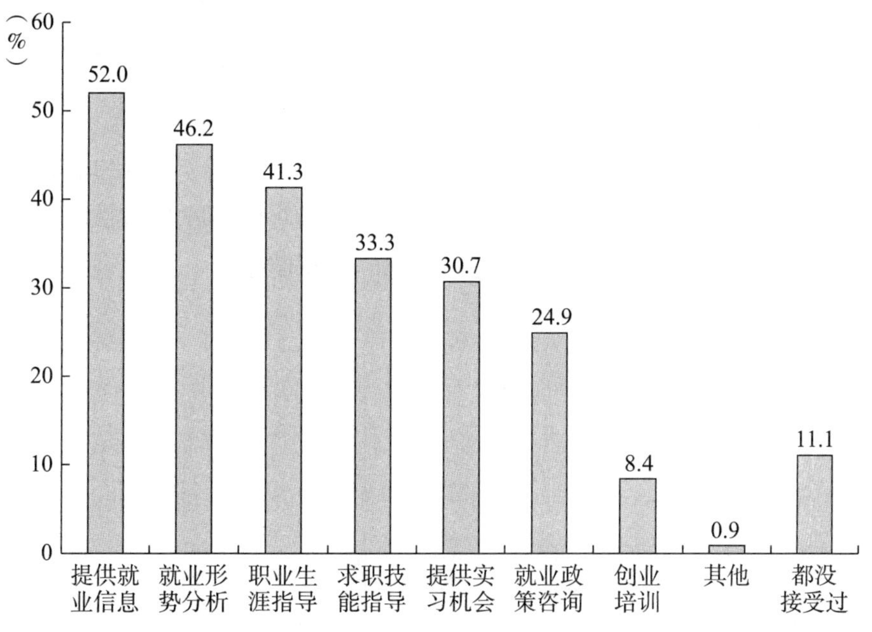

图5－7 接受过的职业指导服务

另外，笔者还了解了哪些职业指导服务对就业最有帮助，排在前四位的分别为提供就业信息（47.6%）、提供实习机会（46.2%）、就业形势分析（46.2%）和求职技能指导（45.3%），如图5－8所示。从中可以看出，学校提供的服务与学生的需求之间还存在一定的差距。

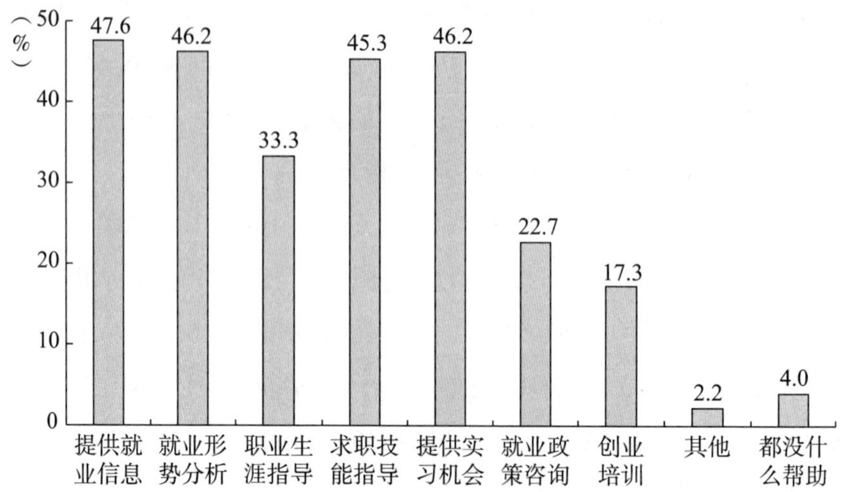

图 5－8　对就业最有帮助的职业指导服务

在提及学校就业指导中心提供的职业指导服务存在哪些问题时，求职的大学生们认为，职业指导针对性不强（54.5%）、职业指导人员匮乏（47.3%）、职业指导内容不丰富（42.4%）、职业指导不够专业化（39.7%）、职业指导形式落后（34.4%）等问题都一定程度上存在，影响了职业指导的效果，如图 5－9 所示。

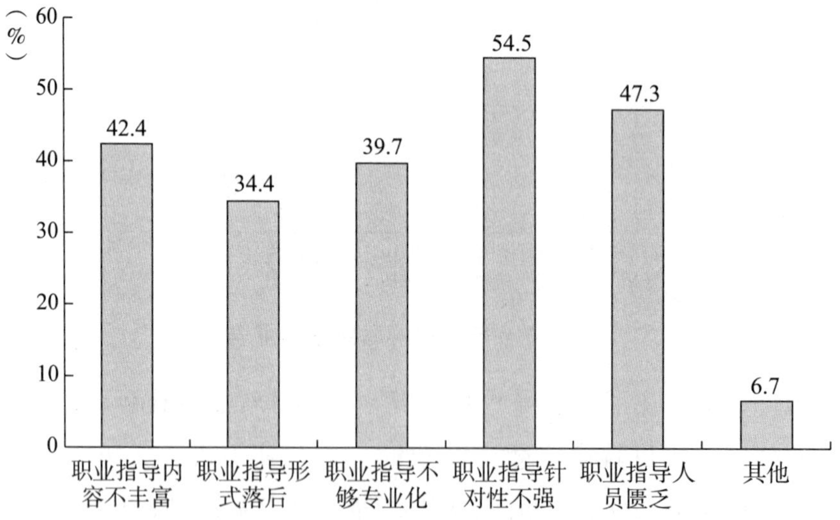

图 5－9　职业指导存在的主要问题

在所有调查者中，有 75.7% 的人上过职业指导课程。在上过职业指导课程并且经历了求职的大学生中，有 18.0% 的人认为职业指导课程对就业没什么帮助，60.5% 的人认为有些帮助，14.4% 的人认为帮助很大，还有 1.2% 的人不清楚是否有帮助，如图 5－10 所示。

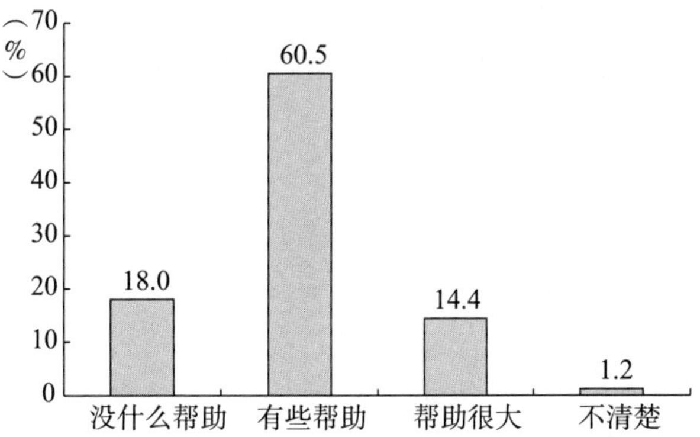

图 5－10　职业指导课程对就业的作用

另外，在所有调查者中，只有 10.1% 的人接受过学校或学院老师一对一的职业指导，30.6% 的人参加过职业指导方面的讲座。在被问及哪方面的讲座对就业比较有帮助时，大多数人选择了求职经验传授（74.5%），另外职业生涯规划（54.4%）、就业形势分析（53.3%）也有较多的人选择，说明这是大学生比较关注的讲座类型，如图 5－11 所示。

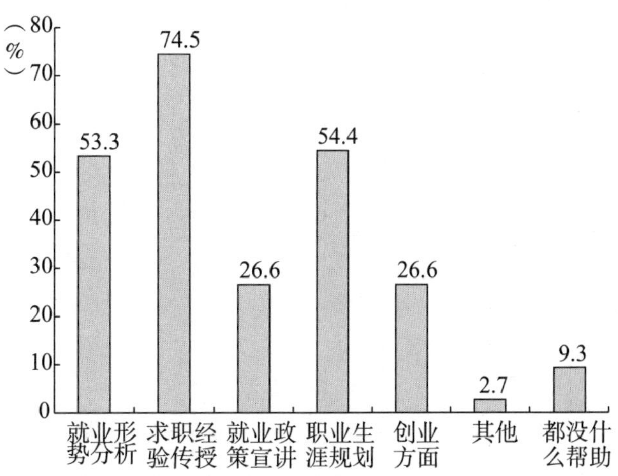

图 5－11　职业指导讲座对就业的作用

3. 政府职业指导

关于政府部门提供的职业指导，笔者主要调查了大学生对高校毕业生就业政策、公共就业服务机构提供的职业指导的了解程度。结果显示，大学生对于这两个方面的了解程度都不高。对于当前促进高校毕业生就业的政策，25.3%的人完全不了解，66.1%的人了解一点，比较了解和非常了解的人仅占8.5%，如图5-12所示。

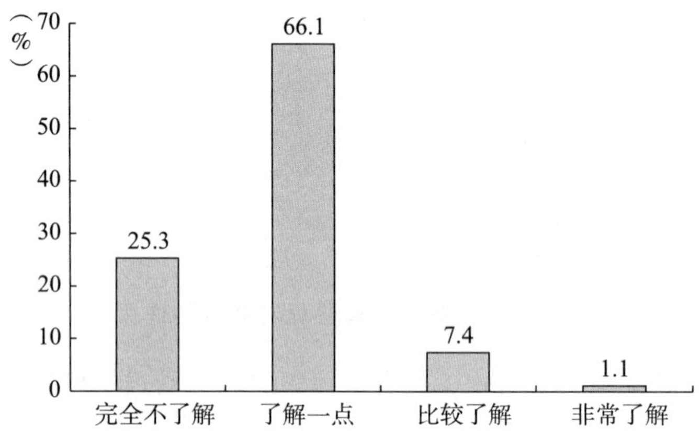

图5-12　对就业政策的了解程度

对于政府公共就业服务机构所提供的职业指导服务，大学生群体也是知之甚少，39.0%的人完全不了解，51.0%的人了解一点，比较了解和非常了解的人仅占10.0%，如图5-13所示。

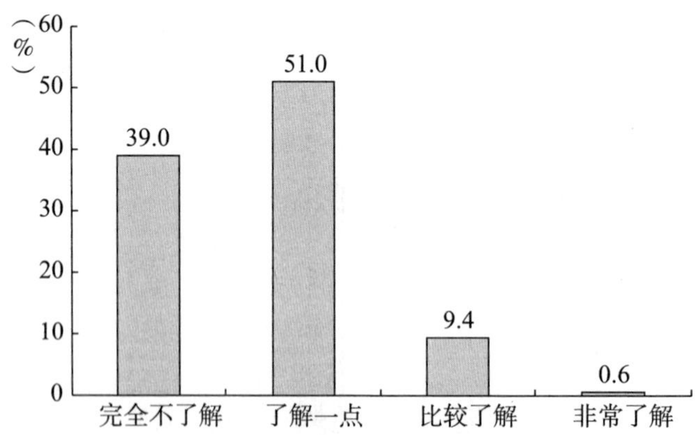

图5-13　对政府职业指导的了解程度

4. 社会机构的职业指导

同样，笔者了解了大学生对社会机构职业指导服务的了解情况。结果显示，对于社会机构所提供的职业指导服务，大学生群体的了解程度要更低，52.2%的人完全不了解，41.9%的人了解一点，比较了解和非常了解的仅占5.8%，如图5－14所示。

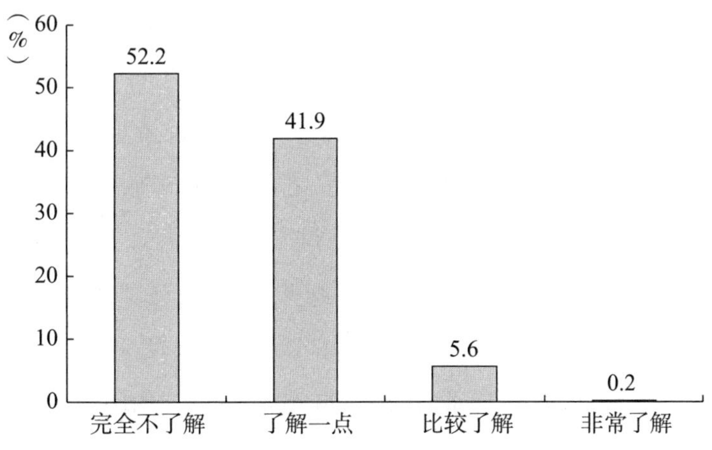

图5－14 对社会职业指导的了解程度

最后，笔者对大学生参加实习的情况进行了调查。其中，20.5%的人没有实习过，也不打算去实习；56.0%的人虽然目前还没有实习，但会去实习；23.4%的人实习过或正在实习。总体来看，大多数人认为实习对就业的帮助较大，认为有一定帮助的人占48.2%、认为有很大帮助的人占18.6%，另外还有30.5%的人认为有一点帮助，2.7%的人认为完全没有帮助。总体来看，实习对于就业的帮助还是很大的。

（四）我国大学生职业指导存在的问题

通过前面的分析可以看出，我国当前大学生职业指导体系基本建成，职业指导内容、手段不断完善，指导功能日益提升，在促进大学生就业方面发挥了积极的作用。但同时应看到，由于我国职业指导开展的时间并不长，在很多方面还存在一定的不足，具体表现在以下几个方面。

1. 职业指导工作制度性分割，尚未形成统一的服务平台

尽管我国大学生职业指导体系不断完善，政府、高校以及社会机构在体系中发挥着越来越重要的作用，但是受制于体制方面的因素，职业指导工作还存在一定形式的分割，影响着职业指导作用的发挥。伴随着青年身份的转变，高校毕业生接受就业服务的组织部门也在不断发生变化。在校期间主要是由教育部门负责，离开学校后则是由人力资源和社会保障部门负责，但是在很多地方两个部门之间缺乏有效的协作，互相不了解对方的工作，造成了资源的浪费。同时，高校、社会机构以及用人单位之间在高校毕业生就业工作方面的沟通与合作还不够。一方面，高校制订的人才培养计划并未与用人单位的人才需求进行挂钩，其结果是高校毕业生离开校园后，缺乏足够的就业竞争能力，难以适应用人单位的需求。另一方面，向高校毕业生提供公共就业服务的组织部门在工作上缺乏有效的衔接。公共就业服务部门之间衔接不顺畅，没有形成统一的服务流程，难以充分发挥公共就业服务对高校毕业生的就业促进作用。

2. 职业指导目标不明确，职业指导体系不健全

当前职业指导工作已经全面展开，但职业指导的目标仍然没有明确，高校究竟应该培养什么样的人，是否应该以就业为导向，一直存在争议。另外，由于宏观层面没有对于职业发展、职业需求方面的预测，加之高校专业设置调整机制不健全，职业指导的力量相对薄弱，难以把握职业指导的准确方向，影响了职业指导工作的精准性。整个职业指导体系中政府、高校以及社会机构的定位仍不是非常明确，存在交叉、重复，同时职业指导的内容方面存在一定的缺失，如前面提及的关乎整个职业指导体系的构建的职业发展预测。另外，行业协会没有在职业指导中发挥重要作用，职业指导职业资格认证体系混乱，难以对职业指导人员形成有效的评估，同样影响了职业指导的科学性。

3. 职业指导专业化水平不高，职业指导精细化程度不够

尽管我国大学生职业指导的总体水平不断提升，但无论是高校的职业指导机构，还是政府的职业指导机构，仍然存在专业化水平不高、精细化程度不高的问题。职业指导在我国的发展时间并不长，还缺乏专业的职业指导队伍，职业指导从业人员的专业化程度还有待进一步提高，而当前职业指导人员的培养、认证和职业发展模式都存在不同程度的问题，限制了专业化水平的提升。另外，当前职业指导总体还处于一个粗放性的阶段，尽管有些高校在加强职业指导精细化方面做出了一些有益的尝试，如清华大学针对不同的发展方向，设立了不同的工作室，分别提供不同就业方向的咨询服务，使职业指导的方向更明确。但是对于大多数高校来说，职业指导仍处于搭建框架的阶段，在如何分析学生需求、如何把握职业方向、如何提供有针对性的指导服务等方面都缺乏系统的研究和规划，精细化程度无法满足日益增长的职业指导需求。

4. 就业统计体系不完善，职业指导工作缺乏着力点

从各类数据统计结果来看，当前高校毕业生的就业统计工作还不完善，导致职业指导工作无的放矢，具体表现在以下方面。首先，就业统计指标体系不完善。当前就业统计主要集中于就业数量的统计，用以了解高校毕业生的就业总体情况，但是对于就业质量、求职时间等方面没有统计，对于不同类型群体也缺乏有效的比较，导致统计工作不精细。其次，部分指标不准确。由于教育部门对专业的就业率有一定的要求，如果达不到相应标准，则该专业会停招，而为了避免被停招，一些高校或院系会采取一些不当的手段，对就业率的数据造假，使数据虚高，影响对总体形势的判断。最后，部门之间缺乏数据分享机制。毕业生总体就业情况的数据由教育部门掌握，未就业高校毕业生的数据由人社部门通过摸底调查获得，两部门间缺乏联动，导致很多不必要工作的重复，造成人力、物力、

财力的浪费，增加了统计工作的成本，同时影响了统计的准确性。

5. 职业指导市场管理尚需规范，职业资格鉴定体系亟待完善

高校毕业生就业难，带动了职业指导市场的发展，很多职业指导企业相继成立，在推动职业指导发展的同时，也在一定程度上造成了职业指导市场的混乱。职业指导机构准入条件低，并且缺乏统一的行业规范和政府的有力监管，导致职业指导市场混乱，对大学生职业指导体系造成不好的影响。因此，对职业指导市场采取有效的监管措施和加强治理，是政府部门必然的选择。另外，职业指导从业资格体系不完善，对职业指导从业人员的认证办法不健全，各类职业资格让人眼花缭乱，无法辨别何种职业资格更能反映职业指导人员的专业化水平。

四　加强我国大学生职业指导的对策建议

（一）需求导向的大学生职业指导体系

借鉴国外职业指导体系的经验，结合我国大学生职业指导工作的现状，本研究提出了适合我国国情的大学生职业指导体系，如图 5 - 15 所示。该指导体系的主要特点如下。

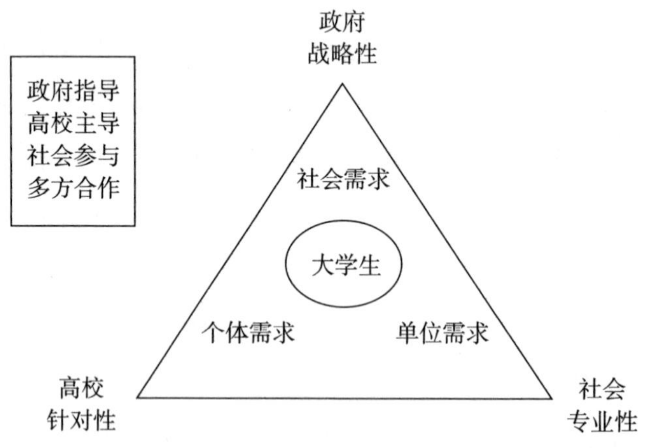

图 5 - 15　需求导向的职业指导模型

1. 需求导向

职业指导应该以需求为导向，根据需求来设定职业指导的体系、内容和手段，确保各项内容协调一致。首先，应该以学生需求为导向，了解学生的实际情况、对职业指导的具体需求，而不是盲目地建机构、建队伍、设课程，而应根据学生需求来设计职业指导体系。其次，应该以社会需求为导向。当前大学生结构性矛盾日益突出，很大一部分原因是大学生对社会需求不了解，盲目择业，只看重薪酬而不考虑发展，造成个人需求与社会需求脱节，因此职业指导还应该及时掌握社会对人才的需求，引导大学生群体就业以社会发展的需求为导向。最后，应该以单位需求为导向。在进行职业指导前，还应该充分了解单位的用人需求，特别是对口专业的用人单位，根据需求加强对学生职业素质的培养，将更有助于提升其求职竞争力。在以需求为导向的职业指导体系中，应该结合个人需求、单位需求和社会需求，为大学生群体提供有针对性的指导，使职业指导更有效。

2. 政府指导

政府部门在大学生职业指导体系中应发挥战略性的作用，为职业指导提供清晰的发展目标。首先，应该加强职业指导的顶层设计，对各类高校职业指导体系的建立提供有益的指导，提高职业指导的科学性；其次，应该完善统计指标体系，构建大学生就业信息数据库，为科学分析、判断大学生就业的总体状况及具体特征提供基础支持；再次，加强对职业发展方向的分析预测，尽管现有数据还难以支持这方面的工作，但未来必须向这一目标努力，加强对未来就业形势的分析研判，为高校专业调整和学生培养进行方向上的引导；最后，应该完善职业资格认证体系，加强职业指导市场的管理，确保职业指导的专业化。

3. 高校主导

高校对本校的专业设置、学生情况最为了解，理应在职业指导体系中发挥主体作用。也正因如此，高校职业指导工作应该向精细化和专业化的方向发展，为本校学生提供有针对性的指导服务。首先，应该加强职业指导理论研究，借鉴国内外同行先进的职业指导理论、模式及方法，结合本校或本专业的实际情况，用理论有效指导具体实践；其次，应该了解学生的实际需求，根据学生的需求，不断调整和完善职业指导体系；再次，应该加强师资队伍建设，积极提升职业指导人员的业务水平，构建有效的绩效评估体系，建立科学的职业发展通道，打造专业化的职业指导师资队伍；最后，应该加强对职业指导效果的评估，及时总结经验、发现问题，针对职业指导体系中的薄弱环节和不足之处，采取有效的整改措施，使职业指导能够切实发挥作用，而不是形同虚设。

4. 社会参与

社会机构在职业指导体系中也应发挥作用，特别是要发挥专业化方面的优势，为大学生提供更有效的指导。高校的职业指导机构毕竟人员有限，对职业指导理论、形势的研究也存在局限。而社会机构作为专业从事职业指导的机构，势必在指导的专业化方面有独特优势，可以弥补政府、高校在这方面的不足。另外，我国目前缺少专业的行业协会，职业指导的交流合作也不像国外那样深入，未来在这一方面还需进一步加强。企业组织还应该积极为大学生提供实习机会，帮助学生更好地了解企业、了解社会，更早、更有效地掌握就业技能。

5. 多方合作

政府、高校和社会机构之间还应该加强交流与合作，既要明确各自在职业指导体系中的定位，又要主动发挥作用，共同为大学生提供有效的职业指导服务。根据不同主体的职能定位，各方在职业指导体系中应该发挥的主要作用如表 5 -2 所示。

表 5－2　不同职业主体在职业指导体系中的定位

主体		就业信息发布	就业形势分析	政策法规咨询	求职技巧辅导	职业生涯教育	创业培训指导
政府	教育	综合性就业信息招聘会	毕业生信息统计分析	政策建议	宏观指导 经验交流	宏观指导 经验交流	宏观指导 经验交流
	人社	综合性就业信息招聘会	宏观就业形势 职业发展预测	政策的出台与落实 政策咨询服务 职业资格管理	职业指导	—	政策、服务等方面的支持
高校	中心	针对性就业信息招聘会	专题宣讲	专题宣讲	就业技巧培训	职业测评	创业环境、队伍、体系建设
	院系	针对性就业信息	针对性形势分析	专题宣讲	就业技巧培训	职业指导课程 全过程指导	创业教育 创业实践 活动开展
社会	专业协会研究机构	理论研究、经验分享、职业资格					
	社会机构	专业化指导					
	企业	实习机会、经验分享					

（二）提升职业指导效果的具体建议

针对我国大学生职业指导存在的主要问题，结合未来职业指导的发展方向，笔者认为应该从以下几个方面着手，着力提升大学生职业指导的效果。

第一，加强对职业指导理论的研究。国外大学生职业指导的发展，是理论和实践共同发展的过程，职业指导理论对实践起到了非常有益的指导作用。但是从我国现状来看，多是借鉴国外的职业指导理论，而关于适合于本土的理论的研究还严重匮乏，有一些系统的理论还停留在民国时期。在当前大学生就业总量压力和结构矛盾并存的大背景下，根据我国大学生的特点，对职业指导理论进行深入研究，是非常有意义的。目前我国高校鲜有开设职业指导相关的专业，从事职业指导研究的人员多来自教育学、人力资源管理、心理学等专业，关于职业指导理论的研究还远远不够。另外，我国也缺少专门研究职业指导问题的研究机构、行业协会，职业指导理论的交流、探讨明显不足，职业指导的研究体系尚未形成。因此，应该尽早建立相关的研究协会，组织有关专家对我国职业指导理论进行深入研究，为具体实践提供指导。

第二，加强对职业发展的预测分析。当前学生求职盲目、发展目标不明确，很大程度上是因为缺乏对于未来职业发展情况的判断，这给职业指导工作也带来了很大的困难。从美国及欧洲一些国家的实践可以看出，职业指导的开展建立在对行业、职业进行分析预测的基础上，特别是美国，政府部门发布的《岗位需求手册》成为大学生求职就业的“圣经”。我国开展职业预测的条件尚不完全具备，但是未来随着指标体系、数据的不断完善，这项工作的开展势在必行。其应通过科学、有效的预测，为大学生职业指导提供明确的方向，促进人岗的有效匹配。

第三，加强对大学生指导需求的调查。职业指导应该以需求为导向，应该了解大学生群体需要什么，而不仅是我们能提供什么。当前一些高校已经在做经常性的需求调查，并不断完善职业指导体系。但是总体来看，各方面对大学生职业指导需求的了解还远远不够，对需求的分析也做得不够好。未来为了实现职业指导的精细化，必须建立以需求为导向的机制，针对不同年级、不同专业的学生开展需求调查，深入了解学生关于职业发展、指导内容、指导手段以及指导效果等方面的意见和建议，同时不断完善统计分析手段，加强对不同群体需求的比较分析，为更有针对性的职业指导提供支持。

第四，提升在校大学生的职业指导水平。当前高校的职业指导体系已经基本建立，但无论是从专业化水平来看，还是从精细化程度来看，都尚有很大的改进空间。因此，针对在校的大学生群体，还需要进一步提升职业指导水平。首先，要加强职业指导人员队伍建设，提升职业指导人员的专业化水平；其次，要加强职业指导的全过程管理，从学校到院系，到大一到大四，对于职业指导体系应该有一个系统的规划和设计，使学生在不同阶段学习不同的职业知识和技能；再次，要进一步丰富职业指导手段，在课堂讲授、专题讲座的基础上，多提供一些实践锻炼的机会，对就业创业开展有针对性的指导；最后，要提升职业指导的精细化水平，使职业指导的方向性更强，职业指导能够为不同大学生提供有针对性的服务，将个人需求与就业及职业发展有效结合起来。

第五，加强对未就业高校毕业生的职业指导。当前我国已将未就业高校毕业生纳入就业援助体系，并提供具体的就业指导。但目前来看对于未就业高校毕业生的职业指导还不够，大都停留在职业介绍阶段，指导的功能尚未充分发挥，因此还需要加强对未就业高校毕业生的职业指导，在不断提升职业指导人员的专业能力、提高职业指导精细化水平外，针对未就业高校毕业生的特点，加强就业观念、就业技能方面的辅导和培训。另外，针对高校毕业生对公共就业与人才服务机构职业指导不了解的这一现实情况，各级部门应加强政府公共就业服务的宣传工作，提高公共就业服务的吸引力。

第六，健全部门之间的沟通协调机制。目前大学生职业指导的框架体系已经建立，但由于各种各样的壁垒，不同职业指导主体间缺乏有效的沟通协调机制，影响了职业指导作用的发挥。为此，还需要进一步加强不同主体之间的沟通、协调。具体而言，一是完善政府部门间的沟通协调机制，加强教育部门与人社部门之间的沟通协调，建立有效的联动机制，对大学生的职业指导工作形成有效配合；二是加强政府、高校、企业间的合作，积极发挥不同职业指导主体的优势，加强交流与合作，为大学生群体提供更加有效的职业指导服务。

第七，加强高校毕业生就业调查统计工作。对高校毕业生就业情况进行系统、规范的统计调查，对于职业指导的精细化具有重要意义，也是国家进一步制定相应的就业政策的重要参考依据。针对当前就业统计工作并不健全、数据失真的情况，有必要从以下方面进行改进：一是完善就业统计工作的指标体系，参考国际上关于青年就业的统计指标，引入关于就业质量、就业搜寻时间等方面的统计，对大学生就业情况进行全面描述；二是加强就业信息系统建设，形成大学生就业数据库；三是加强部门间数据的共享，政府部门之间，政府、高校及企业之间，应该加强对数据的分享和交流，从多个视角对大学生就业情况进行观察，为职业指导提供参考。

第八，加强对职业指导市场的管理。目前职业指导市场处于一种自发的状态，缺乏有效的监管，为了规范相关机构的运营，政府有关部门应尽快出台相应的行业规范、准入条件，加强对职业指导企业的监管力度，对于不合格的机构予以取缔或整改，避免其对大学生群体产生误导。另外，国家应该尽快完善职业指导职业资格认证体系，使职业指导资格证书更能反映职业指导从业人员的真实水平。这对于专业化人才队伍建设、提升职业指导水平，都具有非常积极的意义。

第六章　青年创业现状调查与分析

一　青年创业调查的背景及意义

（一）调查背景及意义

创业是一个寻找和识别创业机会并建立新的组织或开展新业务以实现其潜在价值的过程。进入知识经济时代以来，以微软为代表的一大批高技术企业蓬勃发展，举世瞩目。这些企业的快速发展不仅创造出了巨大的财富，同时对世界经济的发展起到了重要的推动作用。随着世界经济一体化以及全球竞争环境不确定性的日益加剧，发展“创业型经济”成为各国经济角逐的锐利武器。创业大师拉里·法雷尔指出：“发展创业型经济是打赢21世纪这场全球经济战争的关键。”创业不仅可以创造财富，还能带来新的就业机会，对解决失业问题、刺激经济增长有着非常积极的作用，并且这种作用是长期的、累积性的。如今创新创业已成为一个全球议题，成为一国经济发展中至关重要的组成部分，如何促进创业型经济的发展也成为各国政府关注的焦点。

在我国，创新创业正在成为拉动经济发展的新引擎。李克强总理在2015年政府工作报告中提出：大众创业、万众创新的新思路，要求个人和企业要勇于创新，全社会要厚植创业创新文化，让人们在创造财富的过程中，更好地实现经济追求和自身价值。在所有的创业主体中，青年是不可或缺的力量，代表了创业的未来，青年创业问题值得高度关注。如今我国鼓励创新创业的氛围已经逐渐形成，青年人自主创业也已成为新的趋势。

（二）调研范围与方法

在人社部就业司的支持和指导下，劳动科学研究所课题组运用社会调查的方式，深入地调查了解了青年创业者[①]的创业现状，收集了各地对青年创业的支持政策和工作亮点，分析了青年在创业过程中所面临的困难和问题，并在此基础上提出了一些提升青年创业效果的政策建议。本次调研于2015年11月开始，针对安徽、江西、山东、河南、湖南、广东、四川等7个省的20个市进行了调查（见表6－1）。

表6－1 调研的省份与城市

省份	安徽省	江西省	山东省	河南省	湖南省	广东省	四川省
城市	合肥市	南昌市	济南市	郑州市	长沙市	广州市	成都市
	芜湖市	鹰潭市	青岛市	洛阳市	岳阳市	深圳市	广元市
	铜陵市	宜春市	济宁市	安阳市	益阳市		遂宁市

具体的调查方法和调研内容如下。

（1）问卷调查。问卷采取随机发放的形式，共计发放4500份，回收4438份，其中有效问卷4012份，涉及大学生、农民工、城市青年以及复转军人等不同群体，全面调查了青年创业者创业项目、创业动机、创业能力、创业资源、创业绩效等方面的具体情况，并对不同创业群体的情况进行了比较分析。

① 如果按照前面关于青年的定义，即16～24岁人口，则其进行创业的比重非常小，因此，根据研究目的和现实情况，本部分对青年的范围进行了扩展，将其界定为16～35岁的人口。

（2）实地调研。召开了20场政府部门研讨会，包括：6场跨部门研讨会，邀请了财政、人社、工商、共青团、妇联等部门的相关工作人员，围绕青年创业工作及有关问题进行了研讨；14场市、县、区人社部门的研讨会，了解了青年创业工作的开展情况、亮点、问题及建议；走访了20个创业园/基地，深入了解了创业孵化平台的功能及效果。

（3）青年创业者座谈。召开了20场青年创业者座谈会，与200余名青年创业者进行了交流，并重点对50余名创业者进行了深入访谈，调查了解了青年创业者创业过程中的实际困难和真实诉求。

二　青年创业的总体情况

（一）分析框架

本部分以问卷调查为基础，调查内容贯穿青年创业活动的全过程，具体包括创业动机、创业方向、创业资源等多个方面内容，分析框架结构如图6－1所示。

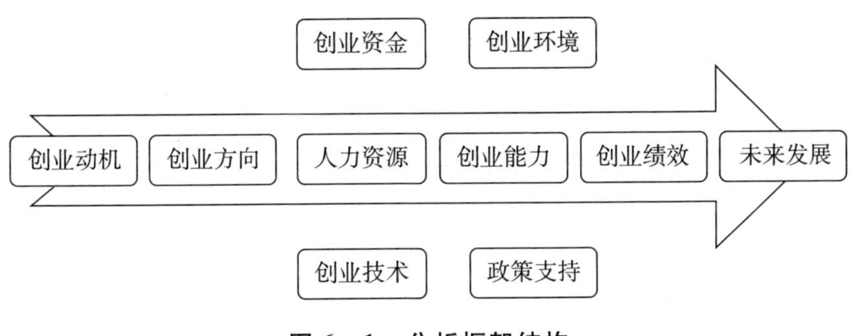

图6－1　分析框架结构

1. 创业动机与创业方向

创业动机是引起和维持个体从事创业活动，并使活动朝向某些目标的内部动力；创业方向是创业的具体路径选择。创业动机决定了为何创业，创业方向则决定了在什么领域创业，是创业的发端和基础。

2. 创业资源的获取与管理

创业资源是指新创企业在创造价值的过程中需要的特定的资产，主要包括创业资金、人力资源和创业技术等，是新创企业创立和运营的必要条件。

3. 创业环境与政策支持

创业环境和创业政策是创业的外在条件，经济、社会、市场以及基础设施等方面的环境为创业提供养分，创业政策则为创业注入动力，创业环境和创业政策很大程度上决定着企业的活力和可持续性。

4. 创业能力培养与创业孵化

创业能力贯穿于整个创业过程，是创业核心竞争力的重要来源，创业能力培养和创业孵化有助于创业能力的提升和初创企业的成长，对创业成功具有重要的支持作用。

5. 创业绩效与未来发展

创业绩效代表了创业项目当前的运营情况，未来发展则反映了创业项目的成长预期，是创业各种资源、要素综合作用的结果，体现了创业的实际效果。

（二）调查样本的基本情况

根据统计分析结果，调查样本分布情况如下：在性别方面，男性占全部样本量的64.2%，女性占35.8%，男性创业者的比重明显高于女性[①]；在年龄方面，调查样本年龄为18～35岁，平均年龄为28岁；在教育程度方面，初中及以下、高中（中专）、大专、本科及硕士以上学历的比重分别为5.5%、17.8%、35.9%、36.6%和

① 七个省份的情况均是如此。

4.2%，总体教育水平较高；在婚姻状况方面，未婚者占39.7%，已婚者占59.7%，离异/丧偶者占0.7%，已婚者占多数。从创业前的身份来看，高校应届毕业生、在校学生以及初中/高中/中专应届毕业生的比重分别为26.5%、12.6%和5.7%，没有工作经验的群体占全部创业样本40%以上；另外，城镇失业人员创业的比重也较高，占全部样本的18.3%（见图6-2）。

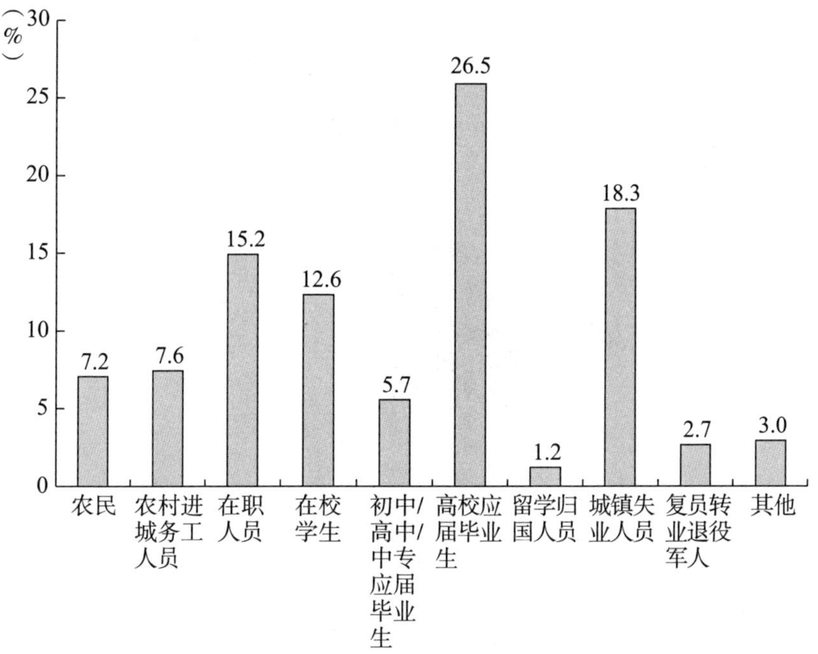

图6-2　创业者创业前身份构成

注：在职人员不包括农村进城务工人员。

在创业经历方面，被调查的创业者多为初次创业，占全部样本的62.2%，创业2次、3次及4次以上的比重分别为28.2%、7.3%和2.3%（见图6-3）；在创业经验方面，拥有1年以下经验的占26.8%，1~2（含）年的占30.3%，2~3（含）年的占17.7%，3~5（含）年的占10.9%，5年以上的占14.2%，总体来讲平均创业时间不长（见图6-4）。

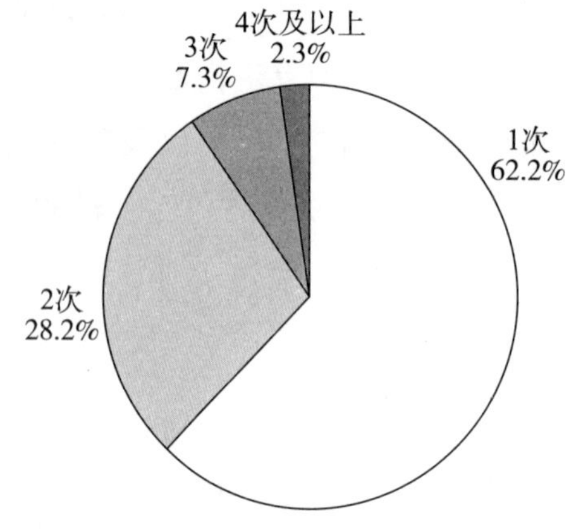

图 6－3　创业次数

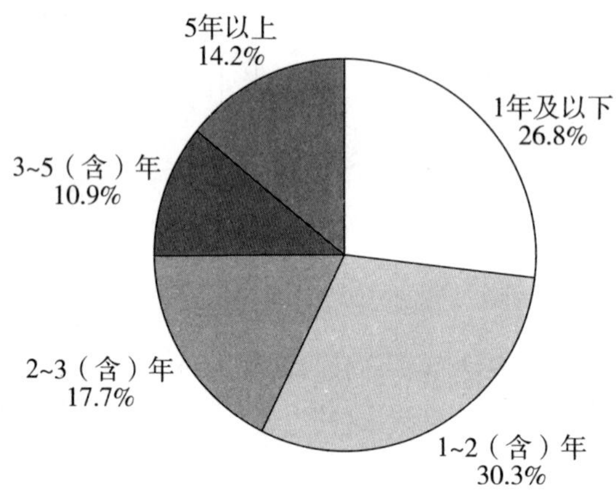

图 6－4　创业经验

（三）创业动机与创业方向

1. 创业动机

（1）主动型创业占多数，政策鼓励效应初显。青年创业者成就事业（43.1%）、增加收入（39.5%）及发现机会（27.5%）的创业动机占比较高，而由于就业困难（18.8%）被动创业的占比较低，受政策鼓励开始创业的占 20.9%，说明鼓励创业的政策效应已经在一定范围内有所显现（见图 6－5）。

（2）不同群体的创业动机有所区别。分性别来看，男性成就事业

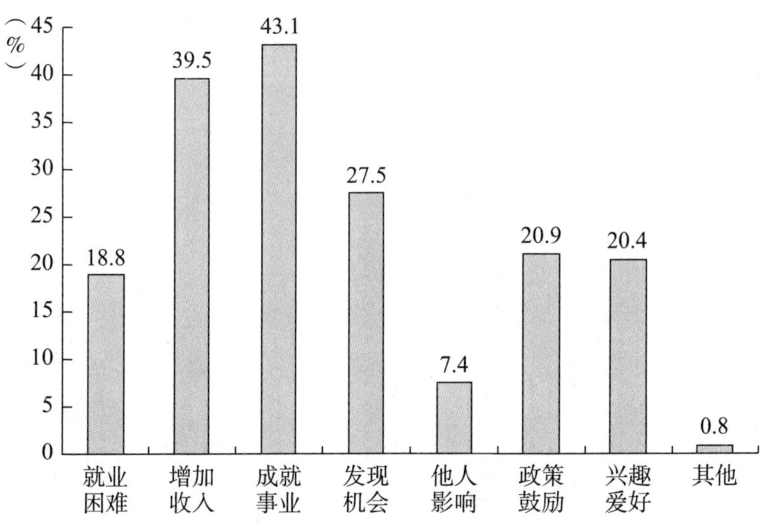

图 6-5 创业动机

的动机更强，女性基于兴趣爱好的动机更强（见图 6-6）；分学历来看，高学历创业者成就事业、发现机会和基于兴趣爱好的动机更强，低学历创业者增加收入的动机更强（见图 6-7）；从不同婚姻状况来看，已婚创业者比未婚创业者增加收入的动机更强（见图 6-8）。

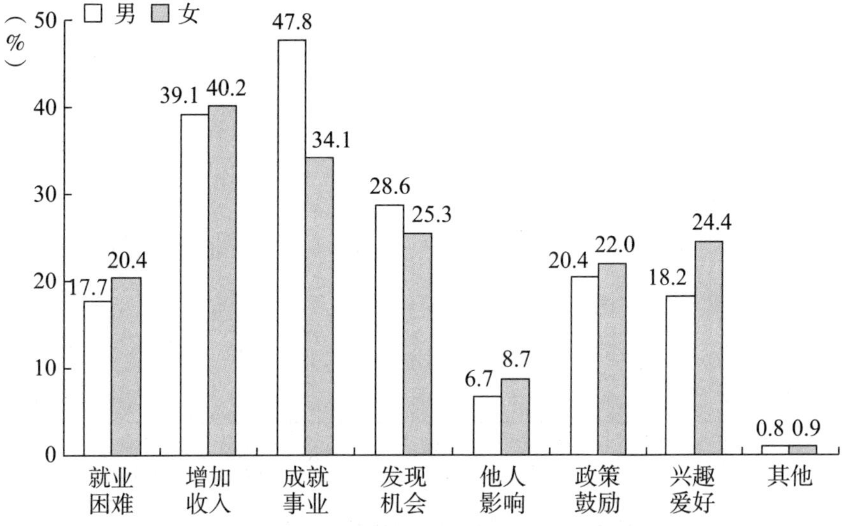

图 6-6 不同性别创业动机比较

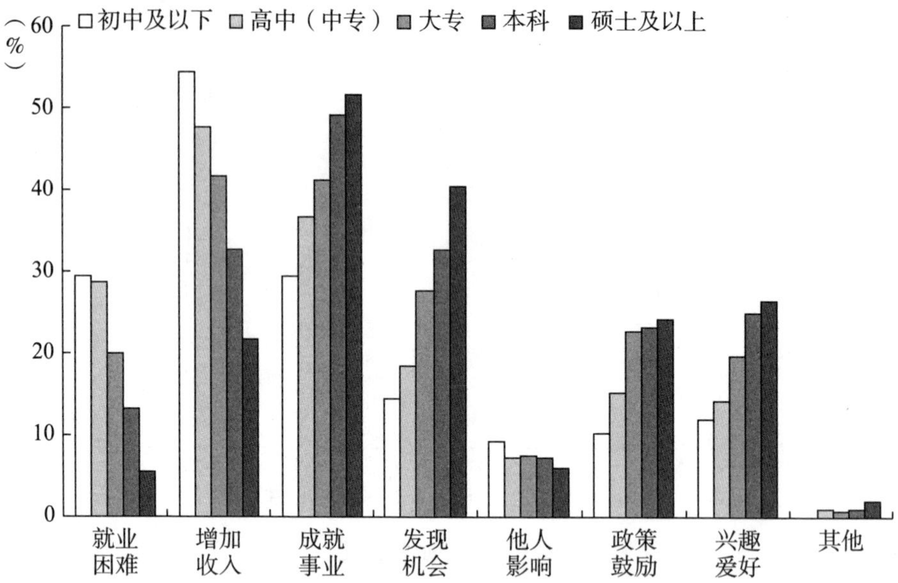

图6－7　不同学历创业动机比较

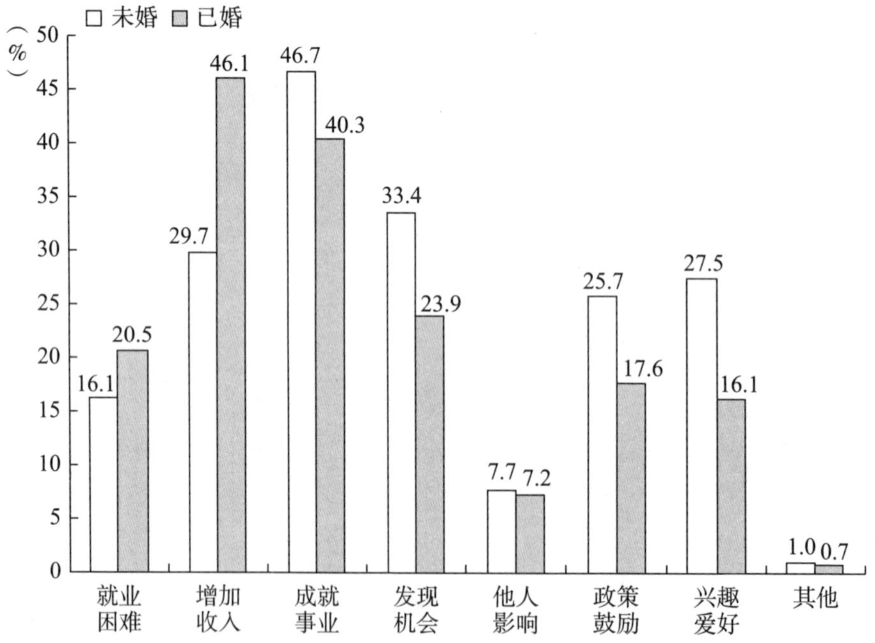

图6－8　不同婚姻状况创业动机比较

2. 创业方向

（1）创业项目选择主要来自对市场的观察和个人专业和兴趣。调查显示，创业者选择当前项目进行创业，大都是出于个人对市场的观察（40.0%）和专业兴趣（33.7%）（见图6－9）。可以看出，青年创业者在创业项目选取上比较有想法。

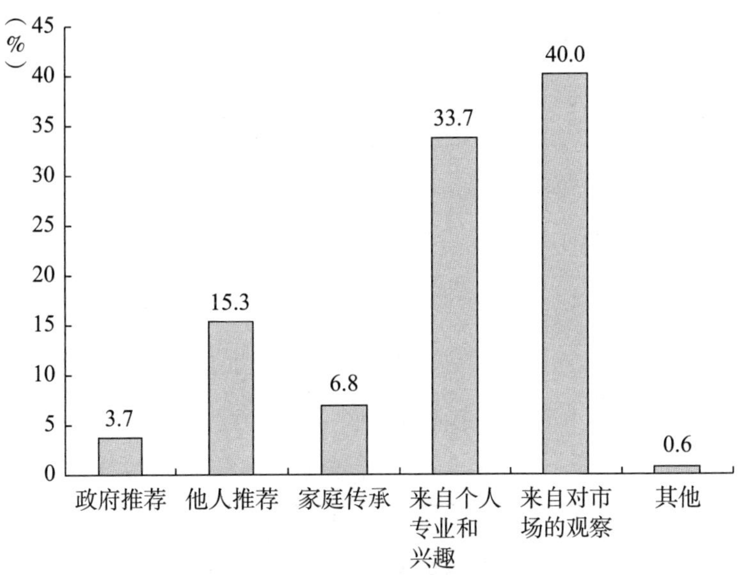

图6－9　创业项目的选择

（2）从事个体经营和创办有限责任公司是青年创业的主要形式。从创业项目的注册类型来看，注册个体工商户的最多（43.8%），其次是有限责任公司（29.8%）。其中，农民、农村进城务工人员、初中/高中/中专应届毕业生、城镇失业人员进行创业时，注册个体工商户的更多；在职人员、留学归国人员创业更多地选择注册有限责任公司；高校应届毕业生、复员转业退役军人注册个体工商户和有限责任公司的比重都比较高；在校生创业则更多的是注册有限责任公司或未注册（见表6－2）。

表 6 – 2　创业项目注册类型

单位：%

创业主体 \ 注册类型	未注册	个体工商户	农业合作社	独资企业	合伙企业	有限责任公司	股份有限责任公司	其他
全部	14.3	43.8	0.9	4.2	4.8	29.8	1.1	1.1
农民	14.6	64.6	4.7	2.9	1.1	9.9	0.4	1.8
农村进城务工人员	8.4	60.0	0.7	4.2	7.0	17.9	1.1	0.7
在职人员	14.6	22.1	0.2	4.5	5.7	49.2	1.9	1.7
在校学生	31.0	23.5	0.4	3.6	4.3	35.7	0.6	0.9
初中/高中/中专应届毕业生	12.2	61.0	0.5	3.8	4.7	16.4	0.9	0.5
高校应届毕业生	11.2	39.3	0.1	5.6	5.2	36.2	1.5	1.0
留学归国人员	12.5	16.7	0.0	4.2	16.7	41.7	8.3	0.0
城镇失业人员	10.8	62.6	0.6	2.7	4.3	18.5	0.1	0.4
复员转业退役军人	7.8	37.1	5.2	6.0	2.6	37.1	0.0	4.3

（3）创业领域涉及所有行业，批发零售业占三成。调查显示，青年创业者的创业项目遍布了所有行业，其中最多的是批发零售业（34.5%），另外信息传输、计算机服务和软件业（13.7%）、居民服务和其他服务业（9.5%）以及住宿餐饮业（8.6%）占比也较大（见图 6 – 10）。不同群体创业的行业选择存在差异，农民、农村进城务工人员、初中/高中/中专应届毕业生、城镇失业人员在批发零售业创业占比较大，而留学归国人员、在职人员、在校生则更多地选择在信息传输、计算机服务和软件业领域创业（见表 6 – 3）。

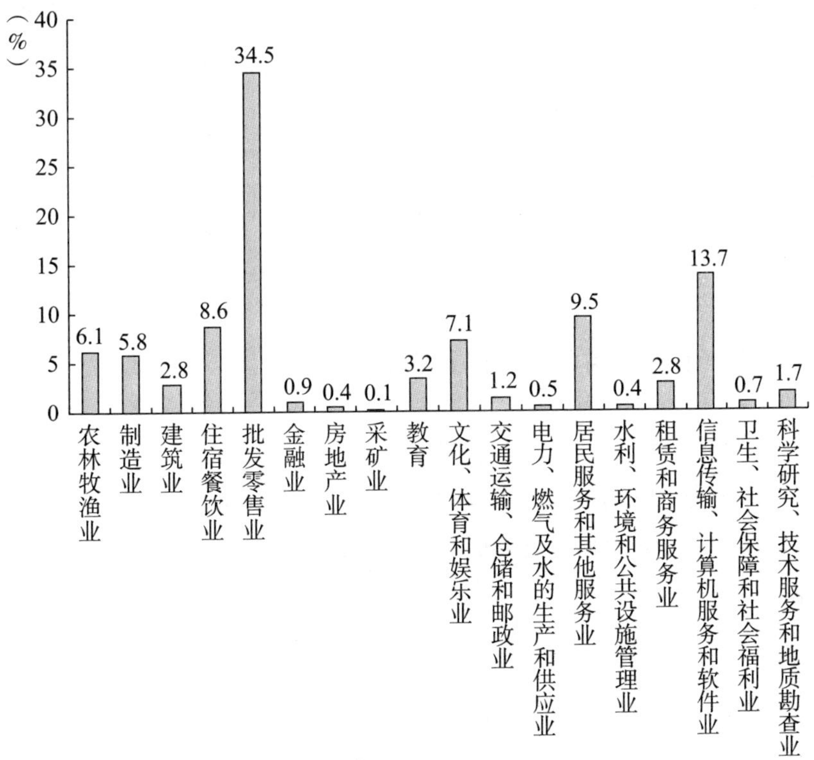

图 6-10　创业行业分布

表 6-3　不同身份群体创业的行业分布

单位：%

行业分布 / 创业主体	农林牧渔业	制造业	住宿餐饮业	批发零售业	文化、体育和娱乐业	居民服务和其他服务业	信息传输、计算机服务和软件业	其他
农民	16.4	8.0	8.8	38.9	1.1	7.6	5.0	14.2
农村进城务工人员	5.5	9.9	12.5	36.0	2.2	13.6	5.5	14.8
在职人员	4.1	5.6	8.6	20.9	7.0	6.2	21.2	26.4
在校学生	4.4	3.9	5.3	21.8	12.1	6.5	21.5	24.5
初中/高中/中专应届毕业生	4.5	7.1	7.6	39.4	4.0	9.6	5.6	22.2
高校应届毕业生	5.1	3.2	6.0	30.0	8.4	8.5	13.9	24.9
留学归国人员	14.3	4.8	11.9	9.5	14.3	2.4	19.0	23.8

续表

行业分布 创业主体	农林牧渔业	制造业	住宿餐饮业	批发零售业	文化、体育和娱乐业	居民服务和其他服务业	信息传输、计算机服务和软件业	其他
城镇失业人员	2.9	6.3	8.8	44.5	4.4	11.0	5.7	16.4
复员转业退役军人	8.0	5.0	10.0	31.0	5.0	9.0	8.0	24.0

（四）创业资源的获取与管理

1. 创业资金

（1）创业初始资金在10万元以下的占六成以上，主要源于自有资金和他人（含家庭）资助。创业初始资金在10万元以下的占64.9%，10万~30万的占19.9%，30万~50万的占8.6%，50万以上占6.6%（见图6-11）。从创业初始资金的构成来看，自有资金作为首要来源的占70.3%，他人（含家庭）资助作为首要来源的占20.1%（见图6-12），这两项是创业初始资金的主要来源。

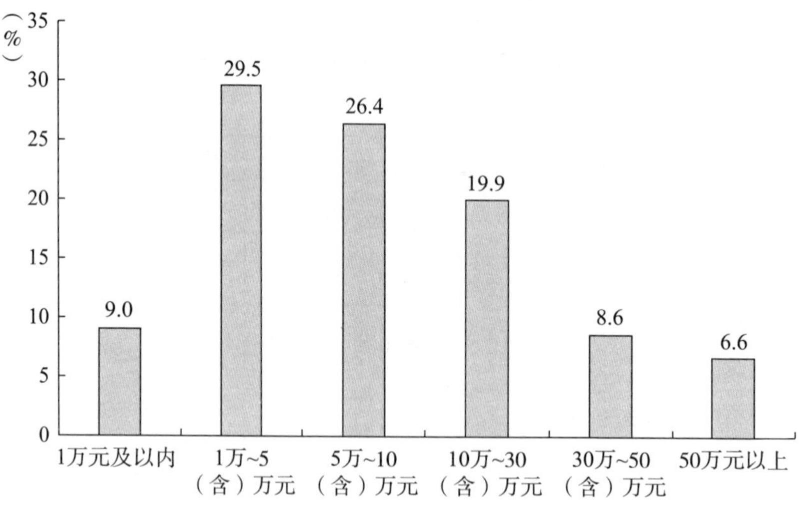

图6-11　创业初始资金

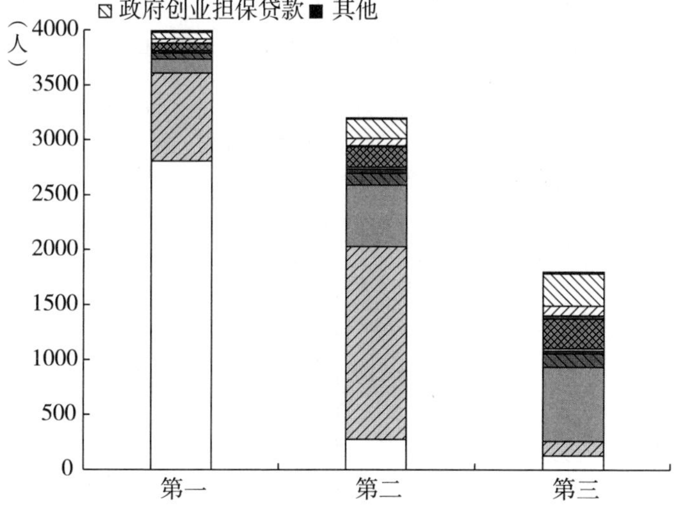

图 6－12　创业初始资金来源构成

（2）初始资金的支出大都用于场地的租赁和购置方面。从创业初始资金的支出来看，主要用于场地租赁与购置方面的占 57.0%，主要用于购买设备与进货和原材料的分别占 16.2% 和 16.6%（见图 6－13）。

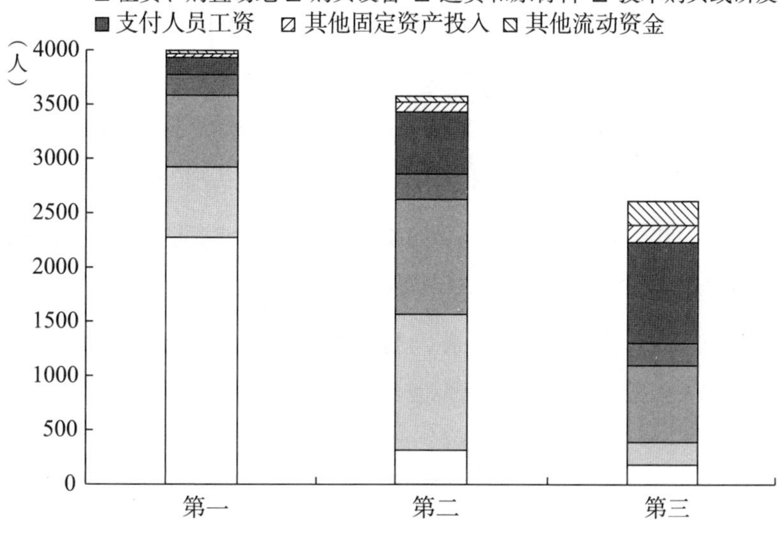

图 6－13　创业初始资金支出构成

（3）后续资金主要源于经营性收入。随着企业的发展，经营性收入成为后续资金的主要来源，占了较大的比重，而自有资金和他人的资助仍然是后续资金投入的重要来源（见图6－14）。

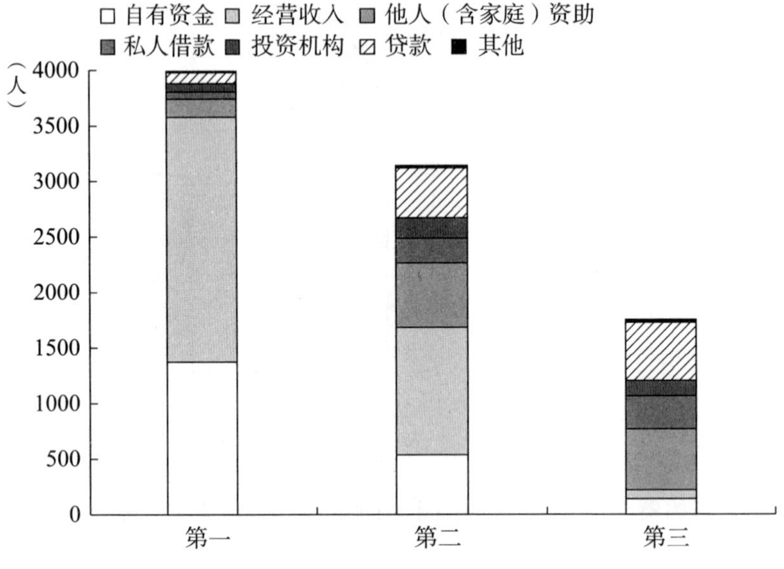

图6－14　后续资金来源构成

（4）六成青年创业者没有贷款，不需要和难获得的比重各半。61.6%的创业者没有贷款。从创业前的身份来看，在职人员（73.8%）和在校学生（78.4%）创业没有贷款的比重更高，农村进城务工人员（47.6%）、初中/高中/中专应届毕业生（45.9%）没有贷款的比重更低（见图6－15）。在没有贷款的原因中，近一半创业者是不需要贷款（47.7%），而需要贷款者没有贷款则主要是受限于融资成本（16.1%）、融资手续（25.8%）以及抵押物/担保（29.0%）等方面的因素，且不同群体间未贷款原因有所区别（见表6－4）。

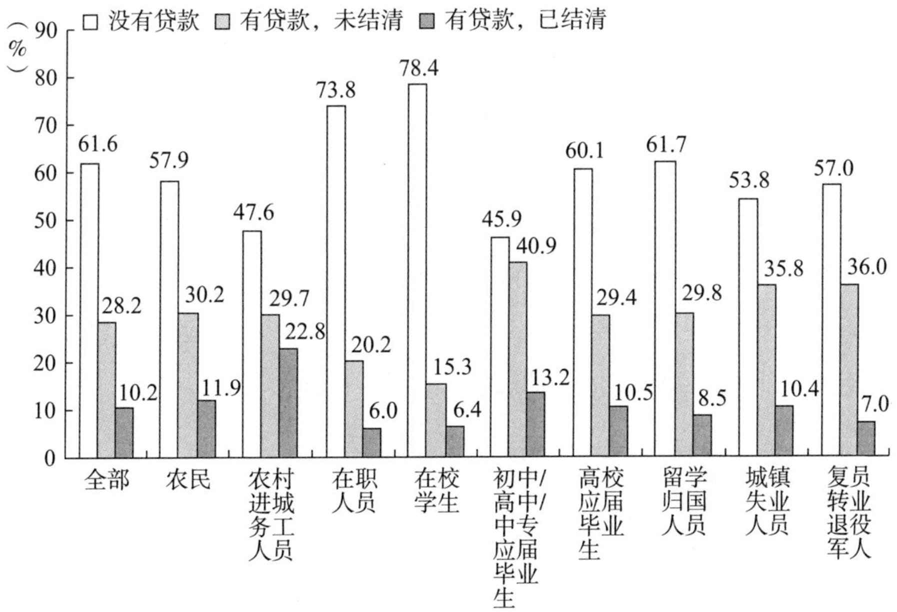

图 6－15　不同创业身份申请贷款情况

表 6－4　未贷款的原因

单位：%

原因分类 / 创业主体	不需要贷款	融资成本过高	融资手续复杂	没有抵押物/无担保	企业盈利、偿债能力低	其他
全部	47.7	16.1	25.8	29.0	11.0	1.9
农民	45.7	31.4	29.3	20.7	12.9	5.0
农村进城务工人员	55.7	22.5	21.5	22.2	13.6	2.6
在职人员	50.7	21.1	25.5	33.3	16.3	4.6
在校学生	36.5	25.0	28.1	37.5	18.8	5.2
初中/高中/中专应届毕业生	49.7	21.8	25.5	28.3	18.6	5.4
高校应届毕业生	41.4	20.7	27.6	24.1	20.7	0.0
留学归国人员	47.7	21.9	23.6	23.6	13.2	4.1
城镇失业人员	48.3	33.3	31.7	31.7	11.7	5.0
复员转业退役军人	47.7	16.1	25.8	29.0	11.0	1.9

2. 人力资源

（1）个人/夫妻创业约占六成，不同群体、项目创业形式有所区别。调查结果表明，个人/夫妻创业与团队创业分别占 59.5% 和 40.5%。从创业前的身份来看，农民、农村进城务工人员、城镇失业人员、初中/高中/中专应届毕业生以及复员转业退役军人更倾向于个人/夫妻创业，而留学归国人员和在校学生更倾向于团队创业（见图 6－16）；从注册类型来看，个体工商户以个人/夫妻创业居多，企业则更多地采取团队创业的形式（见图 6－17）。

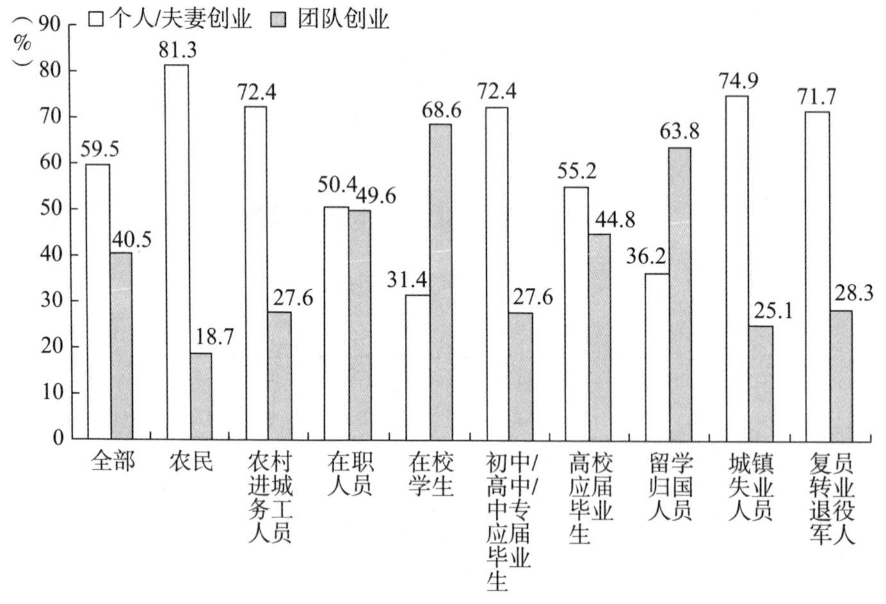

图 6－16　不同创业身份的创业形式

（2）创业团队合作伙伴主要是同学/校友和朋友。调查显示，团队创业中的成员主要来自比较熟识的同学/校友（42.2%）和朋友（41.1%），另外有 27.5% 的人是由于志趣相投而一起创业，还有 25.7% 的人是多方寻找专业人士作为合作伙伴。比较而言，在校学生和高校应届毕业生更倾向选择同学/校友作为创业伙伴，农民更倾向于和亲属、朋友一起创业，留学归国人员往往选择朋友、专业人士或同学/校友一起创业，在职人员、农村进城务工人员、复员转业退役军人、初中/高中/中专应届毕业生的合作伙伴则更加多元（见表6-5）。

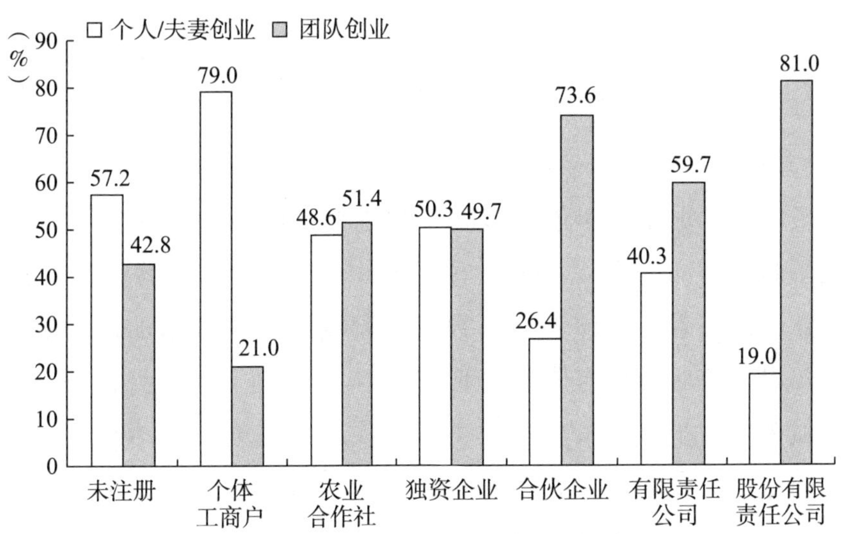

图6-17　不同注册类型的创业形式

表6-5　团队创业合作伙伴的选择

单位：%

伙伴类型 / 创业主体	同学/校友	前同事	亲属	朋友	老乡	专业人士	其他志趣相投的人
全部	42.2	14.1	16.4	41.1	3.0	25.7	27.5
农民	8.0	8.0	46.0	44.0	10.0	22.0	20.0
农村进城务工人员	4.8	20.5	30.1	45.8	7.2	32.5	16.9
在职人员	25.7	28.1	11.3	41.4	2.7	31.2	31.5
在校学生	80.9	3.9	5.4	28.4	1.5	17.3	26.6
初中/高中/中专应届毕业生	25.4	12.7	31.8	39.7	1.6	36.5	36.5
高校应届毕业生	49.9	10.8	15.7	44.1	1.9	27.3	26.0
留学归国人员	38.7	16.1	19.4	58.1	0.0	45.2	19.4
城镇失业人员	15.6	16.1	20.6	48.3	4.4	23.9	28.3

续表

创业主体＼伙伴类型	同学/校友	前同事	亲属	朋友	老乡	专业人士	其他志趣相投的人
复员转业退役军人	20.0	10.0	30.0	36.7	10.0	13.3	30.0

（3）创业项目人员规模在10人以下的占多数，创业带动就业倍增效应明显。由于青年创业多处于初创期，10人以下规模创业项目占到了80.7%（见图6－18），平均每个创业项目吸纳就业约8.4人。从成立时间来看，总体上人员数量随着创业时间的增加而增加，成立5年以上的项目平均带动就业13.6人；从创业前的身份来看，农村进城务工人员、留学归国人员以及在职人员创业带动就业数量较多，而城镇失业人员和初中/高中/中专应届毕业生创业带动就业数量相对较少；从注册类型来看，未注册项目和个体工商户带动就业数量较少，而企业（特别是股份有限责任公司）和农业合作社带动就业人数都较多（见表6－6）。

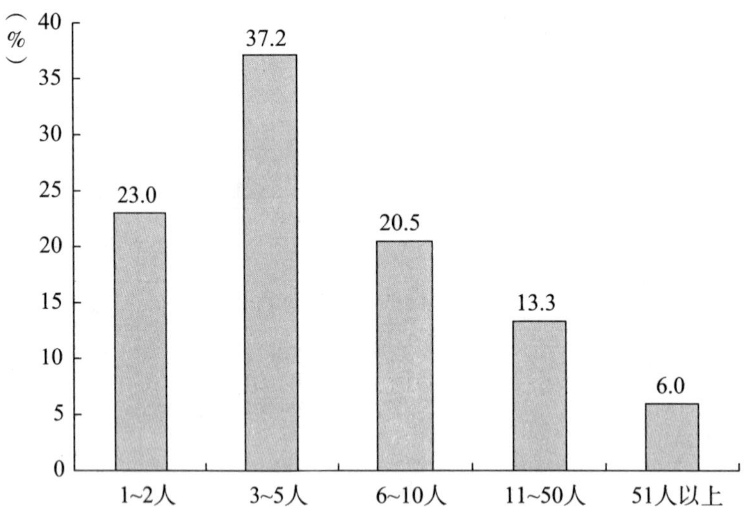

图6－18　不同人员规模创业项目比重

表 6-6　不同创业项目平均从业人数

类别		创业项目平均从业人数（人）
成立时间	1年及以下	6.6
	1~2（含）年	7.5
	2~3（含）年	8.8
	3~5（含）年	7.6
	5年以上	13.6
创业前身份	农民	7.4
	农村进城务工人员	10.8
	在职人员	10.1
	在校学生	8.8
	初中/高中/中专应届毕业生	6.7
	高校应届毕业生	9.2
	留学归国人员	10.5
	城镇失业人员	5.5
	复员转业退役军人	7.8
注册类型	未注册	5.2
	个体工商户	4.6
	农业合作社	16.5
	独资企业	8.9
	合伙企业	11.2
	有限责任公司	13.0
	股份有限责任公司	30.6

（4）创业项目人员规模总体稳定，创业吸纳就业势头总体向好。从创业项目中人员变化的情况来看，人员比较稳定的占60.7%，数量变化不大但人员变动较大的占15.1%，人员呈增长趋势的占12.3%，人员数量起伏较大的占9.4%，人员数量呈下降趋势的仅占2.0%。从不同成立时间的项目来看，数量比较稳定的比重基本在75%左右，但随着成立时间的增加，人员变化的比重要更高；再从

不同人员规模的项目来看，人员多的企业/项目，人员变化的比重要更高，但总体上稳定和增加的比例要更大（见表6－7）。由此表明，创业吸纳就业的势头总体向好。

表6－7　创业项目中人员变化情况

单位：%

类别 \ 变化情况		比较稳定	数量变化不大人员变动较大	总体增长	总体下降	不确定性较大	其他
全部		60.7	15.1	12.3	2.0	9.4	0.6
成立时间	1年以下	67.2	10.0	12.7	1.3	8.1	0.7
	1～3（含）年	59.4	16.6	12.8	1.9	8.9	0.5
	3～5（含）年	56.6	16.8	12.6	2.3	11.5	0.2
	5～10（含）年	53.5	18.3	12.9	1.8	12.6	0.9
	10年以上	56.7	19.7	10.6	3.3	8.9	0.8
人员规模	1～2人	61.8	15.6	12.1	1.4	8.4	0.6
	3～5人	60.8	15.1	12.3	2.2	8.9	0.7
	6～10人	60.9	14.3	12.5	1.8	9.7	0.8
	11～50人	59.3	16.5	11.1	1.9	10.9	0.4
	51人及以上	57.6	12.3	16.0	3.3	10.9	0.0

（5）人员能够满足发展需求的约占六成，市场营销、专业技术和经营管理人才缺乏。调查显示，57.0%的创业者认为当前人员能够满足发展的需要，25.1%的人认为不能满足，还有17.9%的人对此表示不确定。比较而言，个体工商户和农业合作社认为人员能满足需要的比重更高，而企业更多地认为人员无法满足发展需要（见图6－19）。对于认为人员无法满足需要的创业者而言，主要是缺少市场营销人才（64.4%）、专业技术人才（53.5%）和经营管理人才（42.4%），在不同类型企业/项目之间，人才需求类型没有明显的差异，只不过个体工商户和农业合作社对专业技术人才的需求度更低（见表6－8）。

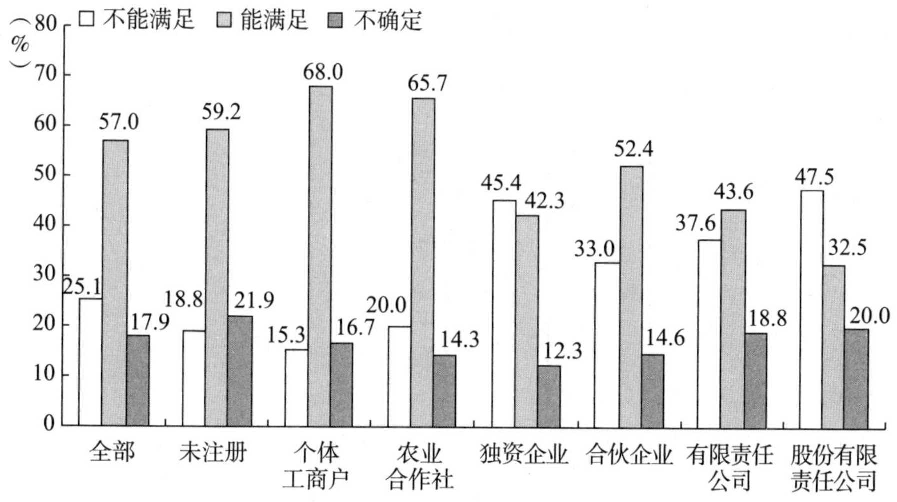

图 6－19　不同注册类型创业项目的人员满足程度

表 6－8　创业急需的人才

单位：%

创业主体＼人才类型	经营管理人才	专业技术人才	市场营销人才	行政管理人才	技术工人	财务管理人才	其他
全部	42.4	53.5	64.4	5.7	15.6	13.6	2.1
未注册	42.9	58.1	63.8	5.7	18.1	17.1	1.0
个体工商户	43.2	39.8	58.3	2.7	15.9	10.6	4.2
农业合作社	85.7	42.9	71.4	0.0	28.6	28.6	0.0
独资企业	46.0	55.4	55.4	4.1	12.2	13.5	4.1
合伙企业	44.3	57.4	73.8	4.9	14.8	11.5	0.0
有限责任公司	39.8	59.8	68.4	7.4	15.8	14.9	0.5
股份有限责任公司	38.1	61.9	71.4	4.8	4.8	4.8	4.8

3. 创业技术

（1）具备核心技术的创业项目约占四成，不同群体、项目之间技术拥有度有差异。从创业技术方面来看，37.4%的创业者认为自己的项目具备核心技术。其中，从项目注册类型来看，未注册项目（29.6%）和个体工商户（29.0%）具备核心技术的比重更低（见图 6－20）；从创业前的身份来看，城镇失业人员、农民和农村进城务工人员创业的技术含量更低（见图 6－21）。

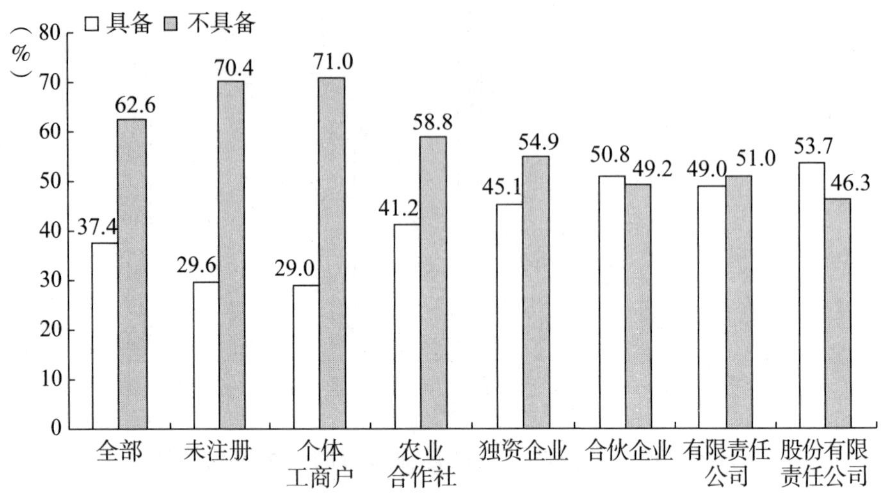

图 6－20　不同注册类型创业项目核心技术拥有情况

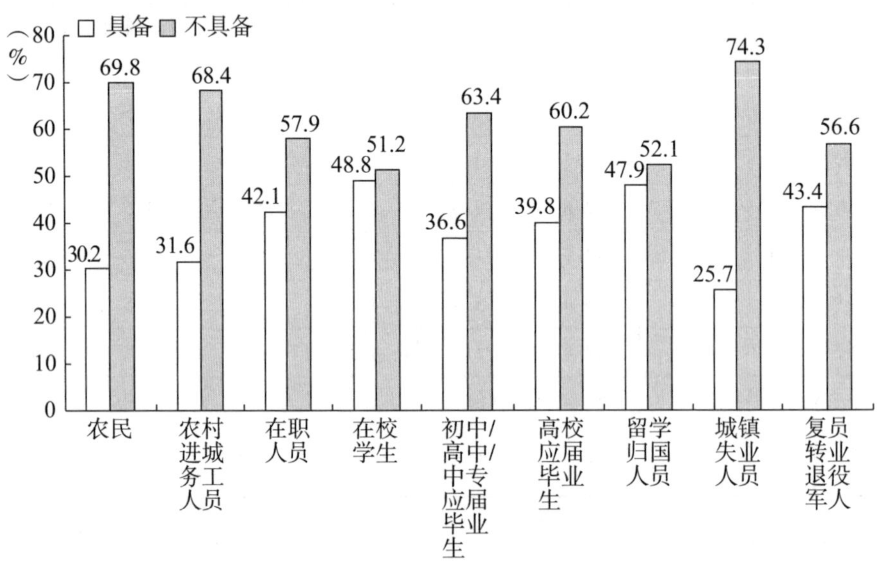

图 6－21　不同创业身份创业者核心技术拥有情况

（2）技术获取途径主要是自主研发，但大都未申请专利。核心技术的获取，具体主要是通过自主研发（58.5%）或合作研发（35.3%）的形式获得（见图 6－22）。在认为具有核心技术的企业中，59.1% 的创业者没有申请专利，20.1%的正在或准备申请，仅有20.8%的人申请了专利（见图6－23），说明总体的专利保护意识还不强。

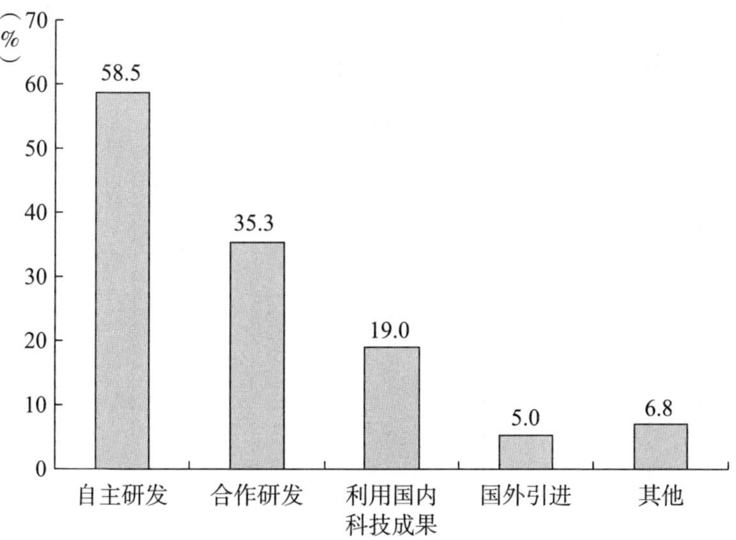

图6－22　核心技术获取途径

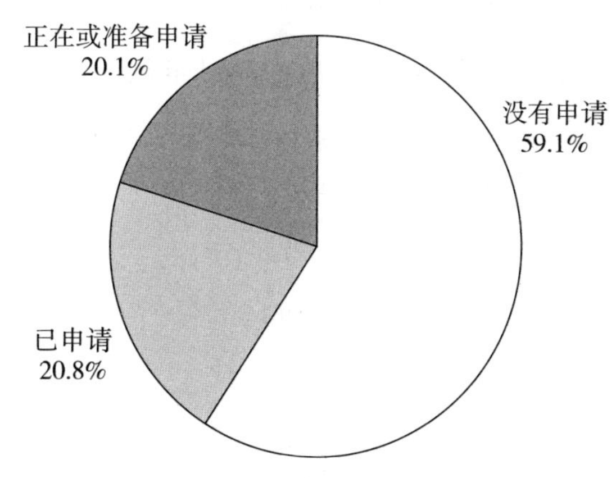

图6－23　申请专利情况

（五）创业环境与政策支持

1. 创业环境

创业环境总体被认可度较高，经济形势和市场公平性方面评价较低。对经济形势、创业氛围、市场公平性、基础设施、政府支持以及亲朋支持等创业环境的评估显示，创业者对创业环境的总体认可度较高，其中 5 项得分在 3 分以上（满分 5 分），但经济形势和市场公平性得分略低，分别为 2.88 分和 3.14 分（见图 6－24）。

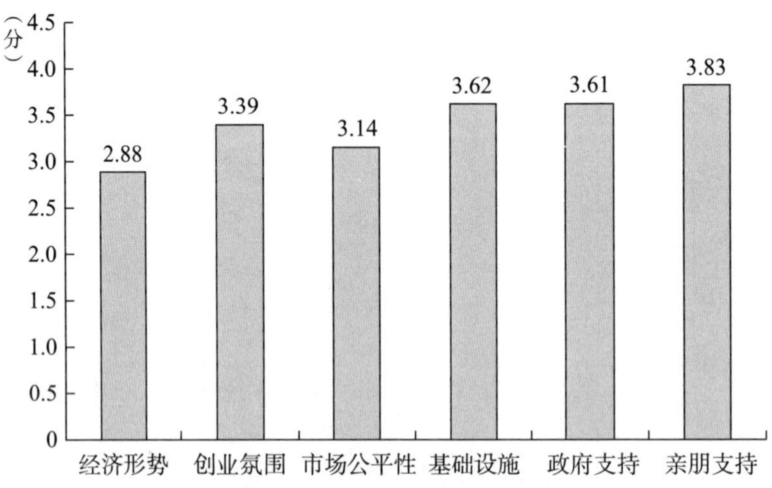

图 6－24　创业环境评分

从经济形势方面来看，认为一般的超过半数（50.3%），其他认为较差（23.4%）和很差（5.9%）的占比要高于认为较好（18.2%）和很好（2.3%）的占比（见图 6－25）。

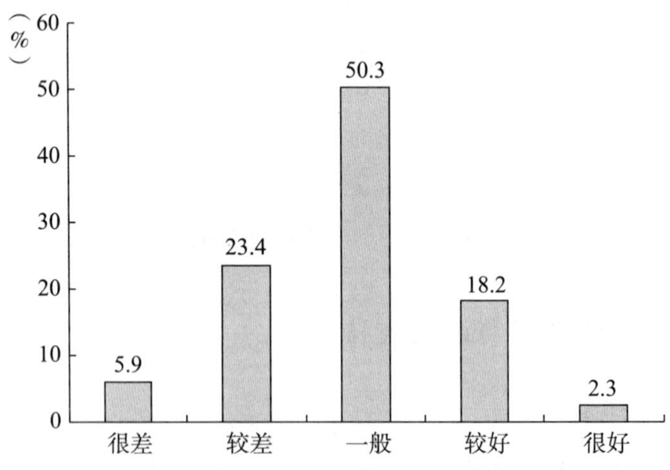

图 6－25　对经济形势的评价

在创业氛围方面，认为当前社会上创业氛围一般的占41.8%，认为较好和很好的分别占39.3%和6.8%，认为较差和很差的分别占10.1%和2.1%（见图6－26），总体来看，创业者对当前的创业氛围认可度较高。

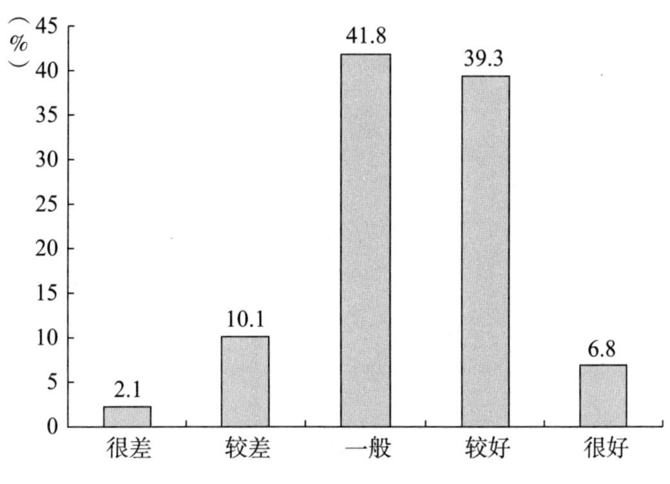

图6－26　对创业氛围的评价

在市场公平性方面，54.3%的创业者认为一般，29.9%的创业者认为公平性较好或很好，另有15.8%的创业者认为较差或很差（见图6－27）。

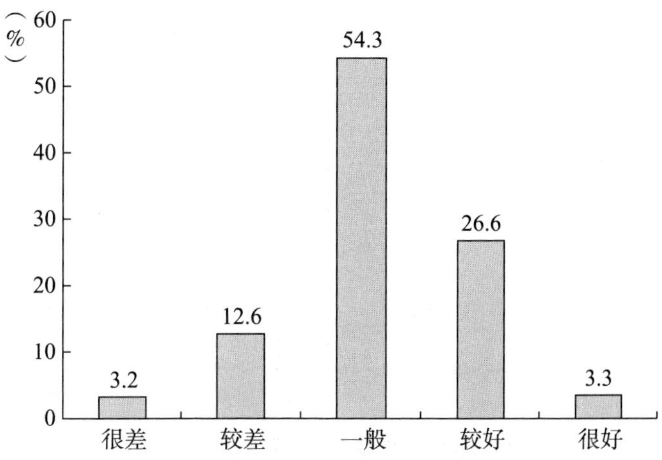

图6－27　对市场公平性的评价

对于创业相关的基础设施，创业者的评价较高，46.5%的人选择了较好，10.9%的人选择了很好（见图6－28），说明创业基础配套设施状况得到了大多数创业者的认同。

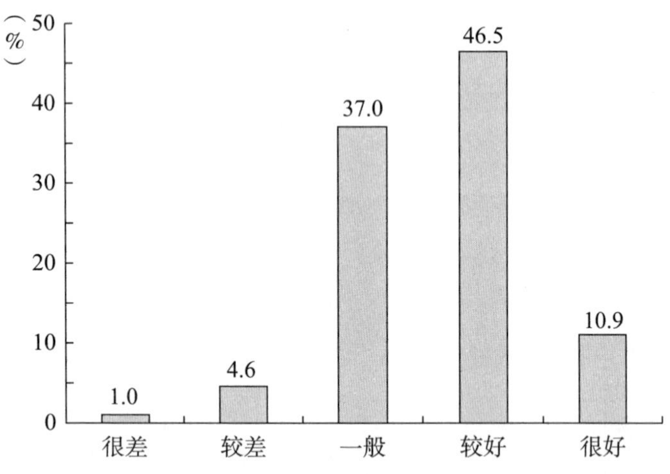

图6－28　对基础设施的评价

在政府对创业的支持方面，创业者也给予了较高的评价，认为支持力度较强和很强的人分别占43.5%和13.6%（见图6－29），说明政府在扶持青年人创业方面发挥了积极的作用。

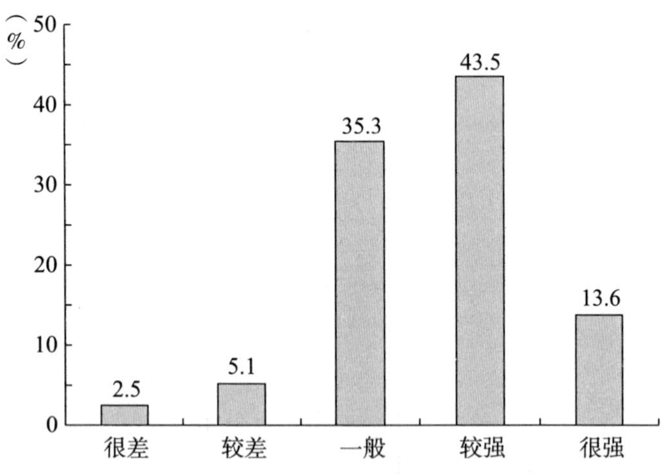

图6－29　对政府支持力度的评价

在家庭、亲戚、朋友对创业的支持方面，创业者同样给予了较高的认同度，选择支持力度较强和很强的人分别占 49.5% 和 18.5%（见图 6－30）。

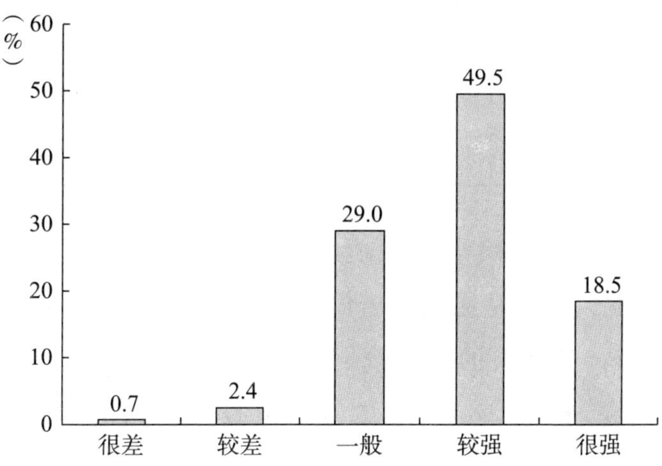

图 6－30　对亲朋支持力度的评价

2. 政策支持

（1）政策知晓度较高，部分群体对政策的了解程度偏低。从创业者对政策的知晓度来看，调查对象对创业政策很了解的占 6.0%，了解一些的占 62.7%，不太了解的占 26.4%，几乎不了解的占 4.9%，大都对政策有一定的了解。其中，初中/高中/中专应届毕业生、农民、农村进城务工人员以及在职人员对政策的了解程度较低，几乎不了解和不太了解的占比在 35% 以上（见表 6－9）。

表 6－9　政策知晓度

单位：%

创业主体＼知晓度	几乎不了解	不太了解	了解一些	很了解
全部	4.9	26.4	62.7	6.0
农民	7.1	32.0	53.7	7.1
农村进城务工人员	5.1	30.6	60.3	4.0
在职人员	6.5	29.2	59.1	5.2
在校学生	4.9	24.0	64.8	6.4
初中/高中/中专应届毕业生	7.2	33.8	55.0	4.1

续表

创业主体＼知晓度	几乎不了解	不太了解	了解一些	很了解
高校应届毕业生	3.1	21.7	68.0	7.3
留学归国人员	2.1	14.6	79.2	4.2
城镇失业人员	5.2	25.7	64.0	5.1
复员转业退役军人	2.8	19.8	68.9	8.5

（2）政府宣传和网络/媒体是获取政策的主渠道。从政策的具体获取途径来看，主要是通过政府的宣传（64.6%）和网络/媒体的报道（55.1%），其他人的介绍（34.0%）的比重也较高。比较来看，留学归国人员（68.1%）、复员转业退役军人（62.9）、在职人员（62.1%）、在校学生（60.9%）、高校应届毕业生（60.7%）更多地会利用网络/媒体等途径主动了解政策，而农民、农村进城务工人员、城镇失业人员以及初中/高中/中专应届毕业生更依赖于政府部门的宣传，利用网络/媒体了解政策的比重偏低（见表6－10）。

表6－10　创业政策获取途径

单位：%

创业主体＼途径	学校介绍	政府宣传	网络/媒体	社会机构	其他人介绍	其他
全部	11.8	64.6	55.1	24.9	34.0	2.0
农民	3.6	68.0	36.3	15.0	40.6	1.8
农村进城务工人员	3.4	60.3	49.5	18.5	30.3	1.7
在职人员	4.4	59.7	62.1	31.1	31.8	2.4
在校学生	45.5	57.6	60.9	23.4	27.7	2.3
初中/高中/中专应届毕业生	7.2	64.3	47.1	22.6	39.8	1.8
高校应届毕业生	13.9	68.6	60.7	27.5	33.4	2.2
留学归国人员	4.3	63.8	68.1	21.3	34.0	2.1
城镇失业人员	2.1	67.9	48.6	23.6	38.1	1.7
复员转业退役军人	3.8	71.4	62.9	26.7	31.4	2.9

（3）政策/服务总体享受面较大，单项政策/服务覆盖率不高。从政策享受情况来看，被调查者大都享受了创业政策，只有 15.4% 的人没有获得任何政策的扶持。分项来看，除了创业培训与指导服务的享受比重（43.0%）较高外，其他各项政策/服务享受比重均在 30% 以下（见图 6－31）。

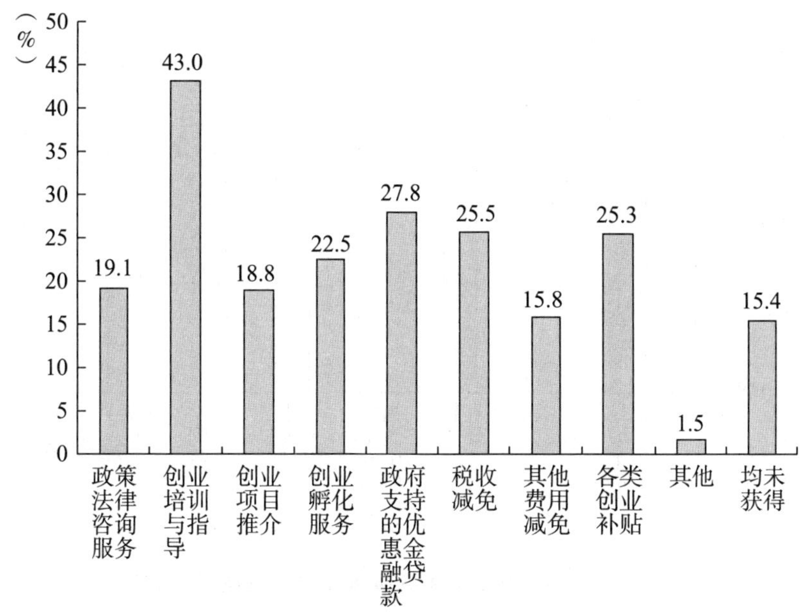

图 6－31 创业政策享受比重

（4）部分群体政策/服务惠及度较低，创业补贴、创业孵化和金融贷款政策享受情况差异明显。比较来看，高校应届毕业生、留学归国人员受政策的支持力度较大，平均享受政策数量分别约为 2.3 项和 2.2 项；农村进城务工人员、复员转业退役军人、农民以及在职人员享受政策数量相对较低，平均在 1.7 项左右（见图 6－32）。通过求标准差发现，差异较大的几项政策分别是创业补贴、创业孵化和政府支持的金融贷款，留学归国人员（39.6%）和高校应届毕业生（36.4%）获得创业补贴的比例较大，在校生（33.3%）、留学归国人员（29.2%）、在职人员（29.8%）和高校应届毕业生（28.3%）

接受创业孵化服务的比重较大，初中/高中/中专应届毕业生（41.1%）、城镇失业人员（37.4%）、复员转业退役军人（32.4%）、高校应届毕业生（31.7%）享受政府支持的金融贷款的比重较大（见表6-11）。

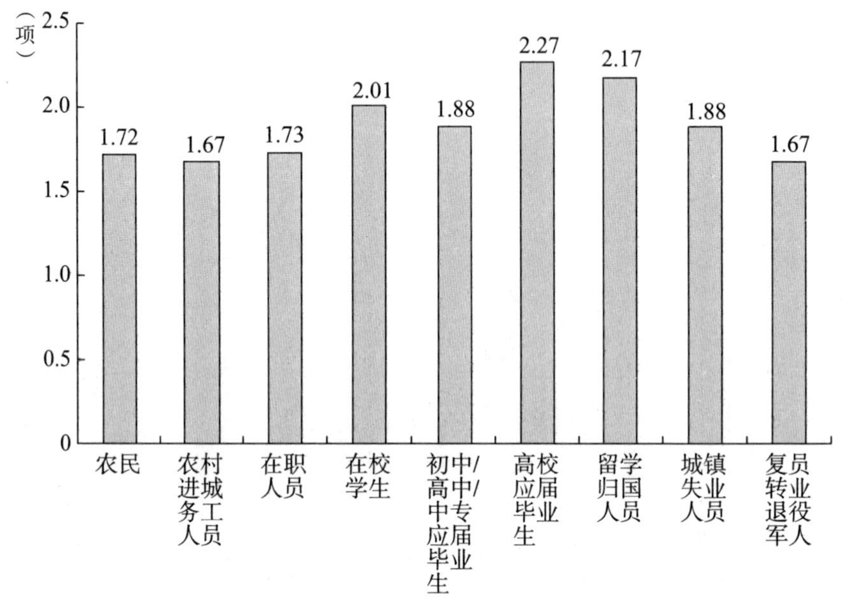

图6-32　不同创业身份群体平均享受政策数量

表6-11　不同创业身份群体创业政策享受比重

单位：%

政策类型 创业主体	政策咨询	创业培训	项目推介	创业孵化	金融贷款	税收减免	其他费用减免	创业补贴	其他	未享受
农民	20.1	43.2	17.6	9.0	27.0	24.1	11.9	17.6	4.0	16.5
农村进城务工人员	16.8	42.3	25.1	13.1	27.5	25.8	7.6	11.0	2.4	16.5
在职人员	17.5	37.1	14.9	29.8	15.3	23.2	17.0	23.1	1.2	21.8
在校学生	17.3	46.7	24.0	33.3	14.8	24.6	16.9	26.9	2.1	15.6
初中/高中/中专应届毕业生	12.3	37.4	19.2	19.2	41.1	22.4	23.3	14.6	0.9	16.0
高校应届毕业生	22.8	45.5	19.3	28.3	31.7	27.4	19.0	36.4	1.2	12.1

续表

政策类型 / 创业主体	政策咨询	创业培训	项目推介	创业孵化	金融贷款	税收减免	其他费用减免	创业补贴	其他	未享受
留学归国人员	20.8	35.4	22.9	29.2	29.2	20.8	16.7	39.6	2.1	14.6
城镇失业人员	17.6	46.4	15.8	13.3	37.4	24.8	12.6	23.9	0.7	14.0
复员转业退役军人	17.6	44.1	10.8	8.8	32.4	35.3	11.8	11.8	1.0	13.7

（5）创业者对政策的满意度总体较高，部分群体的满意度略低。总体来看，创业者对于政府的创业政策比较满意，选择较满意和很满意的比重分别占到了42.2%和12.1%，只有6.4%的人选择了不满意或很不满意（见图6－33）。比较来看，留学归国人员（3.77分）、城镇失业人员（3.68分）、复员转业退役军人（3.68分）、高校应届毕业生（3.67分）对政策的满意度较高，农村进城务工人员（3.39分）和在职人员（3.41分）的满意度较低（见图6－34）。部分群体之所以对创业政策不尽满意，主要是由于办理手续繁琐（49.9%）。另外支持力度不够（38.9%）、覆盖范围小（38.6%）、条件规定苛刻（34.7%）以及落实不到位（32.3%）也是制约政策切实发挥作用的重要原因（见图6－35）。

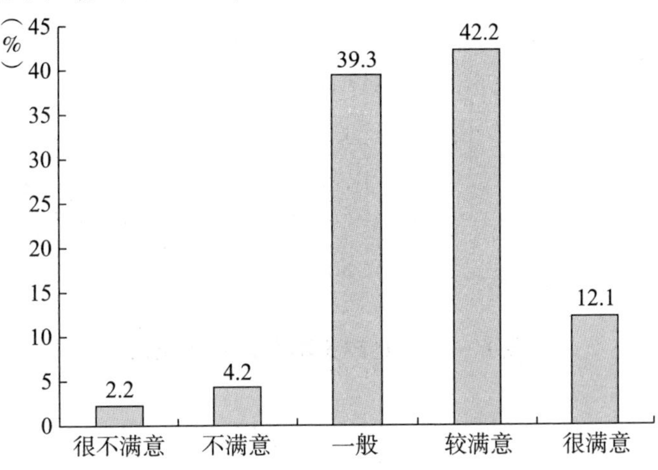

图6－33　创业者对创业政策的满意度

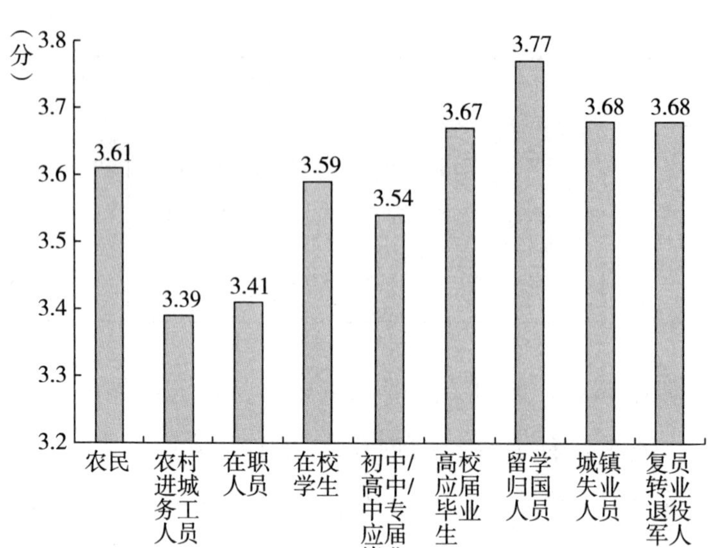

图 6－34　不同创业身份群体政策满意度

注：满分为 5 分。

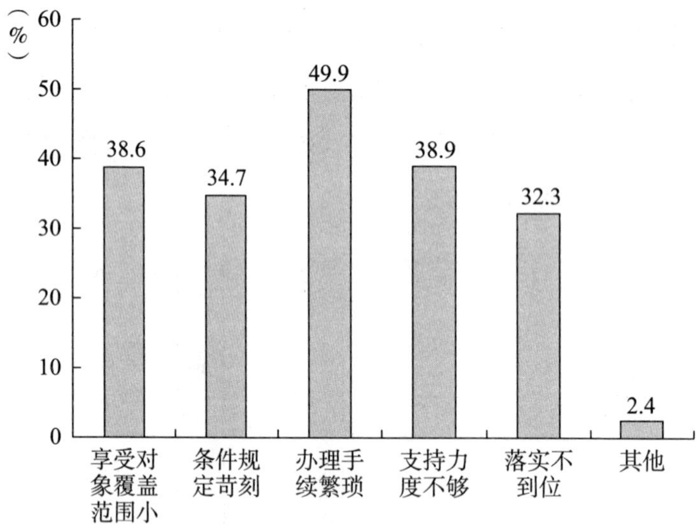

图 6－35　对政策不尽满意的原因

（六）创业能力培养与创业孵化

1. 创业能力

（1）经营管理、市场开拓、商机判断以及创新等方面的能力较为重要。从创业者选择的关键创业能力来看，经营管理能力（63.2%）、商机判断能力（47.1%）、市场开拓能力（46.7%）以及创新能力（37.7%）被认为是最重要的几项能力（见图6－36），在创业过程中起着非常重要的作用。

（2）实践和学习是获取创业能力的重要途径。调查表明，实际工作中的历练（68.3%）被认为是最重要的能力获取途径，其次是创业培训（39.5%）和学习案例（31.3%），另外他人指导（27.9%）、家庭影响（24.3%）对于创业能力的培养和提升也比较重要。比较而言，留学归国人员、在校学生、高校应届毕业生和在职人员除了通过工作历练和创业培训提升创业能力外，还会主动学习一些成功的企业案例（见表6－12）。

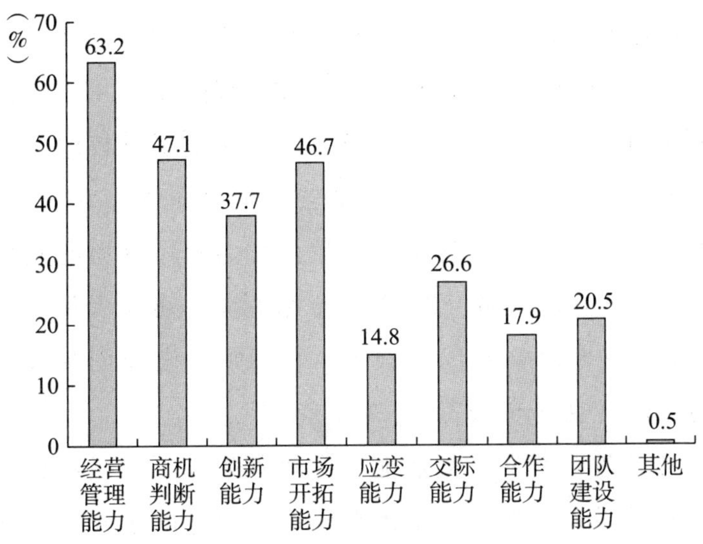

图6－36　创业的关键能力

表 6 – 12 创业能力的获取途径

单位：%

创业主体＼途径	学校教育	家庭影响	工作历练	创业培训	他人指导	学习案例	创业大赛	其他
全部	18.2	24.3	68.3	39.5	27.9	31.3	9.7	1.3
农民	10.6	30.9	57.5	36.9	28.0	23.8	6.0	1.1
农村进城务工人员	12.7	27.4	68.2	35.3	24.7	21.9	5.5	0.3
在职人员	14.0	16.8	77.3	35.3	29.8	33.5	8.6	1.9
在校学生	35.3	22.8	62.8	36.1	28.1	34.9	22.0	2.7
初中/高中/中专应届毕业生	15.4	31.2	67.4	40.3	24.0	29.9	9.1	0.5
高校应届毕业生	21.7	24.7	67.8	42.0	27.6	34.5	10.4	1.0
留学归国人员	21.3	19.2	70.2	25.5	23.4	51.1	12.8	2.1
城镇失业人员	12.2	24.7	70.0	44.1	30.7	26.8	5.5	0.7
复员转业退役军人	10.7	26.2	68.0	44.7	21.4	29.1	5.8	1.9

（3）四成创业者参加过创业教育培训。所有调查者中，44.3%的人参加过创业教育培训（见图 6 – 37）。在参加过创业教育培训的创业者中，59.7%的人参加了政府组织的创业培训，43.0%的人参加了社会机构组织的培训，另有 27.3%的人接受了学校的创业教育培训（见图 6 – 38）。比较而言，复员转业退役军人（50.9%）、高校应届毕业生（50.6%）以及在校学生（50.4%）参加创业教育培训的比重更高，而在职人员（34.2%）、农村进城务工人员（37.0%）、留学归国人员（37.5%）以及农民（38.2%）参加创业教育培训的比重相对较低（见图 6 – 37）。

（4）创业教育培训对创业能力的培养发挥了积极的作用，但在课程内容方面还有待加强。总体来看，参加过创业教育培训的创业者，一半左右认为创业教育培训对创业能力的培养起到了积极作用，选择有较大作用和非常有用的比重分别为 41.6% 和 9.7%。比较而

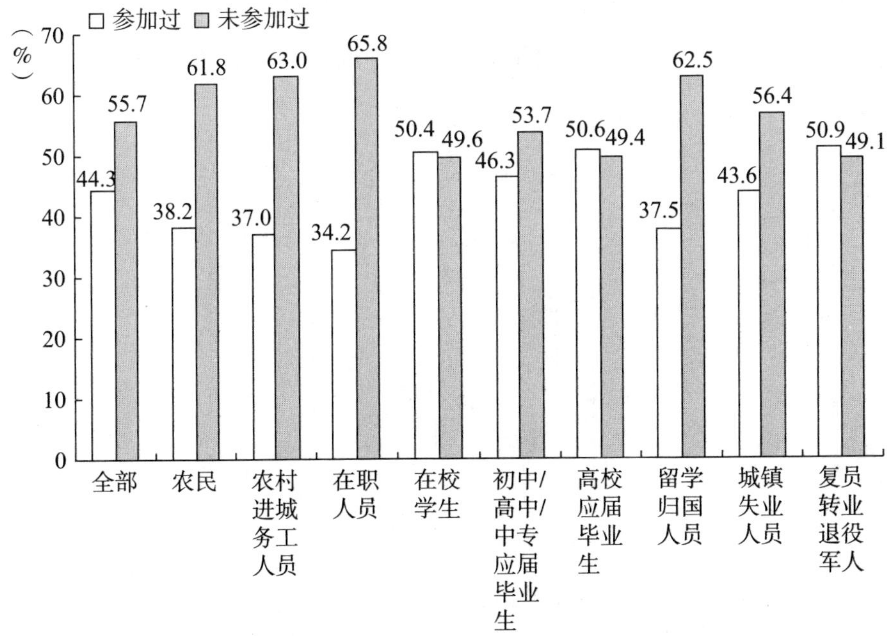

图 6－37　参加创业教育培训情况

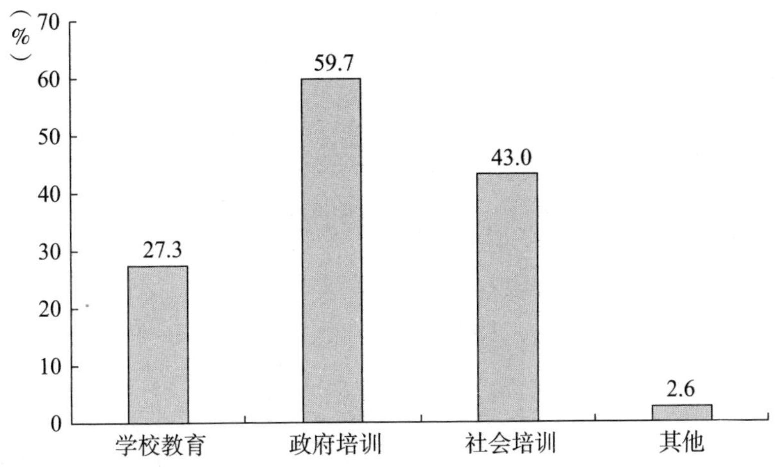

图 6－38　参加创业教育培训的类型

言，创业者对政府部门组织的培训的认可度要略高于学校教育和社会培训，选择有较大作用和非常有用的比例更高（见图 6－39）。部分创业者认为创业教育培训效果不佳的原因主要集中在课程内容方面，

68.4%的人认为创业培训过于重视理论，对实践方面的关注不足，另有42.6%的人认为课程内容的针对性有待加强（见图6-40）。

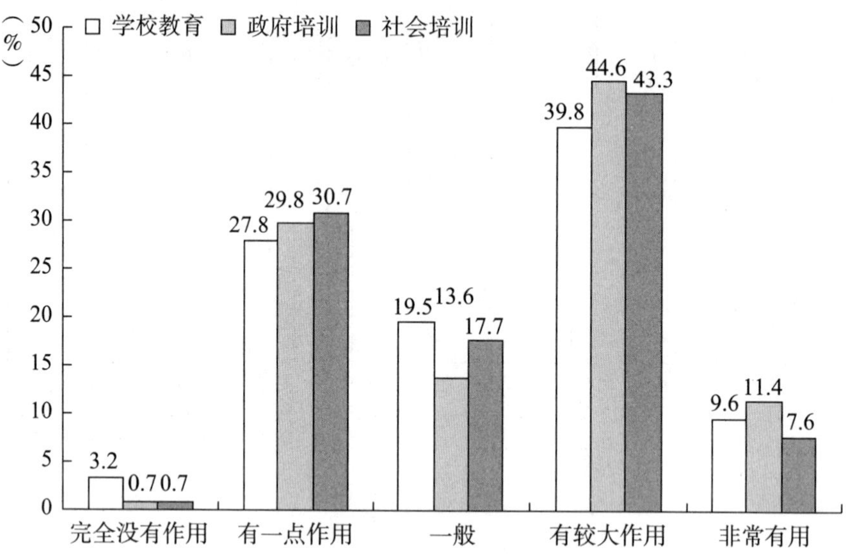

图6-39 创业教育培训的作用

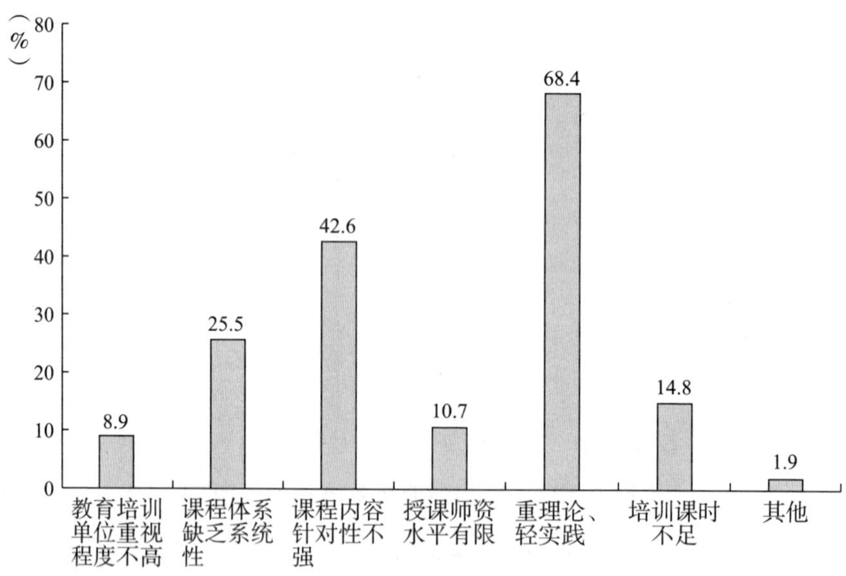

图6-40 创业教育培训效果不佳的原因

2. 创业孵化

（1）近三成的创业者接受过创业孵化服务，不同群体、项目的孵化情况有差异。被调查的创业者中有28.4%的人接受过创业孵化器的孵化，其中在校学生（37.3%）、在职人员（35.1%）、高校应届毕业生（34.1%）和留学归国人员（31.3%）接受过孵化服务的比例更高（见图6－41）；从注册类型来看，企业接受过创业孵化服务的比重更高（见图6－42）。在所有孵化服务中，房租减免（69.0%）、信息服务（50.7%）、培训指导（46.2%）、政策咨询服务（45.7%）以及提供交流平台（44.8%）等方面的服务接受比重更高（见图6－43）。

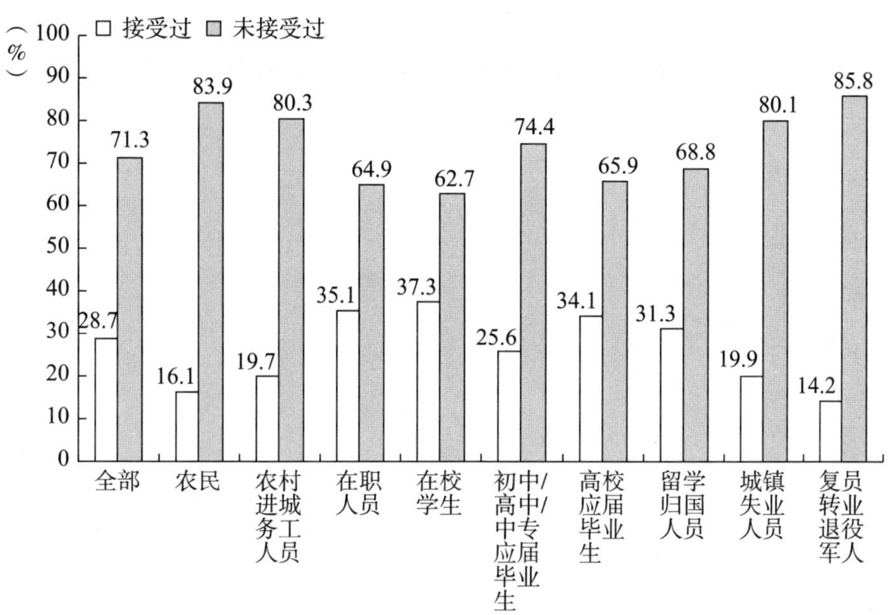

图6－41　不同创业身份群体接受创业孵化服务情况

（2）创业孵化对创业的支持作用较强。接受过创业孵化服务的创业者大都认为创业孵化对创业起到了很好的支持作用，45.7%的人认为有较大作用，27.0%的人认为非常有用（见图6－44）。

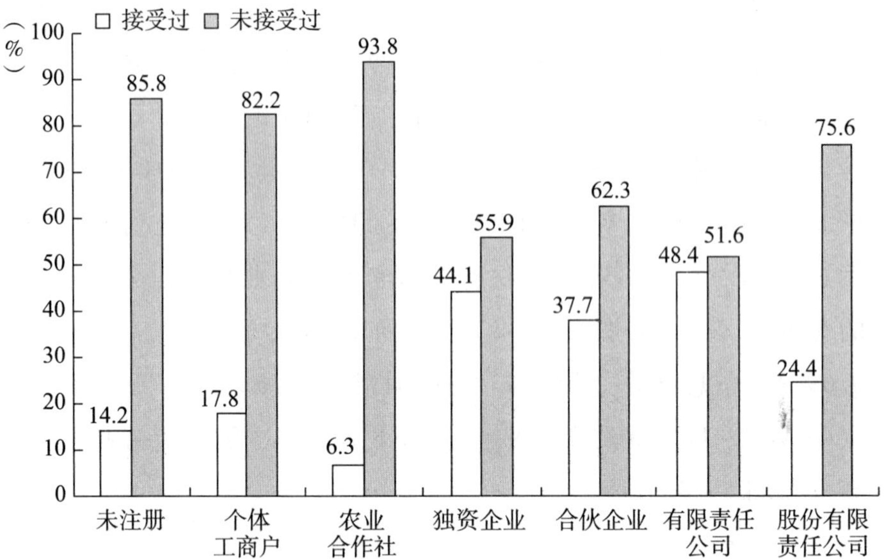

图 6－42　不同注册类型项目接受创业孵化服务情况

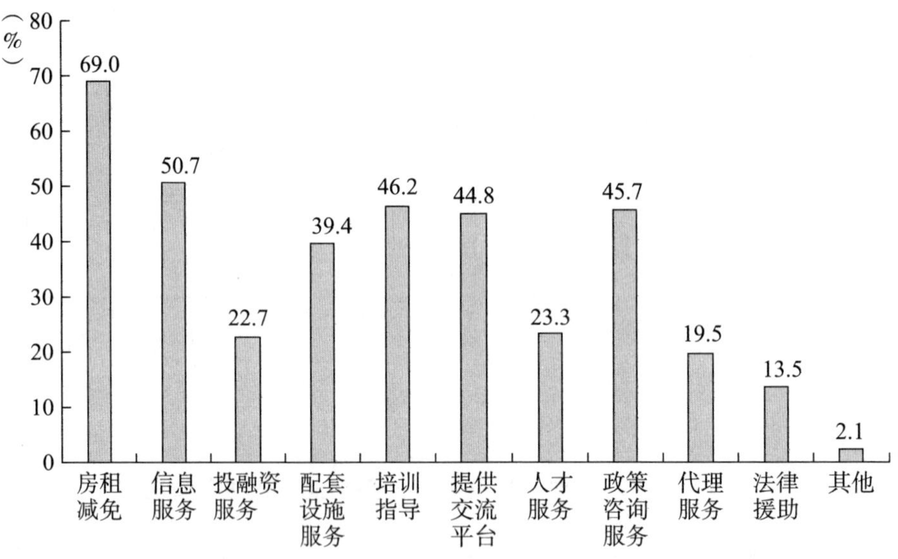

图 6－43　创业孵化服务接受情况

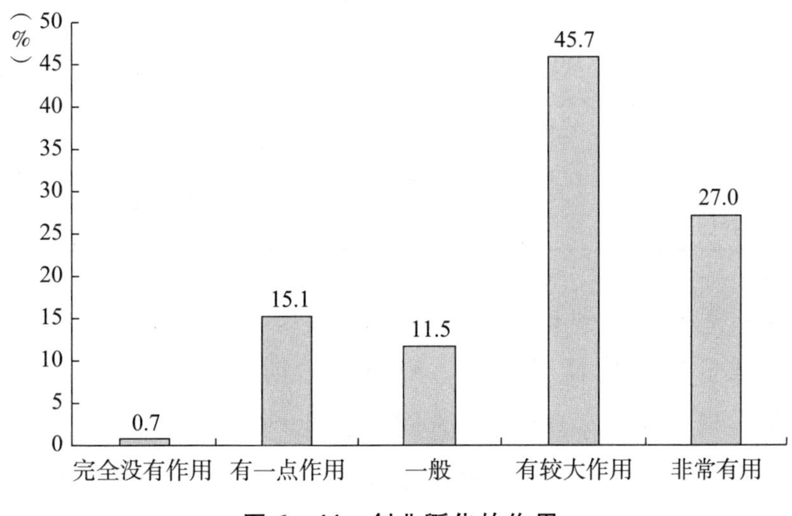

图 6－44　创业孵化的作用

（七）创业绩效与未来发展

1. 创业绩效

（1）四成创业项目生产经营状况较好或很好。从创业者对当前生产经营状况的评价来看，认为一般的最多，占到了全部样本的51.6%，认为生产经营状况较好的占37.4%、很好的占3.3%。比较而言，农业合作社的创业者对自身生产经营状况的评价更高，而未注册的创业者对自身生产经营状况的评价较低（见表6－13）。

表 6－13　生产经营状况

单位：%

创业主体＼评价	很差	较差	一般	较好	很好
全部	1.2	6.5	51.6	37.4	3.3
未注册	1.8	9.2	55.1	32.4	1.5
个体工商户	1.4	5.9	54.2	35.5	3.0
农业合作社	0.0	5.7	37.1	57.2	0.0
独资企业	0.0	6.8	40.4	48.5	4.3

续表

创业主体 \ 评价	很差	较差	一般	较好	很好
合伙企业	1.1	8.9	50.5	35.6	3.9
有限责任公司	0.7	5.6	49.1	40.4	4.2
股份有限责任公司	0.0	7.3	46.3	41.5	4.9

（2）半数创业项目客户数量实现增长。从创业 1 年以上项目的客户数量的变化情况来看，51.1% 的创业企业/项目的客户都较上年实现了增长，32.6% 的创业企业/项目的客户数量与上年基本持平，还有 16.2% 的创业企业/项目的客户数量在下降（见图 6－45）。

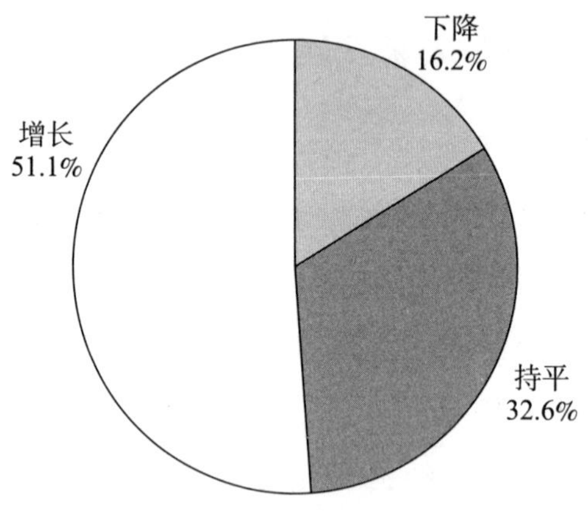

图 6－45　客户数量变化情况

（3）四成创业项目产值/营业收入呈增长态势。青年创业项目的月均营业额/销售额大多数低于 10 万元，其中 1 万～3 万、1 万元以下以及 3 万～10 万元的比重较高，分别占到了样本量的 31.8%、24.6% 和 23.7%（见图 6－46）。与上一年同期相比，有 45.7% 的创业企业/项目的产值或营业收入处于增长态势，36.6% 与往年持平，另有 17.7% 处于下降的态势（见图 6－47）。

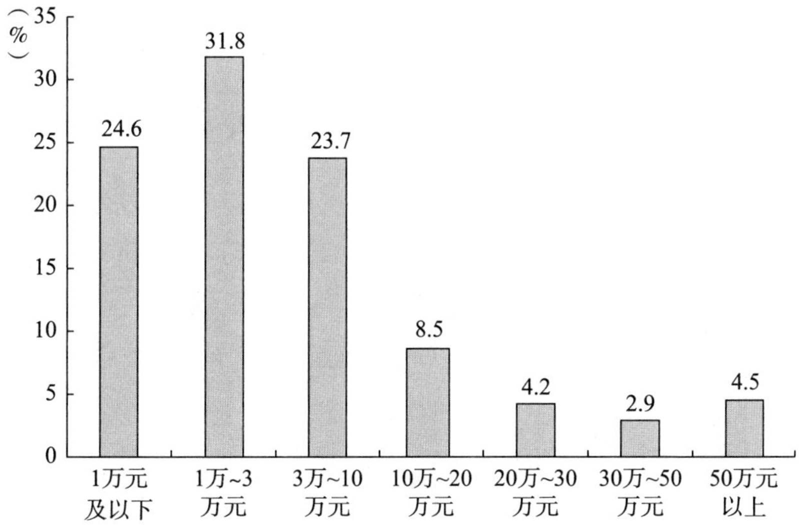

图 6－46　月均营业额/销售额

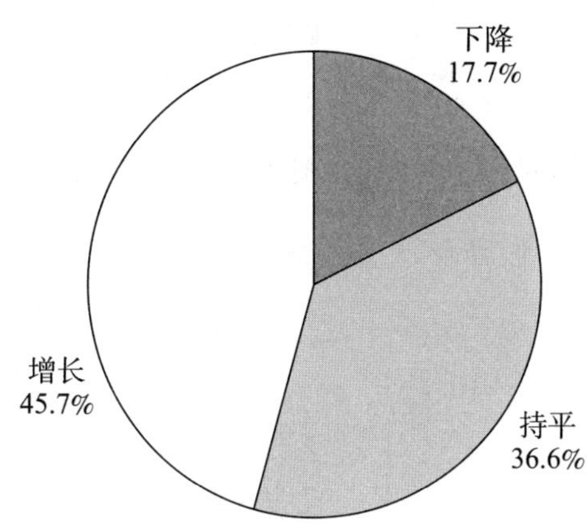

图 6－47　产值或营业收入变化情况

（4）四成创业项目处于盈利状态。从实际盈利情况来看，44.5% 的创业项目目前处于盈利状态，42.2% 的项目盈亏平衡，另外还有 13.4% 的项目处于亏损状态。分注册类型来看，个体工商户（49.3%）、合伙企业（48.9%）和农业合作社（48.6%）总体盈利状况更好，盈利的比重接近 50%，股份有限责任公司（33.3%）和未注册项目（34.6%）的盈利状况较差；而从亏损方面来看，股份有限责任公司的亏损率最高

(21.4%)，其次是有限责任公司（19.4%）（见图6－48）。从成立时间来看，盈利比重最高的是成立5～10年的企业/项目（52.2%），而成立1年以下的企业/项目盈利比重最低（38.7%）、亏损比重最高（17.8%）（见图6－49）。

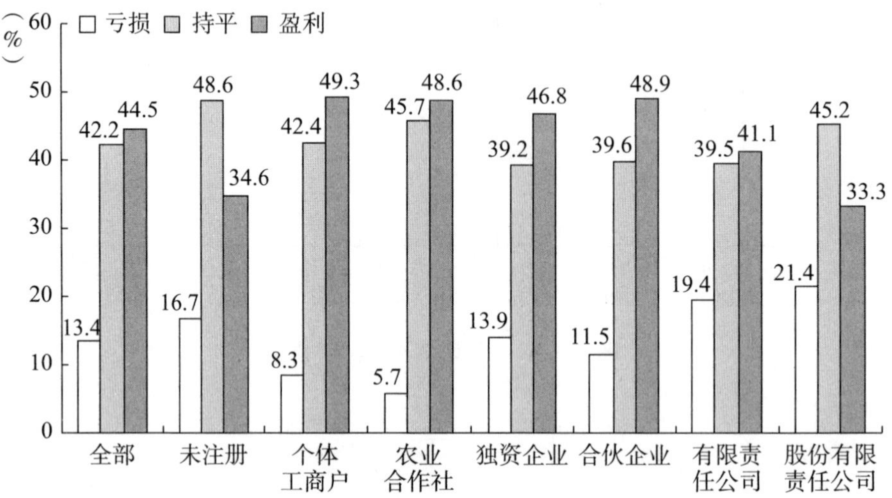

图6－48　不同注册类型项目盈利情况

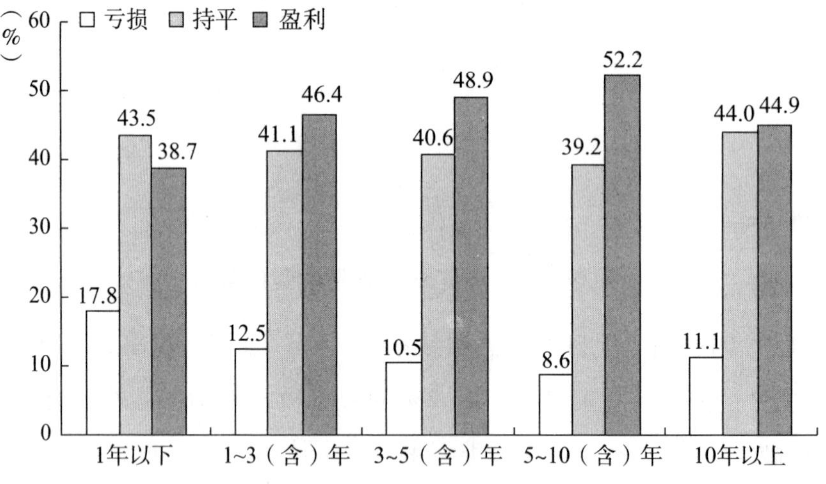

图6－49　不同成立时间项目盈利情况

2. 未来发展

（1）未来发展主要方向在于开拓市场。对于企业未来的发展，大多数创业者着眼于开拓市场（64.7%），说明大多数企业处于发展期。在开拓市场的同时，企业也会加强自身能力的建设，扩大规模（33.2%）、加强团队建设（31.0%）、加强技术创新（28.8%）、提高个人创业能力（28.3%）以及解决融资问题（25.0%）也是未来重点关注的内容（见图6－50）。

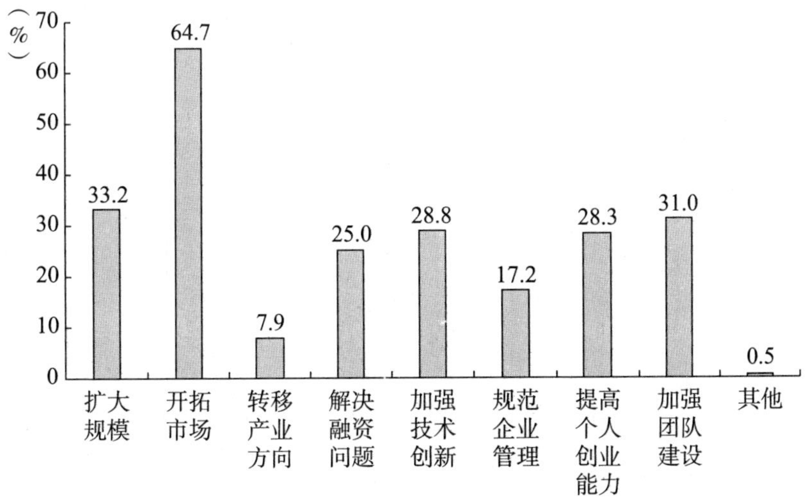

图6－50　未来发展设想

（2）创业者对于未来的发展都较为乐观。调查对象选择比较乐观和非常乐观的比重占到了64.3%（见图6－51）。比较而言，留学

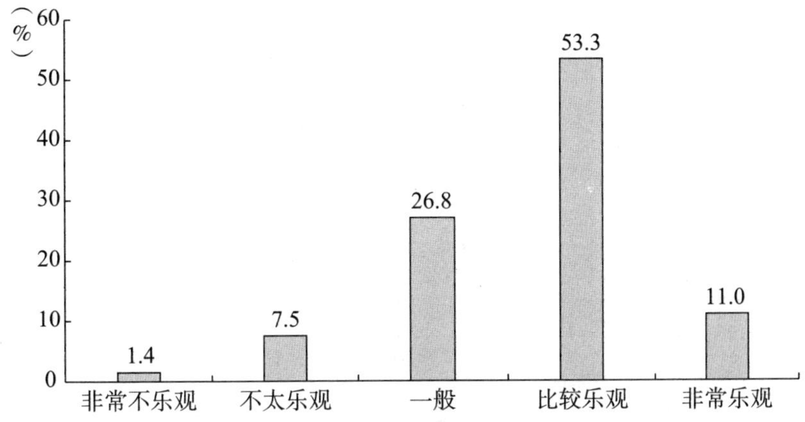

图6－51　未来发展乐观程度

归国人员（4.02分）、在校学生（3.83分）对于未来发展的乐观程度更高，而农民（3.41分）、农村进城务工人员（3.51分）和初中/高中/中专应届毕业生（3.51分）的乐观程度相对较低（见图6-52）。企业对未来发展的预期更好，个体工商户（3.52分）和未注册（3.38分）的创业项目对未来发展的预期相对较差（见图6-53）。

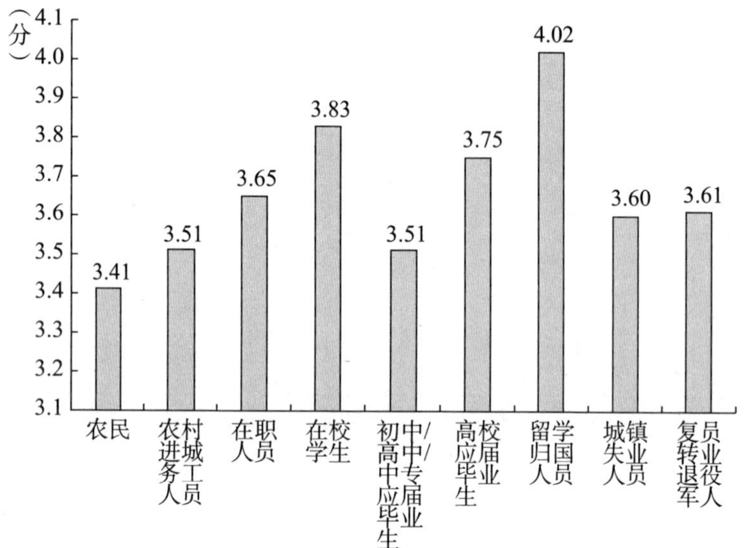

图6-52　不同创业身份群体对未来发展乐观程度

注：满分为5分。

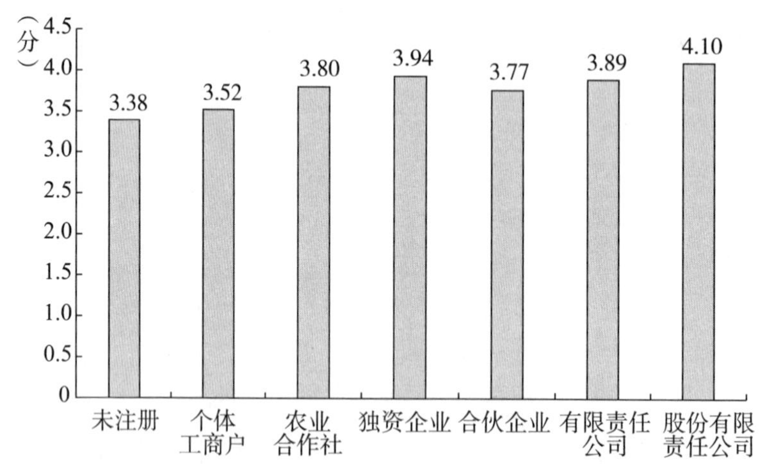

图6-53　不同注册类型项目未来发展乐观程度

注：满分为5分。

（3）即使创业失败，大多数创业者还是会选择重新创业。创业也伴随着高风险。对于创业失败，青年创业者们也有着不同的打算，但是绝大多数创业者都选择了再次创业（65.0%），继续实现自己的梦想（见图6－54）。

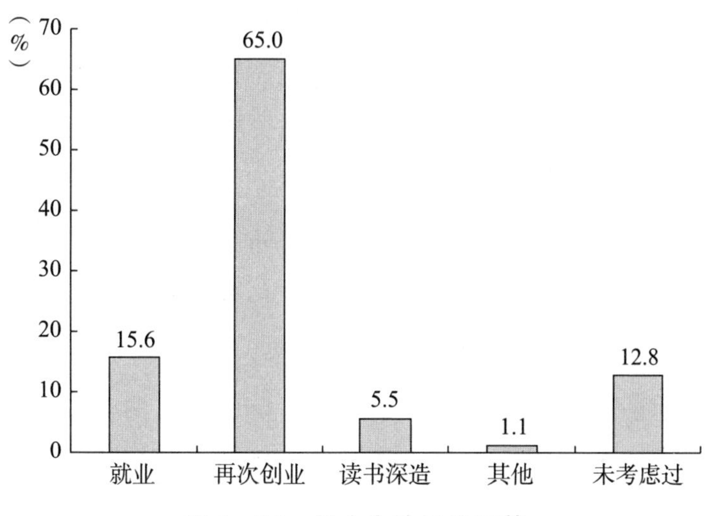

图6－54　创业失败后的打算

（八）小结

通过对青年创业者的调查，从创业动机、创业资源、创业绩效以及创业感受等多个方面，我们勾勒出了当前我国青年创业的现实状况。具体来看：

青年创业者的创业动机比较主动，成就事业、提高收入、发现市场机会等方面的动机较强。青年在创业项目的选择上多是基于市场观察和专业兴趣，但由于缺乏经验和科学的指导，创业项目选择往往会有趋同的倾向。他们的事业尚处于起步阶段。成立时间短、项目规模小，是青年创业项目的普遍特征。

创业资金、人力资源和创业技术对于创业而言至关重要，但青年创业者在上述几个方面都存在普遍性短板。在创业资金方面，青年进入社会时间短，资金积累不足，而场地、劳动力、原材料等方面成本居高不下，融资方面又受到融资条件、融资手续以及融资成本等诸多限制，资金问题成为阻碍青年创业的第一拦路虎。资金固然重要，但正如一些优秀青年创业者所言，资金绝不是创业过程中最主要的难题。很多青年创业者却并未意识到，他们对资金这一有形资产过于看重，对人才、技术等对企业长远发展更为重要的无形资产关注不足。在人力资源方面，基层人才匮乏是不争的事实，青年创业者又很难提供具有吸引力的薪酬，招募人才往往是通过关系和“情怀”，尽管六成左右的创业者认为人员能够满足现实需要，但是在创业项目发展壮大的过程中，人才问题必将愈加突出。在创业技术方面，四成左右的创业者认为自己具备了核心技术，但对于技术的保护不够，难以形成真正的竞争优势。

创业环境和创业政策是创业的外在条件，这两方面得到了创业者们积极的评价，但还存在一些不足。从创业环境来看，创业者对创业氛围、基础设施等方面的认同度较高，但在经济形势方面，由于近年来我国经济下行压力不断加大，创业者的畏难情绪普遍上升，给出的评价相对较低；在市场公平性方面，很多青年创业者受到伪劣产品、山寨产品的不正当竞争，影响了创业热情，评价也相对较低。从创业政策来看，当前政策在鼓励和支持青年创业方面发挥了积极作用，但在支持力度和贯彻落实等方面仍存在问题，一些创业者对政策不熟悉、不理解，没有充分享受到应有的政策/服务；政策的覆盖范围还不够广，一些青年群体被排除在某些政策之外。

创业能力的获取途径主要是实践和学习，创业教育培训在创业能力培养方面发挥了积极作用，但仍有较大提升空间，包括覆盖面仍需扩大、培训内容针对性有待加强、成长性培训需进一步加大力度等。创业孵化对创业的支持作用较大，但覆盖范围并不大，很多群体没有接受过相应的服务。

被调查创业项目的绩效总体较好，无论是生产经营状况、客户数量变化情况，还是产值/营业收入，大都呈现积极的增长态势。对未来的发展，青年创业者也大都比较乐观，即使创业失败，更多的青年创业者还是会选择重新创业。

另外，我们通过比较分析发现，不同群体在创业过程中有不同的行为表现，如农民、初中/高中/中专应届毕业生、城镇失业人员等群体的创业多以生存型为主，创业规模小、技术含量低，而留学归国人员、高校毕业生等群体的创业更多的是发展型，对发展和成就事业的需求更强烈。这也提示政策制定者和服务提供者，需要为不同青年创业群体和处于不同发展阶段的项目提供更有针对性的帮扶和支持。

三　青年创业工作的主要措施及亮点

创业是就业之源。近年来，各级政府高度重视创业工作，并进行了卓有成效的探索和创新，对支持青年创业起到了积极的作用。笔者结合调研情况，对地方创业工作的主要举措和亮点进行了归纳、整理。

（一）组织领导方面

根据中央的有关政策，各地区、各部门对创业工作给予了高度重视，立足改革创新，坚持需求导向，推动政策落实，加强工作创新，全社会崇尚创业、鼓励创业的舆论氛围日益浓厚，创业者的创业激情得到最大限度释放，掀起了“全民创业”、“大众创业”、“草根创业”的新浪潮。

1. 各级政府高度重视

各级政府高度重视创业工作的重要性，将创业与经济社会发展紧密结合起来，将促进创业作为经济发展、扩大就业渠道、保障和改善民生的重点措施加以推动落实。为了有效推进创业工作，各地政府成立了创业工作领导小组，明确了牵头部门，发改委、教育、财政、人社、工商、税务、妇联、共青团等多部门共同参与、通力合作，结合自身职能职责，在创业工作中积极发挥作用。在一些地方，创业型城市创建及创业带动就业工作被纳入政府绩效考核指标体系，并作为改善民生和富民强市的重要举措纳入当地经济社会发展规划。

2. 完善创业政策体系

为了更好地开展创新创业工作，各地政府在中央创业政策的基础上，陆续出台了一系列鼓励扶持高校毕业生、农民工、复转军人等群体自主创业的政策，并结合当地的实际情况进行了补充和创新，形成了较为完善的创业政策服务体系。湖南省出台了一个总文件即省委省政府《关于促进创新创业带动就业工作的实施意见》，三个子文件即“促进青年创业就业”、“失业保险促进就业预防失业”、“加强职业能力建设”，同时陆续出台 20 多个配套办法，构建了“1 + 3 + X”就业创业政策体系。其他各省也出台了关于全面推进大众创业、万众创新的意见。一些市制订了具体的行动计划，如济南市出台了《“泉城青年创新创业助理行动”三年计划（2016 ~ 2018 年）》、长沙市出台了《全民创业带动就业五年行动计划（2015 ~ 2019 年）》、成都市制订了《“创业天府”行动计划（2015 ~ 2025 年）》，等等。

（二）资金支持方面

资金是创业的血脉，是支持创业的关键要素。为进一步扶持创业，各级政府、各相关部门相继出台了一系列加强资金支持、拓宽融资渠道的政策，对青年创业者创业起到了积极的帮扶作用。

1. 加大财政资金支持力度

各级政府安排资金，完善创业担保贷款政策，提供创业补贴，建立奖励机制，以鼓励和帮扶创业者。合肥、郑州、岳阳等地提高了个人创业担保贷款额度，将现行的5万、8万和10万元的标准统一调整为10万元。洛阳市建立创业担保贷款普惠制度，将个人创业贷款额度统一提高到40万元（其中配套商业贷款30万元），将合伙经营、组织起来就业的和中小微企业贷款额度提高到500万元（其中配套商业贷款300万元），配套商业贷款部分，由市财政给予50%贴息。青岛市设立每年1亿元的青岛人才特区专项资金，对创业者给予100万~5000万元的创业扶持奖励、10万~100万元的购房安家补助，对符合青岛市创业创新领军人才计划的，还给予30万~100万元安家补贴和50万~400万元资金支持。

2. 拓宽融资渠道

运用市场机制，引导社会资金和金融资本支持创业活动，扩大创业投资规模。按照政府引导、市场化运作、专业化管理的原则，积极创造条件。青岛市按照“政府引导、企业注资、社会参与”的原则，设立青岛市大众创业投资基金，带动社会资本加大对创业的投入，建立起政策性融资、风险投资和贷款融资“三叠加”的金融支持平台，为创业者注资供血；与民营投资公司合作设立了4000万元的“青岛市大学生创业投资基金”，与金融机构合作设立了3亿元的“青易贷”项目，为大学生创办企业及初创企业发展提供低息贷款支持。郑州市按照政府引导、市场化运作、专业化管理的原则，设立大众创业引导基金，吸引和带动民间资本支持带动就业能力强、有成长潜力的初创小微企业及新兴产业领域早中期、初创期企业发展。广元市政府建立公益性创业小额融资担保有限公司，为创业者提供融资担保，担保公司构建了“创业项目+融资担保+跟踪扶持”的联动工作机制，创立了信用、经营权、资金监督等多种担保形式。长沙市召开银企对接会、组织各类创新创业大赛，举办“融资直通车——进企业、进市场、进乡村、进社区”、“金融超市进园区”等系列活动，畅通创业主体与金融机构、天使投资等融资渠道。

3. 简化流程、放宽条件

各地政府根据创业者的实际需求，通过简化创业资金审批流程、放宽资金申请准入条件等方式，提高了创业者获得创业资金支持的效率和可能性。南昌市印发了《关于进一步推动以创业促进就业工作的通知》，加大了扶持力度，对凡是在南昌市自主创业的创业者，其创业项目经县级以上公共创业指导服务机构认定且获得本市相关职能部门颁发有法律效力的经营许可证，不受户籍、身份限制，可按规定申请享受本市小额担保贷款、创业孵化等创业扶持政策。按照“非禁即可”的原则，对国家未明确的非微利创业项目，取消小额贷款贴息行业限制。郑州市不断简化程序，提高效率，实行担保公司和金融机构“一站式”办公，加快放贷速度。岳阳市在湖南省率先推行“联审联保联贷”模式，开展“助万人创基业、送贷款到基层”活动。安阳市作为河南省创业担保贷款业务软件试点城市，积极承担全省创业担保贷款业务软件测试、功能完善、业务整合等任务，保证软件在全省按时统一使用，整合了全省创业担保贷款数据资源，提高了全省创业担保贷款信息化、规范化水平。广元市简化创业担保贷款审批流程，对个人创业担保贷款30万元以下、小微企业创业担保贷款50万元以下的，银行不进行贷前调查，直接放贷。洛阳市将企业放贷对象由劳动密集型小微企业放宽到中小微企业。

（三）创业培训方面

创业者能力是创业成功的基础和保证。各地政府采取了多种有效的措施，大力开展创业培训，不断提高创业者能力，营造良好的创业氛围，积极培育市场主体。从各地的具体工作实践来看，各省、市从以下几个方面加强了创业培训工作。

1. 加大培训支持力度

为了更有效地推动大众创业，各地扩大了创业培训的范围，将培训对象扩大为涵盖城镇失业人员、大中专毕业生、城乡劳动者、复转军人等所有具有创业意愿和创业培训需求的人群。部分高校已将创新创业课程纳入课程体系，将创业教育融入人才培养体系，贯穿人才培养全过程。部分地区还提升了培训补贴的标准，加大了对创业培训工作的支持力度。江西省规定对具有创业要求和培训愿望、具备一定创业条件的城乡各类劳动者，参加创业培训可按规定申请创业培训补贴，补贴标准为每人1000元至1600元。山东省将每人最高可享受的创业培训补贴额度提到1800元，其中省级创业培训转移支付标准提高到每人800元。

2. 提升创业培训质量

各地以SIYB等创业培训项目为依托，积极整合培训资源，加强师资培养、培训课程和内容设置、创业实训、创业培训机构监管，提高创业培训质量。济宁市积极推行“企业订单、劳动者选单、培训机构列单、政府买单”的“四单式”培训模式，深入开展就业创业培训。铜陵市建立了创业培训远程视频检查和现场检查制度，加强了对教师队伍的管理，培训质量进一步提高；加强创业培训后续服务工作，采取上门回访和电话询问等形式，对创业培训学员进行跟踪回访，将回访信息分类反馈至相关部门，并与有关部门积极沟通协调，帮助参加创业培训学员解决创业中遇到的实际问题。岳阳市面向社会聘请了一批具有企业管理专业背景和创业实践经验的专家，组建了市级创业培训讲师团，开展了多样化的培训和辅导。

3. 创新创业培训模式

在传统创业培训的基础上，各地对创业培训模式进行了积极的探索和创新。山东省出台了《关于在全省创建创业大学的指导意见》，鼓励各市通过新建、改建、租赁场所，与驻地高校合作，依托创业孵化基地（园区），社会共建等多种形式，创建创业大学，统筹开展面向各类群体的创业实训，满足各类创业主体需求，提高创业培训质量和培训后的创业成功率。自青岛市建立第一所创业大学至今，山东全省17市都已经建成创业大学。宜春市政府和宜春学院共建了创业学院，向宜春市在校大学生、毕业生及宜春籍返乡大学毕业生开展创业教育、实训和实践工作。铜陵市建成创业学院，以创业意识培训为基础，以创办企业培训、创业模拟实训为主要形式，以改善企业培训、创业基地实训为补充，广泛开展了各种“为企业家导航，为创业者充电”的免费创业培训。济宁市深入开展就业创业培训“进乡镇、进社区、进校园、进企业”活动，将培训课堂搬进村委大院、田间地头、车间厂房，让各类群体就近接受培训。

（四）创业服务方面

为鼓励创业促就业，除了完善政策扶持、强化创业培训之外，各方面还要提供优质的创业服务。各地普遍强化了创业服务体系建设工作，丰富了创业服务内容，同时清除创业过程中的障碍，提供优质的服务。

1. 积极推进商事制度改革

为了给创业者提供良好的创业环境和便利的创业条件，各地积极推进注册资本登记、先照后证登记、“三证合一”登记制度等一系列改革，进一步放开注册登记条件，简化登记审批环节，降低大众创业门槛，减少大众创业成本。自“三证合一、一照一码”登记制度全面实施以来，高效简便的登记流程，一网互联、一照通用的便捷服务极大地推动了“大众创业、万众创新”，营造了宽松的创业环境，进一步激发了全民的创业热情，合肥、长沙、济南等地新登记各类市场主体都获得了显著的增长。

2. 加强公共创业服务体系建设

各地政府普遍依托公共就业服务平台，加载创业服务功能，构建了多层次、广覆盖的创业指导服务体系。长沙市成立了专门的创业指导中心，承担全市公共创业指导、服务等具体性工作，同时构建15分钟公共就业创业服务圈，依托覆盖全市四级的公共就业创业服务平台，就近就地为创业者提供政策咨询、开业指导、创业担保贷款办理等各类创业专项服务。合肥市在全市各县、区（开发区）等地成立了创业服务中心，各街道（乡镇）均成立了创业服务所，社区成立了创业服务站，全市基本形成了市、区、街、居四级创业服务平台。宜春市共建成1个市级创业指导中心、10个县级创业指导中心，各乡镇（街道）设立创业服务窗口，村（社区）配置创业创新辅导员，形成了市、县（市、区）、乡镇（街道）、村（社区）四级创业服务网络。安阳市打通“最后一公里”服务通道，不断完善人力资源市场体系，提升信息化服务水平。

3. 鼓励社会力量提升服务水平

各地还积极发挥创业协会、社会组织在创业工作中的重要作用，调动社会力量积极支持并参与创新创业活动，开创了大众创业、万众创新的新局面。南昌市鼓励建立为各类创业主体服务的商会、协会和同业公会等自律性组织，加快发展法律援助、技术支持、产权交易、信息服务、管理咨询、人才培养等各类创业中介服务机构。宜春市袁州区灵泉街道就业促进会、鹰潭市创业者协会、益阳市青年创业商会等，在帮助和支持青年创业方面发挥了重要作用。

4. 不断充实创业服务内容

随着创业工作的日益深入，各地创业服务的内容不断充实，从碎片化逐步走向系统化，从单点式服务向全过程服务的方向迈进。山东省依托创业孵化基地和创业园区，为创业者从项目推介到成功创业提供全过程跟踪服务，并落实房租、水电费减免等扶持政策；开展创业助推“1+3”行动，为每一位有创业意愿并参加创业培训的人员推荐一个创业项目、协助落实一处经营场地、帮助办理一笔小额贷款，帮助创业者解决创业过程中遇到的实际问题。成都市加大政策支持，拓展服务内容。成都市把创业服务建设与经济发展和就业工作结合起来，围绕创业培训、税费减免、融资贷款、市场准入、创业孵化和创业扶持制定一系列配套政策，以提供政策支持为依托，以提升创业能力和经营能力为抓手，不断丰富和完善服务内容，扩大服务范围，逐步形成了具有成都特色的创业服务模式。

5. 丰富创业服务手段

随着互联网和信息技术的发展，政府创业服务方式和手段也不断丰富，由传统的线下模式转向线下与线上相结合的方式，在进一步增加服务主动性的同时，提升了服务的效率和质量。山东省搭建“一网两库”创业信息服务平台，依托山东公共创业服务网，面向省、市、县三级，建立、完善全省资源共享的创业导师库和创业项目库。益阳市开通了“益阳创业网”、“益阳创业短信平台”和“益阳创业互动平台微信公众号”等官方创业信息平台。宜春市依托宜春就业网开通了“两微一端”（即微博、微信、手机客户端），实时推送就业创业相关资讯，并探索在线上开通小额贷款申请相关资料下载、创业指导专家网上预约交流等新业务，旨在加速人才的对接和高效使用。另外，各地还通过创业项目推广、优秀创业项目表彰、组织创业沙龙、举办创业大赛等各类创业专项活动，大力宣传创业相关政策和典型，录制播放全民创业带动就业系列专题片，积极动员、引导群众自主创业，并通过广泛宣传发动，形成全民创业带动就业的良好氛围。

（五）孵化平台方面

近年来，各地立足实际，创新思路，不断探索，充分发挥政府和市场两方面优势，建立起一批创业孵化平台，为创新创业者提供良好的工作空间、网络空间、社交空间和资源共享空间，对于推动“大众创业、万众创新”具有重要意义。

1. 加强孵化平台建设

各地相继出台了创业空间、创业孵化基地、创业园区的管理办法，充分利用高新技术产业开发区、科技企业孵化器、小企业创业基地、大学科技园和高校、科研院所的有利条件，建设了一批高质量的创业孵化基地。济南市目前已建成省、市、区三级创业孵化基地 108 个，其中省级创业孵化示范基地 7 个、市级创业孵化示范基地 52 个，全市孵化基地建筑面积达 700 余万平方米，吸纳创业人员 2.67 万人，带动就业 14 余万人。合肥市已建成各类创业孵化基地 112 个，其中综合性创业孵化基地 8 个、农民工创业园 32 个、创业街 46 条、大学生创业园（区、孵化器）26 个，孵化基地总面积超过 100 万平方米。洛阳市依托洛阳国家大学科技园、洛阳恒生科技园、洛阳国家高新区创业服务中心等创业基地培育认定了 6 个市级创业孵化基地。

2. 注重孵化平台的统筹规划

各地在进行孵化平台建设时，还注重立足当地实际情况，结合不同功能定位，加强孵化平台的统筹规划。四川省致力于搭建阶梯型孵化体系，在全省逐步形成“创业苗圃（前孵化器）+孵化器+加速器+产业园”的阶梯型孵化体系。青岛市结合产业链上下游打造创业载体，围绕纺织和橡胶产业发展，与市北区政府合作建设纺织谷、橡胶谷创业园；围绕文化行业发展，建设动漫创业孵化基地；围绕家庭服务业发展，建设家庭服务就业创业广场；围绕电商产业发展，建设金翅鸟电子商务孵化中心；围绕服装产业发展，建设服装品牌创业孵化中心。芜湖市结合各区县特殊情况，以老工业基地为基础打造镜湖区大砻坊青年创业园，以高校毕业生为创业主体打造弋江区青年创业园，以国家级广告产业园为依托打造鸠江区青年创业园，聚焦青年创业群体打造华强 WE+青年创客社区，形成了特色鲜明、功能互补的众创服务体系。南昌、鹰潭等地建设了电商孵化基地。安阳、广元等地打造了农民工返乡创业园，鼓励农民工和农民企业家返乡创业，形成了集“创业场地、政策扶持、创业服务”于一体、功能完善的农民工和农民企业家返乡创业体系。

3. 积极发挥社会力量的重要作用

发挥行业领军企业、创业投资机构、社会组织等社会力量的主力军作用。青岛市政府与海尔集团合作共建海尔创客加速平台，建成创客学院、创客工厂、创客服务平台、海立方线上平台、投融资中心等5个子平台。长沙市雨花区人民政府与阿里云创客+达成战略合作协议，建成阿里云创客+孵化基地，为长沙本地的创业者提供云培训、云计算和大数据扶持，帮助创业者借助阿里云的先进技术降低创业门槛，提高创业成功率。南昌市人力资源和社会保障局、市外经贸委、南昌华南城有限公司和江西经济管理干部学院四方合作共同打造了大学生电子商务创业孵化基地，通过政校企三方合作的方式，重点孵化电子商务领域的大学生创业项目，培养电商创业人才。

四　青年创业者的困难与对策建议

根据问卷调查分析结果，结合座谈访谈资料，笔者了解了青年创业者创业过程中的主要困难，收集了1606名青年创业者的2390项政策/服务诉求，归纳整理后发现，青年创业的困难及诉求主要体现在以下几方面。

（一）青年创业者的困难与诉求

1. 创业融资难问题十分突出

资金是创业的血脉。青年创业者进入社会时间短，资金积累不足。随着近年来房价、租金的不断攀升，融资成本陡增，用电成本上升，原材料价格持续走高或大起大落，中介寻租，以及土地、物流等成本不断提高，创业企业的利润空间被进一步压缩。再加上我国税制结构问题，创业企业利润微薄，税费又进一步挤占了利润空间。问卷调查显示，64.24%的青年创业者认为创业最大的困难是资金不足，远高于其他方面。青年创业风险高、偿债能力低，在融资条件、融资手续以及融资成本等方面都受到更为严格的限制。从银行信贷来看，大部分青年创业者既无抵押物，也无担保人，金融融资十分困难；在其他社会融资方面，也达不到风险投资公司的投资要求。因而，青年创业者融资难、融资成本高的问题较为普遍。尽管政府部门提供了一些优惠政策和资金支持，一定程度上缓解了部分青年创业者的融资问题，但仍有一些阻碍因素：一是要求贷款人及其家庭成员没有除助学贷款、扶贫贷款、首套房贷款以外的商业银行其他贷款记录，条件过于严格；二是青年人“初出茅庐”，无法找到符合条件且愿意提供帮助的反担保人，而房产担保对很多青年人而言更是难上加难；三是两年贴息还贷周期过短，一旦遭遇创业初期的风险或失败，还贷将成为沉重压力。在创业担保贷款方面，青年创业者希望能够简化贷款手续（7.4%）、放宽融资条件（7.6%）、提高贷款额度（12.8%）、延长贷款期限（3.7%）。

2. 创业能力不足影响了创业的可持续性

很多青年成功创建了自己的企业，但是如何将企业做大做强，却心有余而力不足。很多青年创业者普遍存在“小富即安”的思想，赚到钱以后并不是投资扩大再生产，而是热衷于购房购车、奢侈消费，把创业仅当成一份工作，而不是一项事业，不利于企业的长远发展。另外，很多青年创业者在创业中急功近利，遇到瓶颈就贸然放弃，缺乏长远的规划和做大做强的决心。同时，部分青年创业者缺乏相关商业理念和科学的企业管理方法，在企业管理、研发创新、营销推广、融资等能力方面明显不足，无法积极应对在企业发展壮大过程中出现的一些危机。不少青年创业者对创业培训非常看重，目前创业教育培训与青年创业者的实际需求尚有差距：一是课程内容重理论、轻实践，缺少对新形势下热点创业领域的关注；二是师资力量薄弱，教学效果都难以达到受训者的预期；三是意识教育多，提升培训少，没有建立起培训梯度。在创业培训方面，青年创业者希望能够加大培训力度（7.2%）、创新培训方式（1.4%）、加强成长性培训（3.6%）、增强培训内容的有效性和针对性（2.7%）。

3. 政策效应发挥得不够充分

为鼓励创新创业，各部门都出台了一些政策，在鼓励和支持青年创业方面发挥了积极作用，但在支持力度和贯彻落实等方面仍还存在一些问题。一是政策覆盖面不够广。在鼓励大众创业的背景下，政策并没有覆盖全部青年群体，“两后生”、青年农民、毕业时间较长的高校毕业生等都被排除在一些政策之外。二是政策“碎片化”导致落地难。由于创业政策出自多个部门，不同政策的执行主体和目标对象各有侧重，政策体系缺乏系统性，地方落实起来较难把握，难以充分发挥政策、资源及资金的使用效益，一些知识层次较低的创业者对政策不熟悉、不理解，没有充分享受到相关政策，还有一些创业者存在多头享受政策的情况。三是政策重点不够突出。政策、资金存在“撒胡椒面”的现象，有些成长性强的项目扶持起来“不痛不痒”，没有起到实质的激励、帮扶作用；有些项目虽然前景不佳，但由于创业者符合政策条件，也得到了相应的扶持，甚至存在有人利用政策骗取贷款而非真正创业的情况。从青年创业者对政策的主要诉求来看，希望扩大政策扶持范围的占14.1%、加强政策扶持力度的占15.1%、简化审批手续的占7.3%、强化政策落实的占15.8%、加强政策宣传的占16.8%。

4. 创业服务难以满足创业者多元化需求

创业是一项复杂的系统工程，不同身份的青年创业者在创业动机、创业方向选择、创业资源管理等方面表现出明显差异，不同创业项目在不同发展阶段对资源和服务的需求也不尽相同。当前创业服务工作尽管取得了一定的成效，但仍存在一些问题。一是服务精细化、系统化不足，创业服务提供者由于缺乏对青年创业意识、创业行为的系统分析，未能切实掌握青年创业者的真实需求，工作着力点不明确、创业服务效果不佳。二是创业指导不足，一些地方建立了创业项目库，但未能与当地市场状况和区域资源有效结合，引导作用不强，甚至会由于过于重视某一领域，导致创业方向集中，同业竞争过度，26.9%的青年创业者认为当前同业竞争的问题比较突出。三是创业服务市场发展相对滞后，创业服务组织虽有兴起之势，但缺乏有序的引导，水平参差不齐，创业服务的整体效应还没有得到发挥。分析表明，青年创业者对创业服务方面的诉求主要体现在创业项目推荐（1.9%）、创业孵化服务（3.2%）、搭建交流平台（5.0%）、支持项目推广（2.9%）和提升服务水平（2.6%）等方面。

5. 创业环境中的障碍性因素仍然存在

创业环境总体上得到了创业者较高的评价，但现实中仍存在一些限制创业的障碍性因素，有待进一步优化。在人才环境方面，基层人才资源匮乏，对优秀人才的吸引力有限，导致创业项目的创新性和核心竞争力不足，制约了创业企业快速成长。在市场环境方面，部分行业性、地区性、经营性创业壁垒仍然存在，劳动者创业领域受到限制。一些地方行政监管不规范、不透明，多头收费、乱收费的现象仍有发生，造成当地中小企业和个体工商户负担较重，限制了企业做大做强。很多青年创业者受到劣质产品、假冒产品的不正当竞争，影响了创业热情和积极性。在宽容失败方面，随着我国经济下行压力不断加大，创业者畏难情绪普遍上升，而目前我国宽容创业失败的条件尚不具备，对创业失败者缺乏有力的保障措施，一定程度上抑制了创业活力的激发。从相关诉求来看，希望加强市场监管的占3.1%，建立宽容失败机制的占1.2%，提供人才支持的占0.9%。

（二）支持青年创业的政策启示

通过调研可知，青年创业的活力已经激发，良好的创业氛围逐步形成，政策服务体系在支持青年创业方面发挥了积极的作用。但同时也发现，青年在创业过程中还面临一些普遍性困难，政策、服务也尚有提升空间，未来应重点做好以下几个方面的工作。

1. 鼓励创业和支持创业并重

目前社会上对于是否应该鼓励青年创业还存在争议，有人认为青年群体不够成熟，创业风险性较大，不应该鼓励青年创业；有人则认为青年创业者有激情、有想法，并且青年时期是试错成本最低的阶段，是创业的最佳时机。调查发现，这两方面的问题在青年创业者身上都客观存在，年轻既是他们的资本，也是导致资金匮乏、经验不足等问题的根源所在。对于有志于创业的青年群体，不能用单纯的二分法来回答鼓励或是不鼓励创业这个问题，而是要处理好鼓励创业和支持创业之间的关系，即鼓励创业的前提，应该是为青年创业提供便利的条件、科学的引导、有力的支持以及宽容失败的氛围。只有这样，才能使青年创业者不仅走上创业之路，而且能在创业中体现自己的价值，提高创业的成功率。因此，为了帮助更多的青年创业者成功创业，还需要进一步加大创业政策、服务的支持力度。

2. 支持创业和支持守业并举

在“大众创业、万众创新”的背景下，政策支持、共享空间、资本注入，为创客提供了前所未有的良好创业环境，大批年轻人积极投入创业之中，创业活力得以激发。但与此同时，由于大量市场主体的涌入，青年创业者也面临着更加激烈的竞争环境，加之资金、能力等方面的限制，如何将企业做大做强，成为很多青年创业者面临的普遍性问题。为此，青年创业的支持政策/服务还需要进一步加强，在加强创业项目引导和创业孵化的同时，强化对处于成长期与成熟期企业的深度支持，加强对成长性能力的培养，满足更多创业主体的不断深化的、与时俱进的需求。

3. 普惠性与针对性相结合

当前创业政策/服务在支持青年创业中发挥了积极的作用，但是普惠性和针对性都还有待进一步加强。在普惠性方面，部分青年群体被排除在一些政策之外，或是政策宣传不够到位，政策难以被创业者消化和理解，导致一些群体没有充分享受到相关政策/服务。因此，需要进一步扩大政策覆盖范围，尽可能消除户籍、学历、身份等人为设置的限制条件，加大政策宣传力度，使更多参与创业和有创业意愿的青年享受到政策红利。在针对性方面，当前政策、资金的支持重点不够突出，资金支持、培训模式、孵化服务等都基本一致，难以满足创业者差异化的需求。因此，需要进一步提升创业服务的针对性和精细化水平，根据创业项目的萌芽、孵化及成长等不同阶段，结合青年创业者的不同需求，形成相互衔接、各有侧重、协调联动的服务体系。

4. 坚持政府引导和市场主导协同

创业本身是一个市场行为，政府能够为创业者在资金支持、创业培训、环境创造等方面提供一定的帮扶，但公共资源毕竟有限，并且公共服务更多地关注普惠性，难以满足各种差异化需求。因此，支持创业更多地还是要依靠市场力量。当前创业服务组织虽有兴起之势，但缺乏有序引导，水平参差不齐，创业服务市场发展相对滞后，创业服务的整体效应还没有得到发挥。未来还需要进一步激发市场活力，注重发挥专业组织、孵化机构的积极作用，调动社会力量积极支持并参与创新创业活动，为青年创业者提供更加专业化、规范化和更有针对性的创业服务。

(三) 支持青年创业的对策建议

1. 加强政策的细化、完善和落实

一是加强政策的细化，厘清执行主体、目标对象和支持范围，对政策中规定不明确、标准不一致的内容予以完善，积极发挥政策、资源及资金的聚合效应，最大限度惠及青年创业者；二是出台对处于成长期和成熟期创业项目的深度支持政策，满足更多创业主体差异化的、不断深化的、与时俱进的需求，在提升政策普惠性的基础上，加大对重点群体的政策支持力度；三是鼓励地方成立创业工作领导小组，建立工作联系协调机制，明确牵头部门、责任部门，形成分工明确、整体协同的工作机制，探索将创业工作纳入地方政绩考核的范围；四是进一步加大宣传力度，充分利用各类宣传媒介和公共服务平台，将政策通俗易懂地解读给大众，提高社会知晓率和群众积极性，惠及更多有创业意愿的青年创业者。

2. 提升创业服务系统性

一是积极整合各方资源，提升创业服务的精细化水平，针对创业项目的萌芽、孵化及成长等不同阶段，结合青年创业者的不同需求，形成相互衔接、各有侧重、协调联动的服务体系，将创业服务从碎片化发展为系统化、由单点式扩展至全过程；二是积极引入市场力量，注重发挥专业组织、孵化机构的积极作用，调动社会力量积极支持并参与创新创业活动，为创业者提供更加专业化、规范化和更有针对性的创业服务；三是规范创业资源管理，探索对政策、资金、服务方面的考核机制和社会监督机制，强化创业扶持和保障政策的执行与监督，提高资源使用效益；四是积极加强创业引导，创业项目应结合本地区的资源禀赋，避免创业方向过于集中而造成

不必要的竞争。

3. 加强对青年创业的融资支持

一是努力构建政府投入专项资金、市场引入风投资金、政策扶持小额融资的多渠道创业资金投入机制，帮助青年创业者多方筹集资金；二是适当放宽创业担保贷款条件，创新反担保措施，增强青年创业者融资贷款的可获得性，适度延长创业担保贷款期限，有条件的地区可扩大政策扶持范围；三是搭建优质项目与风投公司、银行等金融机构的对接平台，不断探索基于诚信体系的贷款模式。

4. 增强创业培训的针对性和有效性

一是加强创业培训体系建设，以创业活动不同阶段、不同业态的知识技能需求为导向，针对不同群体、不同项目的特点，构建多层次、模块化的创业培训体系；二是创新培训内容，适应社会发展需求，加强对新形势下热点创业领域课程的开发，增强创业培训的实用性和有效性；三是加强创业师资培训，培养高水平师资，探索建立由企业家、投资人、专家学者、政府官员等构成的创业导师团队，对青年创业者进行精细化的帮扶指导，提升创业培训指导效果。

5. 进一步优化创业环境

一方面运用各种有效手段，多渠道、全方位宣传创新创业工作，逐步消除创业的体制性、机制性、观念性障碍，提供更加公平、健康的市场环境，充分激发青年群体的创业活力，让更多有创业意愿的青年人愿意创业、敢于创业；另一方面探索建立宽容失败的保障、帮扶和激励机制，如对创业失败者给予经济方面的帮扶、制定二次创业的激励政策等，消除青年创业者的后顾之忧，使其树立正确的创业观。

参考文献

一 中文文献

[1] 鲍春雷，2015a，《国外应对就业结构性矛盾的政策及启示》，《中国人力资源社会保障》，第6期。

[2] 鲍春雷，2015b，《最低工资标准上调的就业效应研究》，《中国劳动》，第7期。

[3] 蔡昉等，2009，《劳动经济学——理论与中国现实》，北京师范大学出版社。

[4] 陈瑞武、曲铁华，2005，《日本大学生就业管理体制和职业指导现状及启示》，《中国高教研究》，第1期。

[5] 程延园，2009，《就业保护法规与劳动力市场弹性》，《中国人民大学学报》，第4期。

[6] 程延园、王甫希，2008，《日韩解雇制度比较分析——解雇中的法律和经济问题》，《北京行政学院学报》，第6期。

[7] 程延园、杨柳，2012，《就业保护法规严格性指标及其运用的跨国比较》，《中国人力资源开发》，第6期。

[8] 代懋，2012，《中国的就业保护法与经济绩效》，中国人民大学博士学位论文。

[9] 邓宏宝，2011，《美国大学生职业指导的基本特点及其启示》，

《机械职业教育》，第 8 期。

[10] 丁守海，2009，《中国就业弹性究竟有多大？——兼论金融危机对就业的滞后冲击》，《管理世界》，第 5 期。

[11] 丁守海，2010，《最低工资管制的就业效应分析——兼论〈劳动合同法〉的交互影响》，《中国社会科学》，第 1 期。

[12] 方浩，2013a，《就业保护五种指标体系的比较分析》，《现代经济探讨》，第 1 期。

[13] 方浩，2013b，《灵活性与安全性的两难抉择——OECD 国家就业保护制度改革及其启示》，《人口与经济》，第 1 期。

[14] 方浩、姚先国，2012，《就业保护与劳动力市场绩效——基于跨国面板数据的实证分析》，《经济理论与经济管理》，第 9 期。

[15] 冯泰文、孙林岩、何哲，2008，《技术进步对制造业就业弹性调节效应的实证分析》，《公共管理学报》，第 5 期。

[16] 傅端香，2013，《中国最低工资就业效应研究》，北京交通大学博士学位论文。

[17] 龚玉泉、袁志刚，2002，《中国经济增长与就业增长的非一致性及其形成机理》，《经济学动态》，第 10 期。

[18] 郭克莎，1999，《我国产业结构变动及趋势及政策研究》，《管理世界》，第 5 期。

[19] 洪坰骏，2010，《全球化与韩国社会福利的发展》，《中国人民大学学报》，第 1 期。

[20] 贾朋，2012，《最低工资的就业效应和收入分配效应》，吉林大学博士学位论文。

[21] 金秀坤，2005，《韩国劳资关系》，经济科学出版社。

[22] 孔德威，2008，《荷兰劳动力市场的灵活化改革与启示》，《学术交流》，第 1 期。

[23] 孔德威、刘艳丽，2007，《欧盟劳动力市场灵活安全性政策战

略分析》,《河北青年管理干部学院学报》, 第 3 期。

[24] 孔德威、王莉, 2009,《欧洲大陆国家劳动力市场的边缘灵活化改革及启示》,《学术交流》, 第 8 期。

[25] 劳动科学研究所课题组、鲍春雷, 2012,《产业结构调整要有效促进就业增长》,《中国劳动》, 第 3 期。

[26] 劳动科学研究所课题组、鲍春雷, 2016,《中国青年创业现状报告》,《中国劳动》, 第 9 期。

[27] 李娟, 2006,《美国就业导向型失业保险政策》,《兰州学刊》, 第 12 期。

[28] 李强, 2006,《德国职业指导的基本特点》,《机械职业教育》, 第 4 期。

[29] 李志更、唐志敏, 2010,《国外基于电子政务的公共就业服务的实践与启示》,《电子政务》, 第 5 期。

[30] 罗小兰, 2007,《我国最低工资标准农民工就业效应分析——对全国、地区及行业的实证研究》,《财经研究》, 第 11 期。

[31] 马科科, 2010,《论公共就业服务机构如何开展职业指导工作》,《江苏商论》, 第 7 期。

[32] 面川诚, 2010,《韩国工人运动与非正规就业工人》,《国外理论动态》, 第 1 期。

[33] 莫荣, 2015,《中国积极就业政策形成、发展和完善》, 社会科学文献出版社。

[34] 乔颖, 2011,《美国高校职业指导制度研究》, 东北师范大学硕士论文, 第 9 期。

[35] Schaaper, M., 2005,《OECD 划分高技术产业、测度 ICT 和生物技术产业的方法》,《科技管理研究》, 第 12 期。

[36] 沈能, 2006,《全要素生产率地区空间差异的实证研究》,《中国软科学》, 第 6 期。

[37] 石娟，2010，《最低工资对广东省的就业影响研究》，《特区经济》，第7期。

[38] 宋晓宗，2011，《美国高校就业指导的实践机制探析及启示》，《通化师范学院学报》，第11期。

[39] 孙睿君，2010，《我国就业保护法律对劳动力市场影响的实证研究》，清华大学博士学位论文。

[40] 唐黎标，2015，《美国大学生就业指导与启示》，《中国就业》，第5期。

[41] 王飞鹏，2013，《中国公共就业服务均等化问题研究》，首都经济贸易大学出版社。

[42] 王国辉，2009，《日本大学从就业指导向职业生涯教育转型探析》，《教育科学》，第6期。

[43] 王惠燕、卢峰，2011，《美国高校就业指导专业协会的角色功能与启示》，《教育探索》，第3期。

[44] 王丽平，2013，《我国公共就业服务机构建设研究》，《中国行政管理》，第9期。

[45] 王阳，2010，《劳动力市场灵活安全性研究述评》，《经济学动态》，第11期。

[46] 王忠平、史常亮，2010，《江苏省经济增长、产业结构变动与就业的动态关系研究》，《农业技术经济》，第11期。

[47] 魏建、李俊峰，2010，《就业保护与就业水平关系研究进展》，《经济学动态》，第11期。

[48] 吴江等，2013，《中国人力资源发展报告（2013）》，社会科学文献出版社。

[49] 武晓红、李自维，2015，《德国大学生就业服务体系对我国高校就业指导工作的启示》，《亚太教育》，第7期。

[50] 夏明、彭春燕，2010，《国际金融危机后出口变化对我国高技

术产业的影响——基于投入产出方法的结构性分析》，《中国科技论坛》，第 1 期。

[51] 徐蕾，2013，《日本高校就业指导工作探析》，《辽宁行政学院学报》，第 8 期。

[52] 杨光富，2009，《从教育部名称的变更看英国教育政策的走向》，《外国中小学教育》，第 9 期。

[53] 杨怀祥，2010，《美国大学生就业服务体系研究及对我国就业指导工作的启示》，《学校党建与思想教育》，第 1 期。

[54] 杨伟国、代懋，2013，《中国人力资源法律审计报告——了解就业管制环境》，中国人民大学出版社。

[55] 杨文忠，2007，《韩国雇用保险制度》，《中国劳动保障》，第 10 期。

[56] 姚战琪、夏杰长，2005，《资本深化、技术进步对中国就业效应的经验分析》，《世界经济》，第 1 期。

[57] 岳军，2012，《英国高校就业指导队伍建设的特点及启示》，《北京教育》，第 6 期。

[58] 岳平、鲍春雷，2013，《制造业技术结构升级的就业效应》，《中国劳动》，第 9 期。

[59] 曾铁，1999，《英国科学教育动态述略》，《教学与管理》，第 11 期。

[60] 张小建，2003，《全面贯彻落实全国再就业会议精神努力做好就业和再就业工作》，《中国就业》，第 3 期。

[61] 张占力，2011，《韩国就业保险制度对劳动力市场的作用及其启示——基于 1997、2008 两次经济危机的分析》，《西南金融》，第 12 期。

[62] 赵利，2009，《技术进步影响就业总量的机理与例证》，《人口与经济》，第 1 期。

[63] 赵志强，2008，《德国职业指导的新进展及其启示》，《海外职业教育》，第9期。

[64] 中国就业促进会，2014，《聚焦中国就业2013—2014》，中国劳动社会保障出版社。

[65] 周波、王方，2009，《人本视野下的英国高校就业指导及启示》，《边疆经济与文化》，第5期。

[66] 周凡，2007，《借鉴日本大学就业指导体系，深化我国大学就业保障体系改革》，《科技信息》，第19期。

[67] 周红、夏义堃，2006，《英国高校就业指导服务的发展启示》，《江苏高教》，第5期。

[68] 朱红，2002，《“慕尼黑就业模式”的启示》，《中国大学生就业》，第9期。

[69] 朱乃新，2006，《德国经济基本面评析：制度与运行》，《德国研究》，第1期。

[70] Martin Schaaper，2005，《OECD划分高技术产业、测度ICT和生物技术产业的方法》，《科技管理研究》，第12期。

二 英文文献

[1] Aaronson, D., & French, E. 2007. "Product Market Evidence on the Employment Effects of the Minimum Wage", *Journal of Labor Economics*, 25: 167-200.

[2] Abowd, J. M. & Kramarz, F. 1999. Minimum Wages and Employment in France and the United States. Cepr Discussion Papers.

[3] Abraham, K. G. & Houseman, S. N. 1994. "Does Employment Protection Inhibit Labour Market Flexibility? Lessons from Germany, France and Belgium", In Blank R. M. (ed.) *Social Protection Versus Economic Flexibility: Is There a Trade-off*? The University of Chicago

Press.

[4] Aghion, P. & Howitt, P. 1994. "Growth and Unemployment", *Review of Economic Studies*, 61: 477 -494.

[5] Ahn, T. , Arcidiacono, P. , & Wessels, W. 2005. *Minimum Wages and Positive Employment Effects in General Equilibrium*, Duke University Press.

[6] Autor, D. H. , Werr, W. R. , & Kugler, A. D. 2007. "Do Employment Protections Reduce Productivity? Evidence from U. S. States", *The Economic Journal*, 117 (521): 189 -217.

[7] Baker, M. , Benjamin, D. , & Stanger, S. 1999. "The Highs and Lows of the Minimum Wage Effect: A Time-Series Cross-Section Study of the Canadian Law", *Journal of Labor Economics*, 17 (2): 318 -350.

[8] Bazen, S. & Skourias, N. 1997. "Is There a Negative Effect of Minimum Wages in France?", *European Economic Review*, 57 (4): 723 -732.

[9] Belot, M. , Boone, J. , & Ours, J. V. 2007. "Welfare-Improving Employment Protection", *Economica*, 74: 381 -396.

[10] Bentolila, S. & Bertola G. 1990. "Firing Costs and Labour Demand: How Bad is Eurosclerosis?", *The Review of Economic Studies*, 57 (3): 381 -402.

[11] Bertola, G. 1990. "Job security, Employment and Wages", *European Economic Review*, 34: 851 -886.

[12] Betsey, C. L. , & Dunson, B. H. 1981. "Federal Minimum Wage Laws and the Employment of Minority Youth", *American Economic Review*, 71 (3): 379 -384.

[13] Blanchard, O. & Wolfers, J. 2000. "The Role of Shocks and Institutions in the Rise of European Unemployment: The Aggregate Evi-

dence", *Economic Journal*, 110: 1 – 33.

[14] Blanchard, O. , & Portugal P. 2001. "What Hides Behind an Unemployment Rate: Comparing Portuguese", *American Economic Review*, 91 (1): 187 – 207.

[15] Brown, C. 1999. "Minimum Wages, Employment, and the Distribution of Income", *Handbook of Labor Economics*, 3 (2): 2101 – 2163.

[16] Brown, C. , Gilroy, C. , & Kohen, A. 1982. "The Effect of the Minimum Wage on Employment and Unemployment", *Journal of Economic Literature*, 20 (2): 487 – 528.

[17] Burkhauser, R. V. , Couch, K. A. , & Wittenburg, D. C. 2000. "A Reassessment of the New Economics of the Minimum Wage Literature with Monthly Data from the Current Population Survey", *Journal of Labor Economics*, 18 (4): 653 – 680.

[18] Caballero, R. J. , Cowan, K. N. , Engel, E. , & Micco, A. 2004. "Effective Labor Regulation and Microeconomic Flexibility", *Research Review*, 101 (1): 92 – 104.

[19] Card, D. 1992a. "Using Regional Variation in Wages to Measure the Effects of the Federal Minimum Wage", *Industrial and Labor Relations Review*, 46 (1): 22 – 37.

[20] Card, D. 1992b. "Do Minimum Wages Reduce Employment? A Case Study of California, 1987 – 89", *Industrial and Labor Relations Review*, 46 (1): 38 – 54.

[21] Card, D. & Krueger, A. B. 1994. "Minimum Wages and Employment: A Case Study of the Fast-Food Industry in New Jersey and Pennsylvania", *American Economic Review*, 84 (4): 772 – 793.

[22] Card, D. & Krueger, A. B. 2000. "Minimum Wages and Employment: A Case Study of the Fast-Food Industry in New Jersey and Pennsylva-

nia: Reply", *American Economic Review*, 90 (5): 1397 –1420.

[23] Carnoy, M. 1997. "The New Information Technology-International Diffusion and Its Impact on Employment and Skills", *International Journal of Manpower*, 20 (1/2): 119 –159.

[24] Couch, K. A. & Wittenburg, D. C. 2001. "The Response of Hours of Work to Increases in the Minimum Wage", *Southern Economic Journal*, 68 (1): 171 –177.

[25] Dickens, R., Machin, S., Manning, A. 1999. "The Effects of Minimum Wages on Employment: Theory and Evidence from Britain", *Journal of Labor Economics*, 17 (1): 1 –22.

[26] DiNardo, J., Fortin, N. M., & Lemieux, T. 1996. "Labor Market Institutions and the Distribution of Wages, 1973 –1992: A Semiparametric Approach", *Econometrica*, 64 (5): 1001 –1044.

[27] Drago, R. 1993. "Do Efficiency Wages Explain Dismissals?", *Applied Economics*, 25 (10): 1301 –1308.

[28] Fajnzylber, P. 2001. Minimum Wage Effects throughout the Wage Distribution: Evidence from Brazil's Formal and Informal Sectors. Brazilian Association of Graduate Programs in Economics.

[29] Feldmann, H. 2009. "The Effects of Hiring and Firing Regulation on Unemployment and Employment: Evidence Based on Survey Data", *Applied Economics*, 41 (19): 2389 –2401.

[30] Freyens, B. P. & Oslington, P. 2007. "Dismissal Costs and Their Impact on Employment: Evidence from Australian Small and Medium Enterprises", *Economic Record*, 83 (260): 1 –15.

[31] Hagen, T. 2002. "Do Temporary Workers Receive Risk Premiums? Assessing the Wage Effects of Fixed-term Contracts in West Germany by a Matching Estimator Compared with Parametric Approaches",

Labour, 16 (4): 667 – 705.

[32] Hamermesh, D. 1989. "Labor Demand and the Structure of Adjustment Costs", *American Economic Review*, 79: 674 – 689.

[33] Hamermesh, D. S. 1993. *Labor Demand.* Princeton University Press.

[34] Harrison, A., & Scorse, J. 2005. "Improving the Conditions of Workers? Minimum Wage Legislation and Anti – sweatshop Activism", *California Management Review*, 48 (2): 144 – 160.

[35] Heckman, J., 2000. "The Cost of Job Security Regulation: Evidence from Latin American Labor Markets", *Economía*, 1 (1): 109 – 144.

[36] Hunt, J. 2000. "Firing Costs, Employment Fluctuations and Average Employment: An Examination of Germany", *Economica*, 67 (266): 177 – 202.

[37] Kahn, L. M. 2007. "The Impact of Employment Protection Mandates on Demographic Temporary Employment Patterns: International Microeconomic Evidence", *The Economic Journal*, 117: 333 – 356.

[38] Karolina, E. & Midelfart, K. H. 2005. "Relative Wages and Trade-Induced Changes in Technology", *European Economic Review*, 49: 1637 – 1663.

[39] Katz, L. F. & Krueger, A. B. 1992. "The Effect of the Minimum Wage on the Fast-Food Industry", *Industrial and Labor Relations Review*, 46 (1): 6 – 21.

[40] Keil, M., Robertson, D., & Symons, J. 2001. Minimum Wages and Employment. Centre for Economic Performance, London School of Economics and Political Science.

[41] Kugler, A. & Pica, G. 2008. "Effects of Employment Protection on Worker and Job Flows: Evidence from the 1990 Italian Reform", *Labour Economics*, 15 (1): 78 – 95.

[42] Lazear, E. P. 1990. "Job Security Provisions and Employment", *Quarterly Journal of Economics*, 105 (3): 699 - 726.

[43] Lee, D. S. 1999. "Wage Inequality in the United States During the 1980s: Rising Dispersion or Falling Minimum Wage?", *Quarterly Journal of Economics*, 114 (3): 977 - 1023.

[44] Lemos, S. 2009. "Minimum Wage Effects in a Developing Country", *Labour Economics*, 16 (2): 224 - 237.

[45] Lindbeck, A. 1993. *Unemployment and Macroeconomic.* MIT Press.

[46] Lindbeck, A. & Snower, D. J. 2001. "Insiders Versus Outsiders", *The Journal of Economic Perspectives*, 15 (1): 165 - 188.

[47] Machin, S., Manning, A., & Rahman, L. 2003. "Where the Minimum Wage Bites Hard: Introduction of Minimum Wages to a Low Wage Sector", *Journal of the European Economic Association*, 1 (1): 154 - 180.

[48] Maurice, S. C. 1974. "Monopsony and the Effects of an Externally Imposed Minimum Wage", *Southern Economic Journal*, 41 (2): 283.

[49] Mertens, A., Gash, V., & Mcginnity, F. 2007. "The Cost of Flexibility at the Margin: Comparing the Wage Penalty for Fixed-term Contracts in Germany and Spain Using Quintile Regression", *Labour*, 21: 637 - 666.

[50] Michl, T. R. 2000. "Can Rescheduling Explain the New Jersey Minimum Wage Studies?", *Eastern Economic Journal*, 26 (3): 265 - 276.

[51] Mortensen, D. T. & Pissarides, C. A. 1994. "Job Creation and Job Destruction in the Theory of Unemployment", *Review of Economic Studies*, 61 (3): 397 - 415.

[52] Mortensen, D. T. & Pissarides, C. A. 1999. "New Developments in Models of Search in the Labor Market", In Ashenfelter, O. &

Card, D. (eds.) *Handbook of Labor Economics*, 2: 2567 - 2624.

[53] Neumark, D. & Wascher, W. 1992. "Employment Effects of Minimum and Subminimum Wages: Panel Data on State Minimum Wage Laws", *Industrial and Labor Relations Review*, 46 (1): 55 - 81.

[54] Neumark, D. & Wascher, W. 1994. "Minimum Wage Effects on Employment and School Enrollment", *Economía*, 1 (1): 109 - 144.

[55] Neumark, D. & Wascher, W. 2000. "Minimum Wages and Employment: A Case Study of the Fast-Food Industry in New Jersey and Pennsylvania: Comment", *American Economic Review*, 90 (5): 1362 - 1396.

[56] Neumark, D. & Wascher, W. 2008. *Minimum Wages.* MIT Press.

[57] Nickell, S. 1997. "Unemployment and Labor Market Rigidities: Europe versus North America", *The Journal of Economic Perspectives*, 11 (3): 55 - 74.

[58] OECD. 1994. *The OECD Jobs Strategy.* OECD Press.

[59] OECD. 1999. *Employment Outlook.* OECD Press.

[60] OECD. 2013. *Employment Outlook.* OECD Press.

[61] Pereira, S. C. 2003. "The Impact of Minimum Wages on Youth Employment in Portugal", *European Economic Review*, 47 (2): 229 - 244.

[62] Pissarides, C. A. 1990. *Equilibrium Unemployment Theory.* Basil Blackwell.

[63] Schmitt, J. 2011. Labor Market Policy in the Great Recession: Some Lessons from Denmark and Germany. Center for Economic and Policy Research.

[64] Soh-Yeong Kim. 2004. "The Legal Regulation of Wrongful Dismissal in Korea", *Comparative Labor Law & Policy Journal*, 25 (4): 535 - 560.

[65] Stewart, M. B., & Swaffield, J. K. 2008. "The Other Margin: Do

Minimum Wages Cause Working Hours Adjustments for Low-Wage Workers?", *Economica*, 75 (297): 148 - 167.

[66] Stigler, G. J. 1946. "The Economics of Minimum Wage Legislation", *American Economic Review*, 36 (3): 358 - 365.

[67] Walsh, F. 2003. "Comment on 'Minimum Wages for Ronald McDonald Monopsonies: A Theory of Monopsonistic Competition'", *The Economic Journal*, 113 (489): 718 - 722.

[68] Wasmer, E. Interpreting Europe and US Labor Markets Differences: The Specificity of Human Capital Investments. Iza Discussion Papers.

[69] Yuen, T. 2003. "The Effect of Minimum Wages on Youth Employment in Canada: A Panel Study", *The Journal of Human Resources*, 38 (3): 647 - 672.

中国劳动保障科学研究院
2016 年“科思论丛”系列图书

[1]《中国劳动保障发展报告（2015 年劳动保障蓝皮书）》（刘燕斌　主编）

社会科学文献出版社 2015 年出版

[2]《中国劳动保障发展报告（2016 年劳动保障蓝皮书）》（刘燕斌　主编）

社会科学文献出版社 2016 年出版

[3]《国际人力资源社会保障报告（2016）》（莫荣　主编）

中国劳动社会保障出版社 2015 年出版

[4]《国际人力资源社会保障报告（2016）》（莫荣　主编）

中国劳动社会保障出版社 2016 年出版

[5]《中国薪酬发展报告（2015 年）》（刘学民　主编）

中国劳动社会保障出版社 2015 年出版

[6]《中国农民工政策研究》（金维刚　石秀印　主编）

社会科学文献出版社 2016 年出版

[7]《北京市社会保险发展报告》（人社部社保研究所　北京市人社局　著）

社会科学文献出版社 2016 年出版

[8]《中国养老保险制度改革研究》（金维刚 等　著）

清华大学出版社 2017 年出版

[9]《我国上市公司高管薪酬性别差异研究》（陈玉杰　著）

中国言实出版社 2016 年出版

［10］《企业职工带薪年休假制度研究》（李娟　著）

中国言实出版社 2017 年出版

［11］《当前我国劳动基准面临的问题和对策研究》（李娟　著）

中国言实出版社 2016 年出版

［12］《我国职业技能实训基地建设问题研究》（陈玉杰　著）

中国言实出版社 2017 年出版

［13］《职业培训对改善就业质量的作用研究》（徐艳　著）

中国言实出版社 2017 年出版

［14］《异地就医管理服务机制研究》（赵斌　著）

社会科学文献出版社 2017 年出版

［15］《完善医疗保障制度和管理服务》（王宗凡　著）

中国言实出版社 2016 年出版

［16］《养老金支付缺口模型与应用研究》（米海杰　著）

中国言实出版社 2016 年出版

［17］《国外养老金制度改革对劳动者退休行为的影响》（杨洋　著）

中国言实出版社 2016 年出版

［18］《新型城镇化下农业转移人口养老保险问题研究》（俞贺楠　著）

中国言实出版社 2016 年出版

［19］《养老金双轨制现状评估及制度改革的实证研究——基于收入再分配效应视角》（童素娟　著）

浙江大学出版社 2016 年出版

［20］《养老金调整机制国际比较研究》（翁仁木　著）

中国言实出版社 2016 年出版

［21］《工伤保险医疗费用管理机制研究》（赵永生　刘庚华　著）

中国言实出版社 2016 年出版

［22］《就业城乡一体化——苏州创新发展实践》（中国劳动保障科学研究院　苏州市人力资源和社会保障局　编著）

中国言实出版社 2016 年出版

[23]《中国青年就业创业问题研究》（鲍春雷　著）

社会科学文献出版社2017年出版

[24]《当代大学生择业及就业问题研究》（安晓东　著）

中国言实出版社2016年出版

[25]《山东省大学生创业及其保障机制研究》（王莹　于真真 等　著）

中国言实出版社2016年出版

[26]《河南省大学生创业研究》（张瑞林 等　著）

中国言实出版社2017年出版

[27]《我国小企业劳动关系问题研究》（苏海南　胡宗万 等　著）

中国言实出版社2016年出版

[28]《我国建筑行业劳务分包用工现状、问题及对策研究》（高亚春　著）

中国言实出版社2016年出版

[29]《人力资源服务产业园区发展模式研究》（崔艳　著）

中国言实出版社2016年出版

[30]《政府购买公共就业人才服务研究》（韩巍　著）

中国言实出版社2016年出版

[31]《战略性企业社会责任》（许英杰　石颖　著）

中国言实出版社2016年出版

[32]《广西人才集聚研究报告》（2015）（李国君 等　著）

中国言实出版社2016年出版

[33]《苏州市劳动者职业素质培训研究》（丁赛尔 等　著）

中国劳动社会保障出版社2015年出版

[34]《北京市职业培训模式初探》（许金华　著）

中国言实出版社2016年出版

[35]《中国劳动科学研究报告集（2014年度）》（郑东亮　主编）

中国劳动社会保障出版社2016年出版

[36]《中国劳动科学研究报告集（2015年度）》（郑东亮　主编）

中国劳动社会保障出版社2016年出版

[37]《探索与创新——中国劳动保障科学研究院 2015 年青年科研成果集》（刘燕斌　主编）

中国劳动社会保障出版社 2015 年出版

[38]《探索与创新——中国劳动保障科学研究院 2016 年青年科研成果集》（刘燕斌　主编）

中国言实出版社 2016 年出版

图书在版编目(CIP)数据

中国青年就业创业问题研究 / 鲍春雷著. -- 北京 : 社会科学文献出版社, 2017.5
(科思论丛)
ISBN 978 - 7 - 5201 - 0430 - 2

Ⅰ. ①中… Ⅱ. ①鲍… Ⅲ. ①青年 - 职业选择 - 研究 - 中国 Ⅳ. ①D669.2

中国版本图书馆 CIP 数据核字(2017)第 043201 号

科思论丛
中国青年就业创业问题研究

著　　者 / 鲍春雷

出 版 人 / 谢寿光
项目统筹 / 刘　荣
责任编辑 / 刘　荣　韩晓婵　单远举　岳梦夏

出　　版 / 社会科学文献出版社 · 独立编辑工作室 (010) 59367011
地址: 北京市北三环中路甲 29 号院华龙大厦　邮编: 100029
网址: www.ssap.com.cn
发　　行 / 市场营销中心 (010) 59367081　59367018
印　　装 / 三河市尚艺印装有限公司

规　　格 / 开 本: 787mm × 1092mm　1/16
印 张: 18　字 数: 231 千字
版　　次 / 2017 年 5 月第 1 版　2017 年 5 月第 1 次印刷
书　　号 / ISBN 978 - 7 - 5201 - 0430 - 2
定　　价 / 79.00 元